중세
유럽인
이야기

모험하고
싸우고
기도하고
조각하는

중세 유럽인 이야기

주경철
지음

일러두기

- 인명, 지명 등 고유명사는 되도록 각 언어권의 명칭을 살리는 것을 기준으로 삼아 국립국어원 외래어 표기법에 따라 표기했다.
- 인명, 지명 등 고유명사의 경우 생소하거나 표기법이 여러 가지로 달리 쓰이는 경우 원어를 병기해 이해를 돕고자 했다.
- 교황의 인명은 로마어를 기준으로 표기했다.
- 시기를 가늠하기 위해 필요한 경우 인명 옆에 재위 기간이나 생몰년을 표기했다.
- 도판의 제작 시기가 불분명한 경우 제작자의 생몰년을 표기해 시기를 유추하도록 했다.

바이킹에서 프라 마우로까지
찬란하고 반짝이는 중세 1,000년의 모자이크

꽤 오래 한 일간지에 오늘을 돌아보게 하는 새로운 역사 이야기를 연재했다. 그 가운데 중세 역사와 관련된 글들만을 모아 새롭게 분류하고 의미를 덧대 한 권의 책으로 구성했다. 유럽 근대사의 인물들을 소개한 《주경철의 유럽인 이야기》에 대한 일종의 '프리퀄prequel'을 제공하려는 의도에서다. 흥미로운 인물들을 주인공 삼아 유럽 사회와 문화의 다채로운 면을 분석한다는 성격은 이전과 같다. 다만 상대적으로 더 짧고 간결한 형식이다 보니 빠른 호흡으로 더 다양한 면모들을 그림으로써 중세사의 모자이크화가 만들어졌다.◆

그동안 유럽 중세는 암흑시대Dark Ages라는 잘못된 이미지가 덧칠되어 있었다. 고대 그리스-로마의 찬란한 문화의 빛이 사그라든 후

◆ 신문 지상에 글을 게재할 때 기존 저작의 내용을 일부 이용하였다. 이런 경우 본서 말미 참고문헌에서 출처를 밝혔다.

칠흑 같은 어둠이 유럽을 휘감았다는 식이다. 대략 서기 500년부터 1500년에 이르는 1,000년의 시간 동안 봉건제라는 무질서 상태와 미신에 가까운 종교가 인간 정신과 사회를 옭아맨 몽매의 시대가 지속되다가 르네상스 시기에 이르러서야 문화의 빛이 되살아나고 근대 서구 문명이 개화했다는 주장이다. 많은 사람이 여전히 이런 이야기를 진실인 양 받아들이고 있으나, 이와 같은 구닥다리 설명은 하루바삐 잊어먹는 게 좋다. 오늘날 역사가들은 전혀 다른 중세의 상을 제시한다. 중세는 가공할 야만성과 지극히 세련된 문화가 공존하고 함께 발전하여 그 어느 시대보다도 콘트라스트가 뚜렷한 시대였다. 이 시대 사람들은 앞 시대의 성과를 이어받아 다른 어느 시대와도 다른 독특한 문명을 건설하여 후대에 물려주었다. 우리는 이제 암흑의 중세사가 아니라 총천연색의 화려한 중세사를 마주하고 있다.

이 책에서 우리는 중세를 살았던 다양한 인간 군상들을 만나게 될 것이다. 무자비한 폭력을 휘두르는 바이킹 전사, 살아 있는 성인에 가까운 신심 깊은 신자, 탐욕에 휘둘리는 왕족과 기사, 사랑의 기쁨과 슬픔에 애달파하는 젊은 남녀, 빛나는 연애시戀愛詩를 노래한 작가, 새로운 사상 체계를 구축한 철학자, 팬데믹 시대 병마에 시달리던 수많은 농민이 그들이다. 그들이 한 땀 한 땀 수놓아 이루어낸 천년의 역사가 이어져 오늘에 이르렀다. 중세는 아주 먼 시대이지만, 그 시대의 결실들이 여전히 우리 곁에 남아 있다. 오래된 성벽에서, 도시 한복판의 성당 첨탑에서, 박물관의 벽을 장식하는 태피스트리에서, 혹은 아직도 우리 마음에 남아 있는 옛이야기 속에서 살아 숨 쉬는 지난 시대 사람들의 삶을 만나게 된다.

히스토리history는 곧 스토리story이다. 먼 과거로부터 오늘날까지 전해오는 다채로운 이야기들을 지금 다시 되새기고 새로 쓰는 가운데 현재와 미래의 의미를 살펴볼 수 있다. 역사의 주인공들을 불러내어 다시 만나는 자리는 신비롭기도 하고 정겹기도 하고 때로 공포스럽기도 하지만 늘 흥미진진하다. 산만하게 흩어질 뻔한 이야기들을 한데 모아 멋있는 그림들과 함께 새롭게 단장하여 내놓는 고단한 작업을 해준 휴머니스트 가족들에게 감사의 말을 전한다.

2023년 10월

주경철

차례

Part 2 십자가와 왕관

성과 속의 뜨거운 경쟁과 새로운 발전

Part 3 권력, 사랑, 믿음

우리의 사고와 느낌을 초월하는 중세 스타일

Part 5 근대를 향한 여정

냉혹한 권력과 예술의 향기

Part 1

바이킹의 시대

파괴와 교류,

혁신이 교차하는

변방의 다이내믹

바이킹의 모험으로 중세 유럽 역사 여행을 시작하는 것에 대해 다소 의외라고 생각할 수도 있을 것이다. 흔히 프랑스, 이탈리아, 독일 등 유럽의 중서부 지역을 유럽사의 중심 무대로 여기는 반면, 스칸디나비아, 러시아, 비잔티움제국 등은 변방으로 치부하고 덜 주목하는 경향이 있다. 그렇지만 바이킹의 놀라운 모험을 추적하노라면 '변방'이 얼마나 다이내믹하고 혁신적일 수 있는지 깨닫게 된다.

'바이킹'의 어원에 대해서는 여러 설이 있다. 사실 이 말은 그 시대에는 자주 쓰이지도 않았고, 꼭 스칸디나비아 지역의 모험가만을 의미하지도 않았다. 12세기 기록에서 스칸디나비아 사람들 자신이 외국에서 만난 도둑들을 '가공할 바이킹fádýrir víkingar'이라고 부르는 걸 보면, 이 말은 떠돌아다니며 약탈을 하거나 다른 지배자의 용병 역할을 하며 사는 사람들을 가리키는 단어였다. 그러니까 바이킹이란 해외로 모험을 떠나서 폭력적인 방식으로 살아가는 '삶의 방식'이지 '민족 정체성'은 아니다. 그러다가 19세기 말에 민족주의 감정이 분출할 때 북유럽 주민들이 자신들의 민족적 자부심을 드높이기 위해 과거에 세계를 휘젓고 다니던 용맹한 조상을 기리면서 바이킹이라는 말을 자주 사용하기 시작했다.

우리가 바이킹이라고 부르는 사람들은 스웨덴, 노르웨이, 덴마크 지역 출신이다. 8세기 이후 약 300년에 걸쳐 사방으로 확산해 갔는데 그 범위는 가히 놀라운 수준이다. 남쪽으로는 대서양 연안 지역을 넘어 지중해까지 이르렀고, 서쪽으로는 콜럼버스보다 500년 먼저 아메리카대륙에 상륙했으며, 남동쪽으로는 러시아와 비잔티움제국에 도달했고, 어쩌면 더 멀리 인도와 중국까지 갔을 가능성도 제기된다. 때로는 약탈자로 때로는 상인으로 활동했지만, 프랑스 북서부 지역의 노르망디공작령이나 시칠리아왕국처럼 새로운 정치 단위를 만들거나 러시아 국가 형성에 큰 영향을 끼치기도 했다. 바이킹 현상은 파괴와 교류와 혁신을 모두 품고 있는 놀라운 사건이다.

기존에 우리에게 익숙한 지역이 아니라 그 이웃 지역으로 우리의 눈을 돌리면, 중세 전기의 유럽은 몰락과 쇠퇴의 침울한 공간이 아니라 새로운 도약의 무대임을 알 수 있다.

바이킹,
중세 유럽의 역사를 확대하다

헬괴Helgö섬은 스웨덴 스톡홀름 서쪽 멜라렌 호수에 위치한 섬이다. 1950년대에 이곳을 발굴하던 고고학자들은 놀라운 유물들을 찾아냈다. 그중에는 서기 6세기에 인도 북부에서 만들어진 작은 불상도 있다. 부처님은 어떤 연유로 이 먼 곳까지 온 걸까? 연구자들은 아마도 아시아에서 찾아온 어느 여행자가 안전을 기원하며 이 불상을 일종의 수호신으로 지니고 다녔을 것으로 본다. 헬괴에서는 이집트의 콥트(기독교 일파) 교도가 사용한 세례용 국자, 아일랜

헬괴에서 발굴된 6세기
인도 북부에서 만들어진 불상

◀ 노르웨이 오슬로 바이킹선박박물관에 전시된 바이킹의 배

보드룸 수중고고학박물관에 있는 울루부룬 침몰선 복제품

기원전 14세기경 청동기 시대의 선박으로 11톤의 구리와 1톤의 주석, 항아리, 유리 제품, 무기, 황금 장신구 등과 함께 발트 지역의 호박이 실려 있었다.

드 주교의 지팡이, 게다가 다량의 비잔티움제국 금화solidi도 출토되었다. '성스러운 섬'을 뜻하는 헬괴는 기독교 이전 이교異教의 중심지이자 동시에 상품 거래 중심지였다. 유럽 북단의 스칸디나비아와 발트해 연안 지역은 고립된 곳이 아니었으며, 아주 이른 시기부터 유라시아대륙 내 광범위한 원거리 교류 네트워크에 속해 있었음을 알 수 있다.

스칸디나비아 지역은 이미 선사시대부터 다른 지역과 문화적·경제적 접촉을 해왔다. 이곳에서 발견되는 청동 재료와 청동기 제품은 멀리 중부 유럽과 영국에서 들어온 것들이다. 대신 가죽, 모피 같은 특산물을 수출했을 것이다. 북유럽 산물 중 가장 유명한 것은 호박琥珀이다. 고대 이집트인과 로마인 모두 발트 지역에서 나는 호박 제품을 좋아해서 상인들이 북유럽 지역을 돌아다니며 수집했다. 튀르키예 남부 울루부룬Uluburun 근처 바다에서 발견된 기원전 14세기의 침몰선에서 호박 제품이 나왔다는 사실이 그런 점을 말해준다.

오랜 기간 비교적 평화로운 교류를 하던 시기가 끝나고 8세기 중엽부터 스칸디나비아인들이 돌연 폭력적 성향을 띠고 해외로 나가는 바이킹의 시대가 시작된다. 처음에는 가까운 지역으로 배를 타고 가서 약탈하고 돌아오는 방식을 보이다가, 점차 현지에 정착하여 식민지를 건설하거나 극히 먼 지역까지 찾아가서 교역을 하는 식으로 발전했다. 얼마나 많은 사람들이 해외로 나갔는지는 정확한 통계를 구하기 힘들어 알 수 없다. 노르웨이 지역에 대한 연구 결과에 따르면, 전체 인구의 8퍼센트 정도가 해외로 나간 것으로 추산된다. 이 정도면 결코 낮은 수치가 아니다. 우리나라 인구에 대입해보면 400만 명 이상이 해외 모험에 나선 셈이다. 왜 그렇게 많은 사람들이 갑자기 바다로 나갔을까? 이 또한 정확한 답을 구하기는 어렵다. 인구 과잉과 그에 따른 농토 부족이 원인이었을까? 그럴 가능성은 낮다. 원래 스칸디나비아 지역은 땅이 넓고 사람이 부족한 곳이어서 인구가 웬만큼 늘어도 농토가 부족해지지는 않는다. 하물며 8세기에 이 지역 인구가 폭발적으로 증가했다는 증거도 없다. 호전적 엘리트 집단 간의 갈등이 있었으리라 추측하기도 하지만, 그 역시 결정적인 증거는 찾을 수 없다.

발견된 바이킹 배 중 가장 큰 고크스타호(위)와 돌에 새겨진 팅스테데의 소형 배

바이킹이 사용한 배에 대한 연구도 많이 진척되었다. 항해 중에 침몰한 배, 혹은 권력자가 죽었을 때 장례용으로 침몰시킨 배를 건져내서 연구하는 해양고고학 덕분에, 당시의 선박과 항해뿐 아니라 사회와 경제, 문화 일반에 대해 많은 것이 알려졌다. 대표적인 것으로는 노르웨이의 고크스타Gokstad에서 건져 올린 배를 들 수 있다. 길이 23.8미터, 폭 5.1미터 크기에 110제곱미터의 돛을 달고 32명이 노를 젓는 이 배는 현재 보존된 바이킹 선박 중 가장 큰 편에 속한다. 이 배는 전투, 교역, 사람과 상품 이송에 두루 사용할 수 있었다. 19세기 말에 똑같이 복제한 '바이킹' 호를 타고 노르웨이의 베르겐을 떠나 미국 시카고까지 항해하는 데 성공함으로써 바이킹 시대에 북아메리카까지 오가는 항해가 충분히 가능했다는 결론을 얻었다.

한편 발트해를 넘어 러시아와 비잔티움제국 방향으로 가는 배는 작고 가벼운 보트로서 강이나 호수 위를 오가는 데 사용했다. 러시아의 강을 타고 내려가다가 강이 끊어지거나 폭포를 만나 항행이 불가능해지면 다음 수로를 만날 때까지 배를 들거나 끌어서 옮기는 연수육로連水陸路, portage 방식으로 이동해야 했으므로, 이런 배들은 길이 6~8미터 정도의 소형이었다. 1980년대 후반 고틀란드섬의 팅스테데Tingstäde에서 발견된 배를 복제해서 실험 항행을 한 적이 있는데, 러시아의 강을 따라 약 3개월 동안 내려가서 이스탄불에 무사히 도착함으로써 바이킹의 남동쪽 모험도 가능했다는 점이 확인되었다.

바이킹이라 하면 대체로 바다를 가로질러 해안 지역으로 습격해 들어가서 약탈·방화·살인을 저지른 후 도주하는 건장한 야만인을 떠올린다. 대략 8~9세기에, 특히 영국과 프랑스 지역을 공격할 당시에는 이런 이미지가 아주 틀린 것은 아니다. 약탈 행위로 꼽히는 최초의 사례가 793년 잉글랜드 북동부의 린디스판Lindisfarne섬 수도원 공격인데, 당시의 만행은 《앵글로색슨 연대기》에 잘 나와 있다. 살해한 사람 머리를 잘라 꼬챙이에 꿰서 들고 다녔을 정도이니, 당시 잉글랜드인들은 말세에 이르러 북쪽의 악마들이 용과 함께 들이닥친 것이라고 해석했다. 북유럽 사람들이 술 마실 때 건배사로 사용하는 '스콜Skål'이라는 말은 바이킹이 적의 두개골skull에 술을

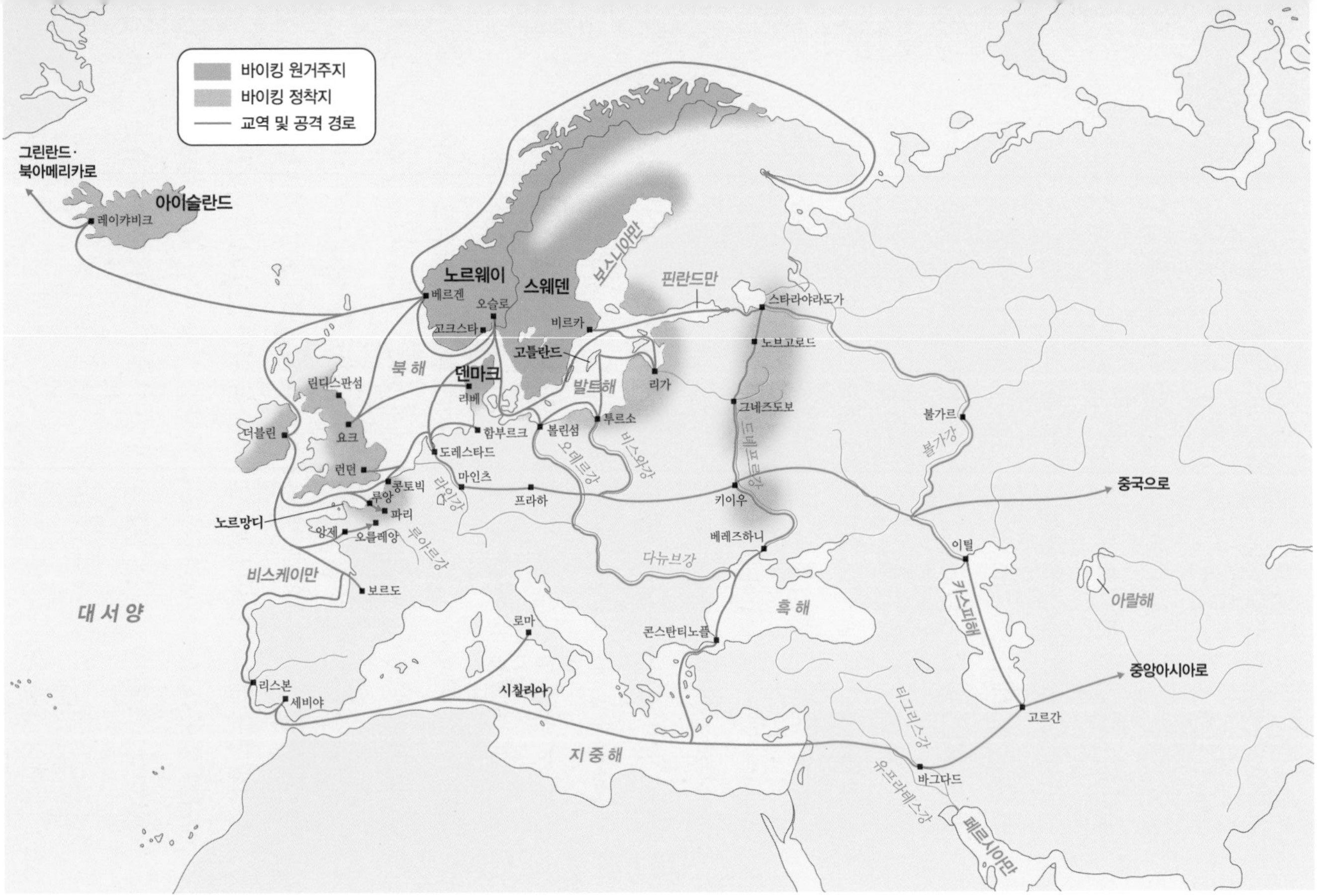

9~11세기 바이킹의 팽창 경로

따라 마시는 데에서 유래했다고 흔히 이야기한다. 사실 여부는 불확실하지만 그 당시 분위기가 어땠는지 잘 말해준다.

바이킹의 약탈적 성격을 부인할 수 없지만 그렇다고 이들을 단순히 폭력적인 침략자 정도로 보는 것은 너무 단순한 이해 방식이다. 바이킹의 활동 상황을 총체적으로 파악하면, 스케일이 이보다 훨씬 장대하고 팽창의 방향도 다채로우며, 단순히 약탈 행위만 한 것이 아니라 매우 복합적인 활동을 했음을 알 수 있다. 8세기 중반부터 11세기 중반까지 약 300년에 이르는 소위 '바이킹의 시대'에, 이들의 팽창은 크게 세 방향으로 진행되었다. 남서쪽으로는 영국, 프랑스 해안을 침략하다가 시간이 갈수록 그 범위를 넓혀 지중해까지 이르렀다. 북서쪽으로는 아이슬란드, 그린란드를 거쳐 아메리카대륙에 상륙하여 한때 그곳에 식민지를 건설한 적도 있다(콜럼버스보다 500년 정도 앞선다). 남동쪽으로는 러시아를 넘어 비잔티움제국에 이르렀고, 어쩌면 아라비아, 심지어 인도와 중국까지 도달했을 가능성을 거론하는 학자도 있다. 바이킹은 이런 과정에서 프랑스 북서부 해안 지역에 정착하여 노르망디공작령을 형성했고, 이들이 영국을 점령해서 노르만왕조를 개창했다. 또한 시칠리아와 이탈리아 일부 지역을 점령하여 새 왕조를 열고, 지중해 동부 지역에까지 심대한 영향을 미쳤다. 바이킹은 러시아의 국가 건설 과정에도 깊이 간여한 것으로 보인다. 바이킹 현상은 우리가 통상적으로 생각하는 것보다 훨씬 더 거대한 움직임이었다. 지금부터 이 사건들을 차례로 살펴보도록 하자.

바이킹 중개 도시 헤더비

"이곳은 세계 대양의 맨 끝에 위치한 큰 도시이다. 시내에는 맑은 물이 나오는 우물이 있다. 이곳 주민들은 시리우스 별을 숭배하지만 소수 기독교도가 있어서 따로 교회를 유지하고 있다. 신께 희생 동물을 바치려는 사람은 문 앞에 장대를 꽂고 그 위에 자기가 잡는 소, 양, 염소, 돼지 같은 동물을 꽂아서, 이웃 사람들이 그런 사실을 알도록 한다. 이곳에는 재산이나 보물이 많지 않다. 주민들의 주요 식량인 생선은 아주 풍부하게 잡힌다. 사람들은 경제적인 이유 때문에 갓난아이를 키우기보다 흔히 바다에 던져버린다. 이혼

헤더비의 바이킹 마을 유적지

덴마크 바이킹 시대의 유적지로 대표적인 바이킹 중개 무역 도시였다.
독일 슐레스비히 북쪽에 위치해 있다.

할 권리는 여자에게 있다. 그리고 한 가지 더 말할 사항이 있다. 나는 이곳 사람들보다 노래를 못하는 사람들을 본 적이 없다. 이들이 하는 노래는 목구멍에서 끄집어내는 툴툴거리는 소음인데, 개 짖는 소리와 비슷하지만 개 소리보다도 더 짐승 같다."

10세기 후반 코르도바 출신의 여행자 알타르투시Al-Tartushi가 현재 독일과 덴마크에 걸쳐 있던 슐레스비히 북쪽의 헤더비Hedeby에 대해 남긴 기록이다. 헤더비(독일어 자료에서는 '하이타부Haithabu'라는 이름으로 더 많이 알려져 있다)는 상당히 중요한 역할을 하는 바이킹 중개 도시였지만, 이보다 훨씬 부유하고 세련된 지역 출신인 알타르투시가 보기에는 만족스럽지 않았던 것 같다.

고고학적 발굴 결과를 보면, 성채로 둘러싸인 시 면적은 최대 24헥타르(약 72,600평)이고 인구는 약 1,500명 정도로 추산되니 실제 규모는 마을 수준이다. 그의 생생한 서술 내용으로 판단해 보건대, 헤더비의 주민 대부분은 이교 신앙을 가지고 있었으나 기독교 전도가 막 시작되었으며, 원시적인 인구 조절법인 기아棄兒 풍속을 가지고 있었다.

ЛѢТА
ЅТО

2

바이킹의 동진, 러시아와 비잔티움제국 너머의 세계로

역사의 변화와 발전이 늘 문명 중심부에서만 일어나는 건 아니다. 때로는 주변부 민족들이 더 힘차게 역사의 수레바퀴를 밀어붙이곤 한다. 바이킹이 대표적인 사례다.

바이킹은 크게 덴마크계·노르웨이계·스웨덴계로 나눌 수 있다. 이 중 루스Rus'(어원은 '노 젓는 사람들') 혹은 바랑고이Varangoï(어원은 '선서를 한 동료')라고도 불린 스웨덴계 바이킹들은 발트해를 건너 동쪽과 남쪽으로 팽창해 나가면서 광대한 지역에 영향을 끼쳤다. 그 첫 번째 중요한 현상이 러시아 국가의 형성이다. 바이킹이 키예프Kiev(키이우Kyiv)나 노브고로드Novgorod와 같은 러시아 초기 국가들의 형성에 어떤 역할을 했는지는 오랫동안 논란거리였다. 《노브고로드 연대기》에는 주민들이 '우리를 다스릴 만한 주군을 찾자'고 결의한 후 루스

◀ 노브고로드의 '러시아 밀레니얼 기념비'의 류리크 동상

에게 요청했더니 세 형제가 왔는데, 그중 류리크Rurik가 정착하여 왕조를 개창했다고 설명한다. 이런 단순한 기록을 곧이곧대로 믿을 수는 없을 터이다. 아마도 슬라브족의 이교 신앙 중심지이자 교역 중심지였던 곳에 바이킹들이 합류해 들어오면서 그들의 충격 아래 정치·군사적 변화가 일어났을 가능성이 있다. 스타라야라도가, 프스코프, 키예프 등 여러 곳에서 유사한 방식으로 권력 중심지들이 형성되었다가 후대에 키예프 공 이고리Igor의 주도 아래 통합되고, 비잔티움의 영향으로 기독교를 수용했다. 이처럼 국왕 체제가 만들어지고, 교회가 통치 철학과 행정 인력을 제공하는 방식의 발전이 이루어진 데에는 동부와 북부 유럽 각지에 인력, 아이디어, 문화 등을 전파한 바이킹의 영향이 컸다.

바이킹은 러시아 땅에 머물지 않고 더 남쪽으로 내려가서 비잔티움제국에까지 들어갔다. 비잔티움의 기록에는 봄에 강이 풀릴 때쯤 북쪽에서 떼로 몰려드는 무시무시한 인간 군상에 대한 이야기들이 나온다. 바랑고이 지배자 올레그Oleg가 큰 무리를 이끌고 침입하여 콘스탄티노플 근처를 황폐화하자, 황제 레오 6세(재위 886~912)가 그들에게 은화 100만 개(!)를 주며 이런 내용으로 조약을 맺었다. "누구든지 상인으로서 찾아오는 사람에게는 빵, 포도주, 고기, 생선, 과일 등 6개월치 보급을 제공하고, 목욕탕은 원하는 만큼 크게 만들어줄 것이며, 귀향할 때는 식량, 닻, 밧줄, 범포 등 필요한 물품들을 공급한다." 어지간히 폭력에 시달렸던 모양이다. 엄청난 음주, 살벌한 전투용 도끼 등으로 유명한 이 가공할 전사들을 차라리 '바랑기안 경호대Varangian guard'로 고용한 것이 '신의 한 수'였다. 이 황

비잔티움 황제의 바랑기안 경호대

존 스카이라이츠(John Skylitzes, 1040~1110)의 《11세기 연대기》에 수록된 그림이다.
그림 상단에 늘어서 있는 병사들이 바랑기안 경호대이다.

제 경호대는 비잔티움제국을 위해 여러 차례 중요한 전투에 나서 혁혁한 공을 세웠다.

바이킹이 늘 약탈과 전투만 한 것은 아니며 교역 활동에도 능했다. 비잔티움제국은 비단, 포도주, 향신료, 보석류 등 여러 지역의 산물이 모여드는 교역 중심지였다. 바이킹은 모피와 노예를 공급하는 대가로 이런 물품을 얻어 스칸디나비아로 가져갔고, 그중 일부는 이웃 지역으로 재수출했다. 영국에서 발견되는 비잔티움 직물은 이런 경로를 통해 들어간 것들이다.

바이킹의 여행은 비잔티움에서 멈추지 않았다. 일부 모험심 강한 사람들은 볼가강을 타고 불가르(오늘날의 카잔)로 직행했다. 벨로예호(현재 벨로제르스크), 야로슬라블Yaroslavl 등 그 도상에 있는 여러 지역에서 스칸디나비아 물품이 출토되고, 묘지를 발굴하면 여자 시체들이 함께 나오는 것을 보면 바이킹 상인들이 가족 단위로 여행한 듯하다. 볼가강은 불가르에서 남쪽으로 크게 선회하여 카스피해로 들어가는데, 바로 이 지점이 실크로드의 서쪽 종점으로서 큰 시장이 서는 곳이다. 바이킹 상인은 카라반 상인과 거래하여 중국 비단을 비롯한 동양 상품을 수입해 갔다. 이곳은 또한 아프가니스탄, 우즈베키스탄, 키르기스스탄, 타지키스탄 등지의 은이 들어오는 곳이기도 했다. 아바스 이슬람 왕조가 이 은으로 은화를 주조해서 인도, 스리랑카, 중국, 페르시아 등지로 대거 송출한 사실은 잘 알려져 있다. 그런데 상당량의 은화가 북유럽으로도 유입되었다. 지금까지 스칸디나비아 지역 내 1,000곳 이상에서 6만 개가 넘는 은화가 발견되었다. 예컨대 뤼겐Rügen섬에서는 9세기에 묻은 것으로 보이는 은화가 2,000개 이상 발견되었다. 현재까지 발굴된 것이 6만 개이니 실제 수입된 양은 훨씬 더 많았을 것이다.

발트해 뤼겐섬에서 발굴된 은화

바이킹의 모험은 여

기에서도 멈추지 않는다. 불가르에서 더 나아가면 하자르Khazar라는 유목민의 땅이 나오는데, 이곳의 수도에 해당하는 이틸Itil에서 배를 타고 카스피해를 건널 수 있다. 이란의 기록을 보면 바이킹이 910년경 이란 쪽 항구 아바스쿤Abaskun을 공격했고, 다시 3년 후에는 한 척마다 100명씩 탄 배 500척으로 공격해 왔다고 한다. 일부는 아제르바이잔의 바쿠Baku 근처 섬에 정착했다는 내용도 나온다. 더 나아가서 카스피해 너머 카라반 루트를 타고 더 먼 곳까지 여행할 수도 있었을 것이다. 연구자들은 바이킹이 낙타를 이용하여 바그다드까지 가거나 혹은 비단길을 따라 인도와 중국 방향으로 갔을 가능성도 제기한다.

바이킹은 실로 엄청난 거리를 여행했다. 스칸디나비아반도를 비롯해 중동부 유럽, 잉글랜드와 아일랜드 등지에서 중국 비단이나 향신료들이 발견되는 것을 보면, 바이킹의 교역 네트워크가 얼마나 광범위했는지 짐작할 수 있다. 우리는 통상 바다를 통해 남쪽이나 서쪽으로 멀리 항해해 간 바이킹의 활동에 주목하지만, 남동쪽으로 이렇게 멀리까지 갔으리라고는 잘 생각하지 못하는 경향이 있다. 바이킹에 대한 묘사를 보면 분명 '야만족' 냄새가 물씬 나지만, 사실 그 시대에는 대부분 지역의 문화 수준이 고만고만하게 야만성을 뿜어내고 있었다. 오히려 바이킹의 활동 결과 많은 지역에서 국가가 형성되고 기독교를 수용하고 문화적 발전이 가능했으니, 말하자면 바이킹이 문명화의 선두에 섰던 셈이다.

만들어진 바이킹 문화

현재 우리가 가지고 있는 바이킹의 이미지는 18세기 이후에 만들어진 것이다. 계몽주의 시대에 몽테스키외는 차가운 공기가 인체와 심성을 단단하게 만들어 용기 있는 인간을 낳는다고 말했다. 그 결과 열대 지역에는 겁쟁이가 많고 북유럽 지역에는 용맹한 전사가 많다는 것이다. 스웨덴 문인들이 이런 주장을 이어받아 고트족이나 바이킹을 두고 거칠고 폭력적이지만 멋진 전사라는 식으로 낭만적인 묘사를 했다. 과거 바이킹의 성격이 거칠고 충동적이며 음란하다는 일부 비판적 견해는 무시했다.

작곡가 바그너의 상상력이 이런 흐름에 일조했다. 나흘 밤에 걸쳐 연주하는 웅대한 오페라 〈니벨룽의 반지Der Ring des Nibelungen〉는 북유럽 신화에서 많은 영감을 받은 작품이다. 특히 2부 발퀴레Die Walküre(영어로는 발키리Valkyrie)는 신과 영웅의 세계를 환상적으로 미화했다. 다만 여기에 묘사된 많은 요소들은 그야말로 '창안된 전통'의 전형적 사례라 할 수 있다. 1876년 독일 바이로이트 축제에서 〈니벨룽의 반지〉를 공연할 때 무대와 의상 디자인을 맡은 화가 되플러Carl Emil Doepler는 일부 캐릭터들에게 뿔 달린 금속 투구를 쓰게 했다. 이후 이 투구는 바이킹의 상징처럼 되었지만, 사실은 역사적 근거가 전혀 없다. 뿔 달린 투구를 사용한 것은 오히려 프랑스인의 조상 격인 골족 사람들이고, 정작 바이킹은 깃털 달린 투구를 사용했다. 그나마도 이 투구들은 많이 발굴되지 않는데, 금속이 아니라 가죽으로 만들어서 장기간 보존되지 않기 때문이다.

문화적 허구는 자칫 사람들을 위험한 방향으로 오도할 수 있다. 20세기에

1876년 〈니벨룽의 반지〉 공연 무대의상(위)과 뿔 달린 투구

들어오자 용맹한 북유럽 전사에 대한 찬미는 게르만족 혹은 아리안족의 순수성과 우수성을 강변하는 인종적 극단주의 경향을 띠었다. 바이킹에게서 독일 민족의 우수성의 근원을 찾고자 했던 나치 이데올로그들은 북유럽이 '초인超人, Übermensch'의 모태라는 과장된 이야기도 만들어냈다. 지금도 네오나치는 북유럽 신화, 바이킹 문화, 룬 문자runic alphabet(고대 게르만족이 사용하던 문자로 스칸디나비아 지방에 흔적이 많이 남아 있다)를 강조하곤 한다.

3

콜럼버스보다 500년 앞서 아메리카에 상륙하다

아메리카대륙에 처음 발을 디딘 유럽인은 콜럼버스가 아니라 바이킹이었다. 이들은 콜럼버스보다 500년 정도 앞서 북대서양을 건너 뉴펀들랜드나 래브라도, 세인트로렌스강 연안에 상륙한 것으로 보인다. 1만 년 이상 떨어져 살던 두 대륙 사람들이 처음 조우하는 놀라운 사건이 일어난 것이다.

사실 바이킹의 아메리카 여행에 대해서는 사가saga(북유럽의 영웅 이야기) 작품들에 이미 자세하게 묘사되어 있었다. 이에 따르면 모든 일의 발단은 노르웨이의 자다르Jadarr라는 곳에서 일어난 한 살인 사건으로 거슬러 올라간다. 범인 토르발Thorvald은 민회에서 추방형을 선고받자 가족을 전부 데리고 아이슬란드로 이주했다. 9세기부터 바이킹 항해인들은 서쪽 바다로 멀리 나가 페로제도나 아이슬란드 같은 섬들을 발견하고 정착지를 개척하고 있었다. 아이슬란드

◀ 한스 달(Hans Dahl, 1849~1937)이 그린 〈레이프르의 아메리카 발견〉 부분

아이슬란드어로 출판된《그린란드》(1968)에 수록된 '붉은 머리' 에리크 삽화

('얼음 섬')는 바다에 얼음이 둥둥 떠다니는 모습 때문에 그런 이름이 붙었다. 아이슬란드는 워낙 척박한 곳이라 많은 사람이 살 수는 없다(현재에도 인구가 37만 5,000명인데, 한반도의 절반만 한 크기의 국가가 이 소수의 인구로 잘 운영되는 것을 보면 신기할 정도다). 처음에는 고행을 하기 위해 일부러 험지를 찾아가는 소수 수도사들이 양을 치며 가난하게 살아가는 곳이었다. 그러던 어느 날 돌연 스칸디나비아 출신의 건장한 무뢰배들이 칼을 뽑아 들고 들이닥치자 수도사들이 질겁하여 도주했고, 이 섬은 바이킹의 땅이 되었다.

토르발의 아들 '붉은 머리' 에리크Eric the Red는 아이슬란드에서 지방 유지의 딸과 결혼하여 네 명의 아이를 낳고 농장을 운영하며 잘 사는 듯했다. 그렇지만 아버지의 격한 성격을 물려받았는지, 그 역시 살인을 저질러 민회에서 3년 추방형을 선고받았다. 그 아버지에 그 아들, 2대째 살인범인 에리크 또한 모험심이 강해서 이 기회에 서쪽에 있다고 알려진 섬을 찾아가 보기로 결심했다. 수십 년 전 어떤 사람이 항해 도중 강풍에 밀려 서쪽으로 표류하다가 한 섬을 보고 왔다는 이야기가 떠돌았던 것이다.

에리크가 서쪽으로 항해해 가니 과연 큰 섬이 나타났다. 그는 섬에 상륙해서 3년 내내 섬 곳곳을 두루 살펴보고는 거주가 가능하다는 사실을 확인했다. 추방 기간이 지나 아이슬란드로 돌아온 에리크는 사람들에게 자신이 발견한 섬에 가서 살자고 권유했다. 그는 사람들을 유혹하기 위해 그린란드('녹색의 땅')라는 멋진 이름을 붙였다고 한다. 일종의 부동산 과장 광고를 한 셈인데, 다만 그 당시에는 현재보다 기후가 훨씬 온화해서 실제 여름에는 풀이 자라고 농사도 가능했다. 아이슬란드에는 이미 자원에 비해 너무 많은 사람들이 살고 있었던 터라 새 정착지로 가서 살겠다는 사람이 꽤 많았다. 이주 희망자들은 배 25척을 나눠 타고 떠났지만 불행하게도 사고 때문에 14척만 도착했다. 그린란드에 도착한 사람들은 섬의 두 지역을 개발해서 농장을 만들어갔다. 고고학 발굴 결과 그린란드에서 한때 농장 수백 곳이 운영되었다는 사실을 확인했다. 아이슬란드에서 사람들이 계속 유입되어 그린란드 인구가 늘었지만, 1002년에 새 이민자들과 함께 묻어온 전염병 때문에 많은 사람들이 죽었다. 그린란드의 왕처럼 군림하던 에리크 또한 이때 사망했다.

에리크가 죽기 얼마 전 그의 아들 '행운아' 레이프르**Leifr**가 탐험을 떠났다. 10여 년 전에 헤르욜프손**Herjólfsson**이라는 사람이 아버지를 찾으러 아이슬란드에서 그린란드로 항해해 오다가 강풍 때문에 서쪽으로 한참 떠밀려 가서 새로운 땅을 보고 온 적이 있었다. 레이프르는 그의 말을 믿고 새 땅을 찾아 나선 것이다. 그린란드를 떠나 해류를 타고 남서쪽으로 항해해 간 그는 차례로 '평평한 돌들이 깔린 땅**Helluland**', '숲으로 덮인 땅**Markland**', '포도가 나는 땅**Vinland**'

북유럽 신화에 나오는 대서양을 묘사한 스칼홀트 지도

1590년경 아이슬란드의 교사 스테판손(Sigurd Stefánsson)이 제작한 스칼홀트 지도의 1690년 사본이다. 그린란드(Gronlandia)부터 반시계 방향으로 헬룰란드, 마크랜드, 스크렐링게랜드, 빈란드 곶이 표시되어 있다.

을 발견했다. 그가 발견한 '겨울에도 자라는 포도'는 야생 베리berry 종류였을 것으로 추정한다. 이렇게 해서 레이프르가 유럽인 최초로 아메리카대륙에 발을 들였다.

곧 새 땅에 식민 사업이 시작되었다. 레이프르의 처남 칼세프니Karlsefni가 160명의 사람들을 데리고 와서 식민지를 건설했다. 우리가 흔히 '인디언'이라고 부르는 이 땅의 원주민들은 어느 날 갑자기 나타난 이상하게 생긴 사람들을 보고 무척이나 놀랐다. 게다가 바이킹이 들여온 소가 큰 소리로 우는 것을 보고 대경실색했다. 이때 아메리카에는 소가 없었기 때문이다. 바이킹은 인디언을 '스크렐링기Skrælingi'라고 불렀는데, '못생긴 사람' 혹은 '소리 지르는 사람' 같

랜시 메도우즈의 바이킹 거주지 유적

10~11세기경 바이킹의 아메리카 이주를 보여주는 곳으로,
캐나다 동부 뉴펀들랜드섬 최북단에 위치하고 있다.

은 뜻이 아닐까 추정한다. 초기에 양측은 우호적으로 물건을 교환했다. 인디언은 바이킹의 옷감을 탐내고, 바이킹은 인디언의 모피를 탐냈다. 그렇지만 곧 갈등이 불거져 양측이 몇 차례 전투를 벌인 끝에 바이킹은 아메리카에서 후퇴했다.

사가에 나오는 이런 내용은 어디까지 사실일까? 실제 사건이 일어나고 200~300년이 지난 때에 문학적 허구를 섞어 지어낸 이야기를 곧이곧대로 믿을 수는 없을 것이다. 그렇지만 이 이야기들이 전적인 허구가 아니라 사실을 배경으로 하고 있다는 점이 1960~1970

레이프르와 콜럼버스의 아메리카 도착을 기념하는 우표

1992년 페로제도에서 발행한 우표로 위는 1000년경 바이킹 레이프르의 아메리카 도착을, 아래는 1492년 콜럼버스의 아메리카 항해를 나타내고 있다.

년대부터 진행된 고고학적 발굴로 밝혀졌다. 노르웨이의 부부 고고학자 안네Anne와 헬게 잉스타드Helge Ingstad가 뉴펀들랜드의 랜시 메도우즈Lance aux Meadows에서 발견한 바이킹 주거지가 가장 유명한 사례다. 이곳에서 여러 채의 주택과 대장간, 선박 수리 작업장 등이 발견되었다. 돌로 만든 램프, 바늘, 실패 같은 물품도 나왔으니 여성들도 함께 살았던 것으로 보인다. 여러 정황으로 보건대, 이곳 주민들은 멀리 남쪽으로 여행하여 식량을 구해오고, 동물을 사냥하고 물고기를 잡아먹으며 살았다. 그 외 여러 지역에서 나오는 발굴품들을 보건대, 바이킹은 아메리카 곳곳으로 들어가서 현지인들과 제법 다양한 접촉을 한 것으로 보인다.

그 후 어떤 일들이 일어났을까? 마치 아무 일도 일어나지 않았다는 듯 조용히 끝나버렸다. 콜럼버스의 아메리카 도착이 세계사의 흐름을 크게 변화시킨 것과 달리 바이킹의 아메리카 도착은 유럽이나 아메리카 양쪽 모두에 거의 아무런 영향을 끼치지 못했다. 랜시 메도우즈의 정착민들도 오래지 않아 거주를 포기하고 떠난 것 같다. 고작 수백 혹은 수천 명 수준의 인구 이동은 흥미로운 에피소드 정도로 끝났다. 역사의 거대한 전환은 약 500년 후 에스파냐, 포르투갈, 영국과 같은 강력한 근대 국가가 해상 활동을 주도할 때 가서야 일어났다. 그 이전 시기인 14세기에 기후가 계속 한랭해지자 여름에도 바다에 유빙流氷이 생겨서 북대서양 항해가 힘들어졌고, 아메리카대륙은 점차 기억에서 멀어졌다. 오직 전설적인 옛이야기 사가에서만 한때 위풍당당했던 사나이들에 대해 노래할 따름이다.

그린란드와 '문명의 붕괴'

그린란드의 바이킹 사회를 몰락시킨 주요 요인은 기후 변동이다. 바이킹이 처음 도착한 980년경 그린란드의 기후는 현재보다 훨씬 온화했지만, 점차 기온이 내려가 소위 소빙하기가 닥쳐오자 환경 조건이 지극히 나빠졌다. 그렇지만 모든 것을 기후 요인으로만 돌릴 수는 없으며, 사람들의 대응 또한 함께 고려해야 한다. 재레드 다이아몬드는 《문명의 붕괴》에서 그린란드야말로 붕괴하는 문명의 특징을 골고루 갖춘 사례라고 설명한다.

그린란드에 정주한 사람들은 농사를 지으면서 목축과 사냥을 병행하는 삶을 살았다. 초기에 약 1,000명이었던 인구는 조만간 4,000명으로 늘었다. 이들은 가장 기본적인 자원인 나무를 계속 베어냈지만 나무를 다시 자라나게 할 방도가 없었다. 목재가 부족해지니 배를 건조하기 힘들었고, 철을 녹일 연료가 모자랐다. 그러자 농기구와 사냥 도구가 부족해졌다. 나무가 없는 땅에 말, 소, 양, 돼지, 염소를 기르다 보니 토양 침식이 심해져서 농사는 더 힘들어졌다. 겨울이 길어지고 기온이 내려가자 곡물 수확이 크게 줄었다. 유빙 때문에 항해 조건마저 나빠지자 이웃 지역과 교역도 끊어졌다. 게다가 이 작은 집단 안에서 계급 갈등도 꽤나 심했다. 소수의 부자들이 거대한 농장을 소유한 반면, 암소 한 마리가 전 재산인 사람도 많았다. 생활이 각박해져서 그런지 사람들 사이에 잔인하고 격렬한 싸움이 자주 일어났다. 이유를 알 수 없지만, 그린란드에 들어오고 얼마 안 되어 어업을 포기한 것도 식량 사정을 어렵게 만든 요인이다. 능숙한 어부들인 이누이트(에스키모)들과 접하면서도 어업을 다시 배우려 하지는 않았다. 바이킹의 후예들은 지난날 그들이 들여

그린란드 바이킹 정착촌에 남아 있는 교회 유적

12세기 초에 처음 지어진 그린란드 남부 해안 흐발세위(hvalsey)의 바이킹 교회는 노르웨이와 오크니에서 유사한 구조의 교회가 발견됨에 따라 스코틀랜드계 노르웨이 석공들이 지은 것으로 추정한다.

온 생활양식에 끈질기게 집착하여 농사와 목축에만 매달렸고, 심지어 바뀐 기후에 안 어울리는 의복을 그대로 입은 채 추위에 떨며 살았다. 마지막까지 생존했던 사람들은 결국 굶어 죽은 것으로 조사됐다. 이들의 마지막 기록은 1408년에 끊어졌다.

환경 파괴와 그로 인한 자원 부족, 사태를 정확히 파악하지 못한 사람들의 적응력 부족이나 개선 능력 결여가 사회의 몰락을 초래했다. 이 작은 섬의 사례는 대륙 혹은 지구 전체의 미래에 대한 예시일 수 있다.

4

전사에서 귀족의 땅으로,
노르망디의 탄생

젖소들이 한가롭게 풀을 뜯는 초원과 아름다운 작은 숲들, 카망베르 치즈와 능금주(시드르)로 유명한 평화로운 지방 노르망디. 그런데 이 아름다운 고장을 건설한 선조는 오늘날 노르망디 분위기와는 어울리지 않는 바이킹 집단이다. 노르망디**Normandie**라는 말 자체가 '북쪽에서 온 사람들**Norman, Northman**의 땅'이라는 의미다.

서유럽에서 본격적인 바이킹의 시대가 열린 해를 대개는 793년으로 본다. 이해에 잉글랜드 북동쪽의 '성스러운 섬' 린디스판에 바이킹 무리가 들이닥쳐 약탈을 자행했다. 이들의 행태가 얼마나 극악했는지, 당시 기록은 종말의 시기가 되어 북쪽의 악마들이 몰려왔다고 서술했다. 악마 같은 무리는 곧이어 프랑스 해안 지역에도 출몰했다. 처음에는 부유한 성당이나 수도원을 약탈하고 도망가기 바쁘더니, 이 지역의 방어가 형편없다는 사실을 알고 나서는 느긋

◀ 《노르망디 대연대기》에 수록된 노르망디에 입성하는 롤롱

하게 겨울을 나기도 하고, 급기야 센강을 타고 프랑스 내륙 깊숙이 공격해 들어갔다. 885~887년에는 배 700척에 나눠 탄 바이킹 무리가 파리까지 들어와 2년 동안 포위 공격을 하는 사태까지 벌어졌다. 프랑스 국왕(정확히 말하면 프랑스의 선조 격인 서프랑크왕조의 왕)으로서는 바다에서 밀물처럼 밀려오는 외적을 효과적으로 막아낼 역량이 없었다. 그럴 바에는 차라리 바이킹 집단에게 땅을 주어 신하로 만들고 이들이 다른 바이킹의 침략을 막도록 하자는 계책을 내놓았다.

910년, 또다시 가공할 바이킹 무리가 센강의 지류인 외르**Eure**강에 접한 샤르트르 지역을 공격했다. 이 집단의 우두머리는 고향에서는 흐롤프르**Hrólfr** 혹은 롤프**Rolf**라고 불렸겠으나, 프랑스에서는 롤롱**Rollon** 혹은 롤로**Rollo**라는 이름으로 불렸다. 프랑스 국왕 샤를 3세는 롤롱 집단과 협상을 벌여서 911년에 생클레르쉬르엡트**Saint-Clair-sur-Epte** 조약을 맺었다. 계약 내용은 롤롱이 엡트**Epte**강(파리 서쪽 지베르니 부근에서 센강으로 흘러 들어가는 지류)에서부터 해안까지의 지역을 영토로 받는 대신 프랑스 왕의 신하가 되어 왕국의 방어를 돕는다는 것이었다. 또한 롤롱은 기독교 세례를 받고 국왕의 딸 지슬라**Gisla**를 아내로 맞이하기로 했다. 사실 롤롱에게는 이미 아내가 있었고, 지슬라는 당시 다섯 살에 불과한 국왕의 사생아였지만, 이런 일들은 아무 문제가 되지 않았다. 지슬라는 분명 국왕의 적출嫡出이 맞다고 선언한 후 두 사람은 정식 결혼을 했다. 조약에는 이웃 브르타뉴 지역을 공략해 들어가도 좋다는 내용도 포함되었다. 당시 브르타뉴는 오만하게 독립 왕국을 자처하면서 프랑스 국왕에 도전하던

롤롱과 샤를 3세의 협상

14세기 《프랑스 대연대기》에 실린 그림으로 왼쪽은 프랑스군과 노르만군의 전투 장면이고, 오른쪽은 지슬라와 롤롱의 혼인 등 여러 문제로 협상을 벌이는 샤를 3세와 롤롱의 모습이다.

터였다. 프랑스 국왕으로서는 거칠기 짝이 없는 야만족 전사 집단을 기독교도 귀족으로 만든 후 자기 부하로 삼아서 한편으로는 바이킹의 공격을 막고 다른 한편으로는 도전적인 브르타뉴의 준동을 제압하는 '일타쌍피'의 효과를 보았다.

노르망디의 탄생은 프랑스나 영국의 역사, 더 나아가서 유럽 역사 일반에 매우 중요한 사건이지만 이에 대한 기록은 많지 않다. 앞서 언급한 생클레르쉬르엡트 조약만 해도

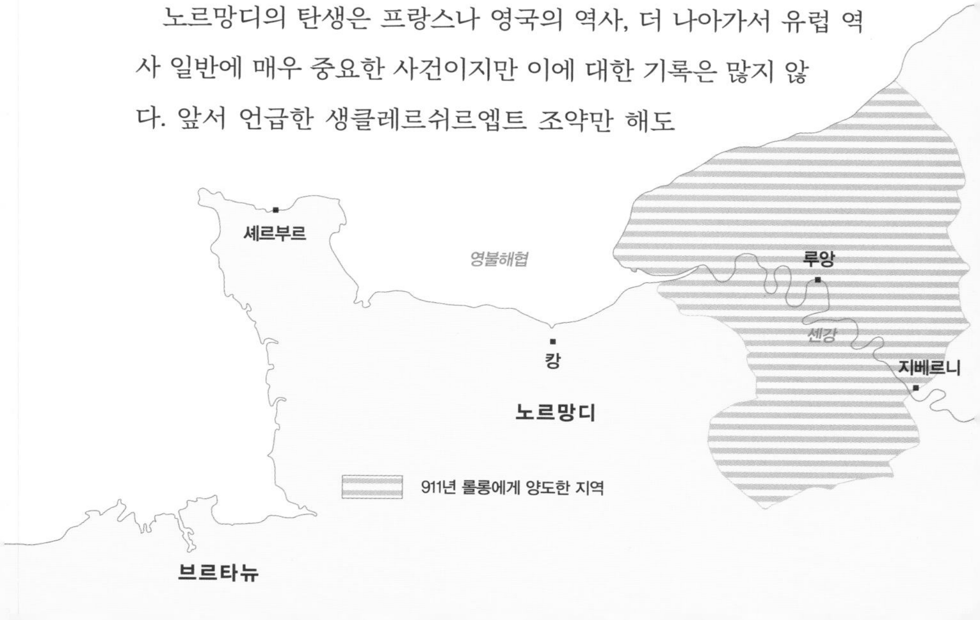

구두 계약으로 보인다. 당시 사정을 알려주는 기록으로는 생캉탱 지역의 사제인 뒤동Dudon이 저술한 《노르망디 초기 공작들의 품행과 활동 이야기》가 가장 중요하다. 이 책은 노르망디 공작들을 찬미하는 성격인지라 과연 어디까지 사실인지 다소 의문이 들지만, 최근 학계는 뒤동의 서술이 비교적 정확하다는 쪽으로 기울고 있다. 프랑스 국왕과 롤롱이 만나는 장면을 보면, 두 사람은 주군lord과 봉신vassal 사이에 충성의 맹세를 하는 봉건 계약hommage을 맺는 것으로 보인다. 이 의식은 부하 기사가 될 사람이 상위 주군에게 자신의 손을 맡기고, 두 사람이 키스를 하게 되어 있다. 다만 일반적인 사례와 차이가 있다면, 두 사람이 키스를 입으로 하는 것osculum이 아니라 롤롱이 국왕의 발에 하도록 강요당했다는 점이다. 이런 굴욕적인 행동을 한다면 바이킹 전사가 아니다. 롤롱은 자기 부하에게 대신 하라고 지시했다. 부하가 국왕의 발을 잡고 번쩍 들어 올려 국왕을 쓰러뜨린 다음 그 발에 키스를 하자, 주변에 있던 사람들이 모두 웃음을 터뜨렸다고 한다.

분위기가 상당히 조야하지만 어쨌든 이렇게 해서 롤롱은 프랑스 귀족 집단으로 들어갔다. 그리고 약속한 대로 다음 해에 루앙 주교에게서 교리문답을 배운 다음 세례를 받아 로베르Robert라는 문명인 냄새가 물씬 나는 세례명을 받았다. 노르웨이의 칼잡이 흐롤프르가 프랑스의 로베르 공작으로 역사에 이름을 남기게 된 것이다.* 그는 자신이 받은 땅의 일부를 분할해서 부하들에게 나누어 준 후 자신은 루앙을 수도로 삼아 통치했다. 로베르 공작은 928~933년 사이에 죽은 것으로 보인다.

그는 정말로 신실한 기독교도가 되었을까? 역사가들은 그의 개종이 거의 전적으로 정치적 목적에 따른 것이었다고 판단한다. 사실 유럽 변방 지역이나 이웃 대륙 각지로 진입해 들어간 다른 바이킹 전사들은 대개 그들이 가지고 있던 오딘**Odin**(북유럽 신화·종교상 최고 신)이나 토르**Thor**(천둥의 신) 신앙에 더해 그 지역의 새로운 신들을 수용하곤 했다. 로베르 또한 원래 자신이 믿던 신과 새로운 신 여호와를 동시에 잘 모셨던 것 같다. 임종의 자리에서 그는 가톨릭교회의 기도를 받는 것 외에 옛 스칸디나비아 신들에게도 희생을 드렸다.

그렇지만 그의 후손들은 조만간 서유럽 문화를 수용했고, 고향 땅의 문화와는 멀어져 갔다. 940년대 기록에 의하면, 루앙에서는 스칸디나비아 언어를 거의 사용하지 않기 때문에 젊은 노르망디 공작 리샤르를 아직 옛 언어가 살아 있는 이웃 도시 바이외**Bayeux**에 보내 배우도록 했다. 노르망디는 더 이상 사나운 바이킹 전사의 땅이 아니라 세련된 프랑스 문화에 물든 귀족의 영토가 되었다. 이렇게 변신한 노르망디 귀족들은 조만간 잉글랜드로 쳐들어가 새 왕조(노르만왕조)를 개창하고, 멀리 지중해에 진출하여 남부 이탈리아와 시칠리아를 지배하며 십자군운동을 주도하는 등 유럽 각지에 지대한 영향을 끼친다.

◆ 엄밀히 말하면 로베르가 이때 얻은 타이틀은 '루앙 백작'이다. 그의 증손자인 리샤르 2세(Richard II, 재위 996~1027)의 시대에 이르러서야 '노르망디 공작'이 되었다. 이 시기에 가서야 정식으로 노르망디공작령이 탄생한 것이다. 다만 관례적으로 그를 로베르 공작으로 칭하기도 한다.

몽생미셸 수도원

프랑스 북서부 지역에는 5~6세기경부터 서서히 기독교가 전파되었다. 먼저 도시에 기독교의 물결이 닿아 주교 성당들이 들어섰고, 그 후에 도시 외곽 지역과 시골로 확산했다. 동시에 깊은 숲이나 황량한 섬에 은거 수도사를 위한 수도원들이 설립되었다. 이 가운데 가장 유명한 곳이 몽생미셸Mont-Saint-Michel 수도원이다. 전승에 의하면 아브랑슈Avranches의 주교 오베르Aubert의 꿈에 미카엘(미셸) 대천사가 세 번 나타나 몽통브Mont Tombe('묘지 언덕'이라는 뜻)에 기도실을 지으라고 말했다. 꿈이라고만 생각하고 이 일을 미루자 급기야 대천사가 오베르 주교의 이마를 손가락으로 꾹 눌러 작은 구멍을 냈다. 미카엘 대천사는 성격이 원체 호전적이어서 갑옷을 입은 채 칼을 들고 용(서구에서는 악마의 상징이다)을 짓밟고 있으며, 다른 손에는 최후의 심판일에 선악의 무게를 재는 데 사용할 저울을 들고 있다. 성격 까칠한 대천사에게 혼쭐이 나고서야 일을 시작한 주교는 708년에 작은 수도원을 지었다. 당시 존재했던 대부분의 다른 수도원들은 바이킹의 공격을 받아 파괴되었고, 몽생미셸만 거의 유일하게 살아남았다. 썰물 때는 육지와 연결된 바위산이었다가 밀물 때는 섬으로 변하는 외진 곳에 지어진 이 수도원은 곧 유명한 순례지가 되었다.

노르망디공작령이 성립되기 전 아브랑슈 지역은 브르타뉴 영토였기 때문에 몽생미셸 수도원도 브르타뉴에 속했다. 그런데 로베르 공작의 후손들이 노르망디 영토를 서쪽으로 확대하여 아브랑슈를 차지한 까닭에 이 수도원이 노르망디로 넘어왔다. 오늘날에도 브르타뉴 사람들은 몽생미셸 되찾기를 열

바위산이자 바위섬 위에 세워진 몽생미셸 수도원

'미카엘 대천사의 산'이라는 뜻의 몽생미셸은 밀물 때는 섬으로 변한다.
현재는 다리가 놓여있어 조수와 상관없이 언제나 방문이 가능하다.

망하고 있다. 역사적으로 노르망디공작령과 브르타뉴공작령을 가르는 자연 경계는 작은 하천 쿠에농Couesnon강인데, 이 강의 흐름마저 바뀌어 수도원 남쪽으로 흐르는 바람에 더더욱 노르망디의 소유권을 강화하는 근거가 되었다. 브르타뉴 사람들은 언젠가 이 미친 강이 정신을 차리고 원래대로 흘러서 몽생미셸 수도원을 되찾는 날이 오리라 믿고 있다. 물론 노르망디 사람들은 쿠에농강이 어느 날 미쳐서 수도원 북쪽으로 흐른다고 해도 몽생미셸 수도원은 계속 노르망디 것이라고 주장한다.

AROLD:SACRAMENTVM:FECIT:
VVILLELMO DVCI:

5

노르만 정복, 영국사의 새로운 시작

1066년 노르망디 공작이 잉글랜드를 정복하고 국왕으로 등극하여 노르만왕조를 개창한 소위 '노르만 정복Norman Conquest'은 유럽사의 중대한 변곡점이다.

역사상 자주 있는 일이지만, 국왕이 왕위 계승자를 낳지 못하면 복잡한 문제가 일어나기 마련이다. 11세기 초 잉글랜드의 고해왕 에드워드Edward the Confessor가 바로 그런 사례다. 전통적으로 이야기하는 것처럼 이 왕의 신앙심이 성인聖人 수준으로 깊은지는 불확실하지만, 적어도 부부 생활만큼은 수도사 수준으로 정결했던 게 분명하다. 중년에 들어선 국왕이 후계자를 낳을 가능성이 희박해진 상황에서 차기 왕권을 주장하는 후보는 세 명으로 압축되었다. 첫째는 노르웨이 왕 하랄 하르드라다Harald Hardrada. 그의 할아버지 크누트Cnut는 한때 덴마크, 노르웨이, 잉글랜드 왕위를 모두 차지하여

◀ 바이외 태피스트리 중 성물을 걸고 기욤에게 선서하는 해럴드

노르망디 공작 기욤(윌리엄 1세)의 초상

일명 '북해제국'을 창건했는데, 손자인 하르드라다가 지난날의 왕위 계승권을 다시 주장하고 나섰다. 둘째는 웨식스 백작 해럴드**Harold**. 국왕의 처남으로서 강력한 권력을 가졌고 많은 귀족들의 지지를 받아서 유력한 후보로 떠올랐다. 셋째는 노르망디 공작 기욤**Guillaume**(기욤의 영어식 발음이 윌리엄**William**이다). 에드워드 고해왕은 1051년에 종질(사촌 형제의 아들)인 기욤에게 자신의 사후 국왕 지위를 물려주겠다고 약속했다. 사실 이 '약속'의 성격이 정확히 무엇인지는 불명확하다. 단지 자신을 지원해 줄 정치적 동맹을 확고히 유지하기 위한 립서비스였을 가능성도 크지만, 어쨌든 기욤으로서는 이 약속을 믿고 대권의 꿈을 키운 것이 분명하다.

차기 왕권의 행방이 불투명한 상황에서 해석하기 어려운 사건이 일어난다. 1064년 혹은 1065년, 국왕 에드워드가 해럴드를 노르망디 공작 기욤에게 사절로 보낸 것이다. 해럴드는 기욤에게 여러 성물聖物을 걸고 기욤의 왕위 계승 권리를 존중한다는 서약을 했다. 국왕이 유력한 후보자들 사이에 미리 교통정리를 하여 기욤을 다음 국왕으로 확고하게 결정했던 것일까? 그런데 이렇게 거룩한 서약까지 한 해럴드는 얼마 후 국왕이 사망하자 몇 시간도 채 지나지 않아 귀족들의 지지를 받으며 왕위에 올랐다. 애초에 해럴드의 선서라는 것은 없었으며, 후일 기욤이 왕권을 빼앗은 후 자신의 정당성을 주장하기 위해 꾸며낸 이야기라는 주장도 제기되었으나 역사가들은 이를 받아들이지 않는다.

1066년 1월, 국왕 에드워드가 사망하고 해럴드가 왕위를 차지했다는 소식이 전해졌다. 노르웨이의 하르드라다나 노르망디의 기욤이나 그냥 물러설 위인들이 아니다. 그해 여름, 하르드라다가 먼저 출병하여 잉글랜드 북부 노섬브리아에 침입해서 요크를 점령했다. 해럴드는 그와 대적하기 위해 군대를 이끌고 북쪽으로 진군했다. 9월 25일, 요크 근처 스탬퍼드 브리지Stamford Bridge에서 전투를 벌여 해럴드의 군이 승리를 거두었고 하르드라다는 전사했다.

그러는 동안 노르망디에서도 전쟁 준비가 한창이었다. 기욤으로서는 우선 바다를 건널 함대가 필요했다. 바이킹의 전통이 아직 살아 있던 터라 단 몇 달 만에 에스네크esneque(바이킹 선박의 한 종류) 1,000척을 건조했다. 그리고 프랑스 각지에서 원정에 참여할 기사들을 모았다. 중세의 전쟁에서는 종교적 정당성이 지극히 중요하기 때문에, 기욤은 교황청에 호소하여 교황 알렉산데르 2세의 지지를 확보했다. 이제 노르망디 군은 '베드로의 깃발'을 들고 전투에 임할 수 있었으니, 일종의 십자군 모양새까지 갖춘 셈이다. 해럴드는 성인의 이름을 걸고 거짓 맹세를 하고 부당하게 왕권을 찬탈한 악당으로 묘사되었다. 마침 적당한 때에 하늘에서 해럴드를 응징하리라는 징조도 나타났다. 4월에 갑자기 나타난 혜성은 해럴드에게 악운

헤이스팅스 전투를 묘사한 바이외 태피스트리

노르만 정복 사건을 다룬 것 가운데 가장 흥미로운 시각 자료인 노르망디 바이외 박물관에 소장된 거대한 크기의 태피스트리 가운데 1066년 전투를 묘사한 부분이다.

이 끼었다는 의미로 해석되었는데, 600년이 지난 18세기 초에 가서야 이것이 75~76년 간격으로 나타나는 핼리혜성으로 밝혀졌다.

기욤의 군대는 9월 28일 잉글랜드 남부의 페번시Pevensey에 상륙했다. 사흘 전 북쪽 지방에서 하르드라다와 전투를 마친 해럴드의 군대는 서둘러 남쪽으로 돌아와야 했다. 그러니 병사들이 지쳐서 제대로 힘을 쓸 수가 없었다. 결정적인 전투는 10월 14일 헤이스팅스Hastings 근처에서 일어났다. 하루 종일 지속된 전투는 해 질 녘에

결판이 나서, 기욤의 군대가 대승을 거두었고 해럴드는 전사했다.

기욤의 군대는 잔존 세력이 결집해 있는 런던으로 진격해서 잔혹하게 공격했다. 수비군은 궤멸되었고, 잉글랜드 주민들은 기욤에게 충성을 맹세하지 않을 수 없었다. 사실 많은 귀족들이 전투에서 사망했기 때문에 살아남은 귀족이 많지 않았다. 곧 프랑스 기사들이 정복군처럼 잉글랜드를 지배하게 될 것이다.

이해 크리스마스에 기욤은 웨스트민스터 수도원에서 잉글랜드 왕으로 추대되고, 노르만왕조Norman dynasty를 개창했다. 노르망디 공작 기욤은 동시에 잉글랜드 국왕 윌리엄이 되었으며, '정복왕William the Conqueror(재위 1066~1087)'이라는 별칭이 붙었다. 그 자신은 이 표현을 결코 좋아하지 않았을 것이다. 자신은 선왕에게서 계승권을 약속받아 정당하게 왕위에 올랐지, 무력으로 정복한 게 아니라고 주장했다. 그렇지만 잉글랜드 주민들로서는 외국인이 군대를 끌고 와서 무자비한 살상을 벌인 후에 왕권을 차지한 데 대해 좋은 인상을 가질 수 없었다. 그 시대의 사정을 소상히 기록한 잉글랜드의 수도사이며 연대기 작가인 오드릭 비탈리스Orderic Vitalis는 꽤 신랄한 글을 남겼다. 크리스마스 날 웨스트민스터 사원에서 윌리엄이 왕위에 오를 때 런던이 불길에 휩싸였는데 이는 윌리엄이 악마가 보낸 인물이기 때문이며, 마찬가지로 1087년 프랑스 도시 캉Caen에서 윌리엄의 장례를 치르는 날 다시 그 도시가 불길에 휩싸였으니 불지옥에서 온 자가 불지옥으로 돌아가는 징표라는 식으로 말이다.

노르망디 공작이 동시에 잉글랜드 국왕이 됨으로써 잉글랜드와 프랑스의 역사는 복잡하게 얽히게 되었다. 프랑스 국왕의 입장에서 보면 기욤과 그 후계자들은 한편으로는 자신에게 충성해야 하는 신하이지만 다른 한편으로는 자신과 동렬의 왕이다. 잉글랜드는 오랫동안 유럽대륙의 역사에 결부되었다. 잉글랜드가 대륙에 있는 영토를 정리하고 문자 그대로 섬나라가 되는 것은 백년전쟁(1337~1453) 이후의 일이다.

바이외 태피스트리

노르망디의 바이외 박물관에 소장된 태피스트리는 노르만 정복 사건에 관한 가장 흥미로운 시각 자료다. 길이 약 70미터, 높이 50센티미터의 거대한 크기에 그림을 수로 놓은 이 작품은 엄밀히 말하면 태피스트리(벽 가리개)가 아니라 자수 작품이다. 오랫동안 윌리엄(기욤)의 부인 플랑드르의 마틸드가 만든 것으로 잘못 알려져 왔는데, 아마도 노르만 정복 직후 잉글랜드에서 만들어졌다가 1077년 완공된 바이외 성당에 헌정된 것으로 보인다. 과거 이 성당에서는 평소에는 태피스트리를 말아서 상자 속에 보관하다가 축일에 가지고 나와 벽에 걸어 전시했다.

'세계 최대의 만화 작품'이라는 별칭으로 불리는 이 작품은 해럴드가 사절로 노르망디를 찾아오는 것부터 헤이스팅스 전투까지 노르만 정복의 주요 장면을 북유럽 예술 형식에 담아 묘사하고 있다. 모두 626명의 인물과 배, 말, 무기 등이 정확하게 그려진 이 태피스트리는 매우 귀중한 중세 예술 작품일 뿐 아니라 그 시대를 이해하는 핵심적인 사료로 평가받는다. 제작자의 의도를 추측해 보면, 해럴드가 성물을 걸고 기욤에게 선서를 하는 장면이 핵심 부분일 것이다. 해럴드는 신과 성인의 이름을 걸고 했던 맹세를 배신하고 왕권을 찬탈했으니 기욤이 왕권을 되찾은 게 정당하다는 메시지다. 노르망디에서 출항하는 장면에서는 이 시기에도 여전히 바이킹 선박을 사용하고 있었다는 사실을 알 수 있다. 그리고 마침내 헤이스팅스 전투에서 악인 해럴드가 사망하는 것으로 이야기가 끝난다. 그 의미는 하느님이 결국 정의의 편에 서서 승리를 거두게 하셨다는 신학적·정치적 이데올로기다.

6

잔혹한 정복에서 관대한 융합으로 나아간 노르만왕조

1066년 노르만 정복은 영국사에서 가장 획기적인 사건 중 하나다. 노르망디 공작 기욤이 프랑스 기사들을 이끌고 바다를 건너와 헤이스팅스 전투에서 국왕 해럴드를 살해하고 새로운 왕조를 개창함으로써 이 나라의 역사는 완전히 새로운 방향으로 발전했다. 그렇지만 이 시기에 잉글랜드인들이 겪은 일은 역사상 유례를 찾기 힘든 가혹한 정복과 약탈의 연속이었다.

강력한 무력으로 주민들의 항복을 받아냈다고 하더라도 정복왕 윌리엄의 입지는 아직 불안정했다. 잉글랜드인들은 이웃 나라에서 쳐들어온 무도한 인간들에게 지배받게 된 데 분개해 수년간 각지에서 반란을 일으키며 저항했다. 윌리엄을 따라 잉글랜드로 들어온 프랑스계 기사는 1만 명이 채 안 되었으며, 이 소수 인원으로 200만 명 가까운 잉글랜드인을 지배하는 것은 결코 쉬운 일이 아니었다.

◀ 정복왕 윌리엄 때 축성이 시작된 런던 타워

윌리엄은 약 20년 동안은 무자비한 방식으로 지배 체제를 구축해 갔다. 우선 구귀족들을 몰락시켰다. 이미 정복 전쟁의 와중에 많은 귀족이 사망하여 살아남은 귀족이 얼마 안 되었지만, 그나마 남은 귀족들도 토지와 직위를 빼앗아 무력하게 만들었다. 윌리엄은 우선 해럴드 왕을 위해 싸웠던 사람들을 '반역자'로 몰아 땅을 몰수했다. 반란을 일으킨 지역들을 잔혹하게 진압하고 주변 지역을 불태워버린 다음, 이런 식으로 소유주가 없어진 땅을 직접 차지하거나 자신을 추종하는 사람들에게 분배했다. 이처럼 원래의 지주층에게서 토지를 빼앗는 과정이 지속된 결과, 약 150년 후에는 토지 소유주 가운데 월프리드, 애설스턴 같은 기존 주민의 이름은 거의 사라지고 윌리엄, 로버트, 리처드 같은 프랑스식 이름이 80퍼센트 가까이 늘어났다. 노르망디에서 건너온 사람들, 곧 노르만인이 영국의 지배계급이 된 것이다.

새 왕조에 충성을 약속한 잉글랜드인은 이론상으로는 프랑스인과 동등한 권리를 인정받았지만 실제로 모든 요직은 노르만인이 독점했다. 정복 후 반란이 극심한 수년 동안은 궁정이나 교회 요직에 잉글랜드 선주민들을 임명하거나 그들의 직위를 유지시키는 등 회유책을 썼다. 하지만 위험한 시기가 지났다고 판단하자 윌리엄은 곧바로 이들을 해임하고 노르만인들로 교체했다. 예컨대 정복 이전부터 캔터베리 주교였던 스티건드Stigand의 경우 1070년 직위를 박탈해 투옥하고, 그 대신 캉에서 랑프랑Lanfranc을 불러와 임명했다.

또한 지배 체제를 확고히 하고자 대민 감시용 성을 쌓았다. 일반 농민들을 동원하여 구릉이나 평지에 인공 축토를 쌓고 그 위에 성을 축조했다. 유럽의 성은 모두 돌로 짓는 것이라 생각할지 모르지만 사실 중세 초기의 성은 대개 목제였다. 다만 세월이 흐르면서 돌로 개축하는 곳이 많았다. 윌리엄은 이렇게 축조한 성들에 왕실 수비대를 주둔시킨 반면, 다른 영주들에게는 성의 소유를 금지했다.

캔터베리 대성당의 랑프랑 동상

새 왕조는 각종 봉건적인 세금을 부과하여 소득을 올렸다. 신하들이 소유지 변경과 상속 때 납부하는 부과금, 영주가 딸의 결혼이나 아들의 십자군 참가 시 내야 하는 헌납금 같은 것이 그 예다. 도시 자유민에게 부과하는 세금이나 벌금도 다양했다. 예컨대 "원하는 사람과 원하는 일시에 결혼할 수 있는 허가를 얻기 위해 15파운드", "아내가 국왕의 포로 상태인 남편과 동침하기 위해 200파운드"를 납부해야 하는 식이다.

윌리엄 치세에 모든 국민에게 빠짐없이 세금을 걷기 위해 전국의 토지 및 재산 현황을 대단히 꼼꼼하게 조사한 자료가 《둠즈데이 북Domesday Book》이다. 윌리엄은 특별위원회를 조직하고 귀족들을 위원으로 임명하여 전국을 순찰하며 조사하도록 지시했다. 조

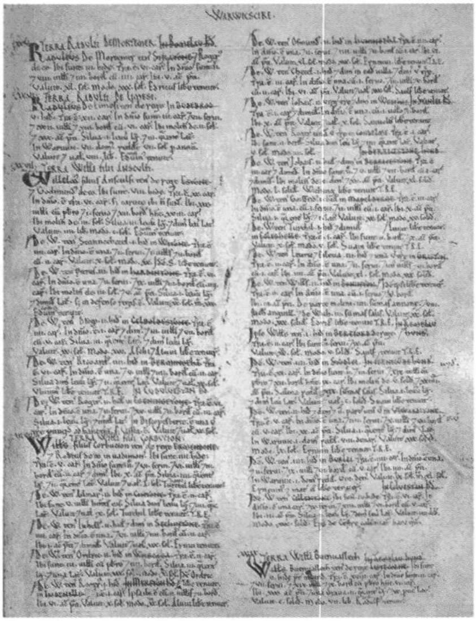
WARWICSCIRE

《둠즈데이 북》 워릭셔주 부분

사를 얼마나 철저히 수행했는지 조사 보고서 이름('최후의 심판일 장부')은 마치 최후의 심판 때의 판결처럼 어떤 속임수나 변경도 있을 수 없다는 의미다. 내용을 보면 과연 전국 각지의 상황을 지극히 엄밀하게 조사했다는 사실을 알 수 있다.

"서리Surrey주 림프스필드의 영주 직영 농지는 쟁기 5개, 소 5마리, 농노 15명, 날품팔이 농부 6명, 공유 쟁기 14개, 연 2실링 수입의 물방앗간 1개소, 양어장 1개소, 교회당 1개소, 목장 4에이커, 돼지 150마리의 숲(당시 숲 크기는 돼지 몇 자리를 칠 수 있느냐로 쟀다), 연 2실링 수입의 채석장 2개소, 매의 집 2개, 노예 10명이 있다. 영지 수입은 에드워드 국왕 당시에는 연 20파운드, 그 후에는 15파운드, 현재는 24파운드이다."

심지어 숲 한가운데 사는 사람도 조사를 피할 수 없었다.

"소 8마리, 자기 소유 쟁기 1개 그리고 노예 2명의 도움으로 그가 개간한 농지 약 100에이커를 경작하고 있다. 그는 현재까지 조세를 바치지 않았다."

이 숲속의 고독한 농부도 다음 해부터는 성실 납세자가 되지 않을 수 없었을 것이다. 이 자료를 통해 1086년 당시 영국 인구는 150

만~200만 명이며, 그중 노예가 10퍼센트일 것으로 추산한다. 이런 정도로 자세한 조사사업은 19세기 말에 가서야 다시 가능해진다.

이처럼 강력한 왕권이 자리 잡은 결과 영국 국민은 자유를 빼앗기고 완전한 억압 상태에 빠졌을까? 그 당시에는 그렇게 느꼈을지 모르지만, 장기적으로 보면 다른 결과를 낳았다. 강력한 왕권이 안정적으로 유지되자 이것이 오히려 민중의 자유를 신장하고 의회 제도가 발전하는 기틀이 되었다. 사실 윌리엄과 신흥 지배층의 무력이 강하다 해도 소수의 충성스러운 신하만으로 전국을 완전히 지배하는 것은 불가능하다. 1만 명의 기사로 어떻게 그 많은 국민을 적으로 돌려 강압적으로 통치할 수 있겠는가. 차라리 지방의 전통적 자유를 인정해 주고 유력자들의 협조를 이끌어 내는 게 낫다. 초기의 잔혹한 정복과 지배 체제 구축 과정이 일단락되자 자신감을 찾은 국왕은 관대한 통치를 펼치는 방향으로 나아갔다. 왕은 귀족 중에서 관리를 선임했는데, 귀족들은 그 역할을 잘 수행하기 위해 민중들과 손잡지 않으면 안 되었다. 장기적으로 보면 귀족과 민중이 결합하여 의회 제도를 통해 한편으로 국왕의 국정 운영에 협조하고, 다른 한편으로 국왕의 자의적 통치를 견제했다.

집권 정당성을 알리기 위해 발행한 윌리엄의 주화 중 1066년 혜성 출현 기념 페니

영어의 변화

프랑스어의 한 갈래인 앵글로노르만어를 사용하는 노르만인이 영국의 새로운 귀족층이 되자 언어상의 변화가 불가피했다. 일반인이 사용하는 고대영어, 즉 앵글로색슨어는 이 시기에 상류계급 언어인 프랑스어의 영향을 강하게 받으며 중세영어로 변화해 갔다. 이 과정에서 많은 프랑스어 단어가 영어로 들어왔다. 특히 지배층과 관련된 단어 중에 프랑스어 계통의 단어들이 많다. 궁정cour→court, 왕관couronne→crown, 자문위원회conseil→council 등이 그런 사례다. 육군armée→army, 탑tour→tower, 성château→castle, 군기軍旗étandard→standard 같은 군사 용어, 수도원장prieur→prior, 예배당chapelle→chapel, 미사messe→mass 같은 종교 용어도 마찬가지다. 사법justice, 감옥prison 같은 재판 관련 용어들은 아예 철자까지 같은 형태로 영어에 들어왔다.

계급 간 차이를 보여주는 흥미로운 사례는 동물과 관련된 용어들이다. 예컨대 소는 농민들이 기를 때는 cow이지만 고기를 요리해서 식탁 위로 가져갈 때는 beef가 된다. 목축이나 농사일을 하는 농민들은 여전히 앵글로색슨어 cow를 사용하지만 요리로 접하는 지배계층은 프랑스어 bœuf를 사용했고, 이것이 beef로 바뀐 것이다. 돼지pig; 돼지고기porc→pork, 양sheep; 양고기mouton→mutton, 송아지calf; 송아지고기veau→veal도 마찬가지다. 프랑스어의 preux라는 단어는 원래 용맹한 기사를 뜻하지만, 영어에서는 오만하다는 뜻의 단어 proud의 어원이 된 것도 그런 미묘한 차이가 반영된 흥미로운 사례다.

Here begynneth the knyghtes tale

W Whilom as olde storyes tellith vs
Ther was a duke hight Theseus
Of Thebes he was lorde and gouernour
And in his tyme suche a conquerour
That greter was ther none vndre the sonne
Fulle many a riche contre hadde he wonne
That with his wisdom and cheualry
He conquered alle the regne of femeny

Here begynneth the mylleres tale

W Hilom ther was duellyng in Oxenforde
A riche gnof that gestes hadde to borde
And of his craft was he a carpentre
With hym ther was a poure scoler
Had lerned art but al his fantesye
Was turned to lere astrologye
And coude a certayn of conclusiouns
To demyn by interrogaciouns
If that men asked him certeyn houres
Whether they shuld haue drought or shoures
Or if that men asked him what shulde befalle
Of euery thing I may nat reken alle

중세영어로 쓴 《캔터베리 이야기》

중세 잉글랜드를 대표하는 작가 제프리 초서(Geoffrey Chaucer, 1343?~1400)가 쓴 미완의 작품으로, 캔터베리 대주교 베킷을 기리는 순례자들이 여관에 모여 나눈 이야기를 담고 있다. 중세영어와 중세의 사회상을 잘 드러내는 대표작으로, 1492년 판본에 실린 〈기사 이야기〉(왼쪽)와 〈방앗간 주인 이야기〉 부분이다.

7

노르만 용병, 시칠리아왕국을 세우다

11세기 초, 노르망디 코탕탱반도에 위치한 작은 영지 오트빌Hauteville. 이곳 영주 탕크레드Tancrède는 두 번 결혼해서 15명의 아이를 얻었는데, 그중 12명이 아들이었다. 아이 20명이 모두 아들인 흥부만큼은 아니나 분명 아들 부자라 든든하긴 했으리라. 그렇지만 많은 아들의 장래가 걱정이 아닐 수 없다. 탕크레드가 죽었을 때 세를롱Serlon이라는 아들이 영지를 물려받았지만, 나머지는 어떻게 살 것인가? 이들이 찾은 답은 이탈리아 남부였다.

이 시기 이탈리아 남부 지방은 분열이 극심하여 영주들 간 전투가 일상적으로 벌어지는 곳이었다. 게다가 아프리카 북부에 자리잡은 무슬림 세력의 공격을 받아 피해가 막심했다. 이곳 지배자들이 강력한 용병을 필요로 한 이유다. 그런데 특이하게도 노르망디 출신 기사들이 용병으로 많이 고용되었다. 하필 노르망디 사람들

◀ 노르망디 쿠탕스 대성당에 있는 무쇠 팔 기욤 동상

이 온 이유에 대해서는 여러 설들이 있다. 예컨대 '살레르노 전승'은 이런 식으로 설명한다. 999년, 예루살렘으로 순례를 갔던 노르망디 기사들이 귀국길에 이탈리아의 살레르노Salerno에 머물게 되었다. 이때 아랍 세력이 공격해 와서 성을 포위하고 거액의 돈을 요구했다. 살레르노 공작이 싸울 생각도 안 하고 돈을 모으기 시작하는 모습을 본 노르망디인들은 이들을 겁쟁이라고 비웃더니 아랍인들에게 반격을 가하여 물리쳤다. 살레르노 공작이 이들에게 남아달라고 요청하자, 자신들은 돌아가야 하지만 고향에 가서 이 사실을 알리고 훌륭한 기사들을 보내주겠다고 약속했다. 탕크레드의 아들 12명 중 8명이 이탈리아로 향한 것도 이런 맥락에서 일어난 일이다.

이 형제들이 처음 기록에 등장하는 것은 비잔티움제국이 시칠리아를 공격한 1037년 혹은 1038년 전투다. 아랍인의 지배하에 들어간 시칠리아를 회복하기 위해 노르만인을 동원한 것이다. 이때 기욤 탕크레드는 시칠리아 회복에는 실패했으나 '무쇠 팔Bras-de-fer'이라는 별명을 얻었다. 무슬림 전사 한 명을 한 번에 창으로 꿰뚫는 괴력을 선보였기 때문이다. 그런데 1043년에 가면 이 형제들은 반란을 일으킨 푸이아Puglia(풀리아라고도 한다) 편으로 넘어가 비잔티움인들과 싸웠다. 용병이란 돈을 대는 편에 서서 싸우는 존재이므로 오늘의 적이 내일의 주인으로 바뀌는 것이 다반사라지만, 그렇다고 해도 당시 노르만 용병들은 돈에 대한 과도한 욕심으로 악명 높았다. '무쇠 팔' 기욤이 1046년 사망하자 그의 동생 드로고Drogo, 혹은 Dreux가 사업을 이어받았고, 1051년 드로고가 암살되자 다시 그 동생들인 험프리와 옹프루아가 승계했다. 드로고의 암살은 자세한 사정은 알려지지 않았으나 이 지역 내 복잡한 정치 갈등의 결과인 건 분명하다. 탕크레드 형제들은 드로고를 죽인 암살자 일당을 잡아 악랄한 고문을 가하고 처형했다.

칼부림 잘하는 외지인들이 점차 세를 넓혀가자 현지인들이 거세게 반발했다. 특히 교황청은 이탈리아의 정치 균형이 깨지고, 무엇보다 교황령 바로 남쪽에 강력한 정치 군사 세력이 형성되는 것을 용인하지 않았다. 1053년 교황 레오 9세는 친분이 있는 비잔티움제국 황제와 신성로마제국 황제 등이 제공한 군대를 이끌고 노르망디 용병들에 대항하는 전투에 참여했다. 그런데 노르망디 전사들이 푸이아의 치비타테**Civitate** 전투에서 승리를 거두고 교황을 포로로 잡는 사태가 벌어졌다. 탕크레드의 아들 중 특히 로베르 기스카르**Guiscard**('교활한 자')가 이 전투에서 맹활약하며 두각을 드러냈다. 이제 이탈리아 지배자들로서는 노르망디인을 축출하는 것이 불가능하니 차라리 이 강력한 전사 집단과 손잡는 편이 유리하다고 판단했다. 1059년에 기스카르는 칼라브리아 지방을 정복하고 교황의 허락 아래 푸이아·칼라브리아 공작이 되었다.

로베르 기스카르는 고향에 남아 있던 동생들도 마저 불러왔는데, 그중 가장 탁월한 공적을 세운 인물은 막내 로제**Roger**다. 그는 아랍인들에게서 시칠리아를 되찾는 위업을 이루었다.

원래 비잔티움제국 영토였던 시칠리아는 9~10세기 동안 아랍인들의 침공에 시달리다가 965년에 섬 전체를 내주었다. 11세기에 들어서 비잔티움제국은 시칠리아 복구 전투를 벌였다. 이때 비잔티움제국 호위대로 활동하는 스웨덴계 바이킹 용사들(앞서 언급한 바랑기

로베르 기스카르(왼쪽)와 그의 동생 로제

안 경호대)과 노르망디 용병들이 함께 싸웠다. 스칸디나비아의 한 조상에서 가지를 친 두 바이킹 후예들이 먼 이역 땅에서 만나 함께 전투를 벌이는 일이 일어난 것이다. 그렇지만 1038년에 이 공격을 주도했던 비잔티움 장군 마니아케스George Maniakes는 시칠리아 회복을 완수하지 못한 채 비잔티움제국 내전에 휘말려 살해되었다. 이제 그 과업은 노르망디인들에게 맡겨졌다. 이들은 1091년 아랍의 마지막 거점인 노토Noto를 정복하여 시칠리아를 차지했고, 로제는 시칠리아 대공이 되었다.

그리고 그의 아들 로제 2세가 '이탈리아판 노르만 정복'의 대업을 완성했다. 그는 아버지와 사촌으로부터 시칠리아와 몰타제도, 푸이아 등의 영토를 물려받아 한 단위의 정치체로 만들었고, 혼란한 정세를 잘 이용하여 왕국으로 승격시켰다. 1130년 교황 호노리우스가 사망했을 때 인노켄티우스 2세와 아나클레투스 2세가 서로 자신이 정당한 교황 후계자라며 다투었다. 로제는 이 중 아나클레투스 2세를 밀었고, 그는 답례로 시칠리아를 왕국으로 승격시켜주었다. 1130년 크리스마스에 로제 2세는 팔레르모Palermo에서 국왕으

노르만의 시칠리아 정복

1059년 푸이아·칼라브리아를 차지한 노르망디인들은 이후 시칠리아로 진출해 1071년 시칠리아백국을 세우고 1091년 마침내 시칠리아를 완전히 점령한다.

로 대관식을 치렀다.

노르망디의 가난한 시골 귀족 자제들의 모험은 왕국 건설로 정점에 이르렀다. 시칠리아왕국은 온갖 역사적 곡절을 겪으면서도 1861년 가리발디에 의해 이탈리아왕국에 통합될 때까지 오래 존속했다.

팔레르모의 카펠라 팔라티나

당신이 웬만한 강심장이 아니면 시칠리아의 수도 팔레르모에서 운전대를 잡을 생각은 접어라. 여행안내서의 이 같은 경고를 무시하고 시내에서 용감하게 차를 몰면 그야말로 머리가 쭈뼛하는 경험을 하게 된다. 그러니 차는 얌전하게 주차장에 모셔두고 편안하게 팔레르모 시내를 걸어 다니는 게 좋다. 그러면 사방에 산재한 위대한 문화유산들을 찬찬히 음미할 수 있다.

지중해의 중앙에 위치한 시칠리아에는 그리스, 로마, 아프리카, 비잔티움, 유대, 아랍 문화가 들어와 섞였다. 여기에다가 11세기의 '노르만 정복'으로 북유럽 문화 요소까지 더해졌다. 로제 2세가 아랍-무슬림 세력을 몰아내고 기독교 왕국을 건설했다고 하지만 실제로는 아랍인, 그리스인, 유대인 공동체가 계속 남아 번영했고, 이후 다양한 문화적 융합이 이루어졌다. 심지어 로제 국왕이 걸친 망토에는 '이슬람력 528년(서력 1133~1134년)'이라는 문구가 새겨져 있을 정도다(이 망토는 후일 신성로마제국 황제 즉위식 때 사용되었으며, 현재 빈의 제국국보박물관Schatzkammer에 보존되어 있다).

한마디로 시칠리아는 문화의 용광로였다. 수도 팔레르모에는 다양한 문화 융합을 보여주는 유산들이 가득하다. 대표적인 사례가 노르만 궁전 안의 카펠라 팔라티나Capella Palatina라는 소성당이다. 로제 2세는 즉위 후 옛 아랍 요새 위에 궁전을 짓도록 하고, 그 안에 왕실 소성당을 두었다. 이 성당은 노르만, 비잔티움, 파티마왕조(이집트) 건축 양식이 혼재해 있다. 예컨대 황금색 나무 천장은 이슬람의 종유석muqarnas 디자인 양식이다. 반면 성당 내부의 지성소sanctuary에는 노르만 문화를 반영하는 디오니시우스 성인과 마르탱 성

카펠라 팔라티나의 판토크라토 예수상

인이 그려져 있다. 한편, 탄성이 절로 나올 만큼 장대하고 아름다운 모자이크 작품은 구성과 주제 면에서 비잔티움 문화의 산물이다. 이 앞에 서면 마치 비잔티움제국의 어느 성당에 온 듯한 느낌을 받을 것이다. 모자이크 예수상은 서방 세계에서는 찾아보기 힘든 '판토크라토 예수상Christ Pantocrator'이다. 그 의미는 '전능한 예수', 모든 일을 할 힘이 있으며 세상만사를 주관하는 예수이다. 온유하면서도 엄격하고 전능한 판관으로 묘사한 이러한 예수의 표상은 동방정교 혹은 동방가톨릭 교회에서 더 흔하게 접할 수 있다.

로제 2세가 왕궁 내부에 왕좌가 있는 접견실throne room과 소성당을 동등한 비중으로 설치한 것은 교황청과 유럽 각국 지배자들에게 자신은 이제 이 섬에 남을 터이니 누구도 시칠리아왕국에 간섭하지 말라는 메시지를 보낸 것으로 해석된다.

Part 2

십자가와 왕관

성과 속의

뜨거운 경쟁과

새로운 발전

로마제국이 몰락한 이후 유럽은 혼돈의 시대를 맞았다. 천년의 제국이 무너진 후 동부 지역에서는 비잔티움제국(동로마제국)이라는 새 이름으로 제국 체제가 15세기까지 지속했으나, 서유럽에서는 기존 제국 질서가 모두 무너지고 게르만족이 각지에 크고 작은 군사·정치 단위들을 형성한 후 서로 경쟁하면서 새로운 발전을 모색하고 있었다. 이런 상황에서 이슬람 세력이 북아프리카로부터 지브롤터 해협을 넘어와 이베리아반도를 정복했다. 동쪽에서는 울던 아이도 그 이름을 들으면 울음을 멈추었다는 가공할 전사 집단 마자르족이 침략해 왔고, 북쪽에서는 바이킹 집단이 폭력적으로 팽창했다. 이 무질서한 세계에서 어떻게 조화로운 질서를 되찾을 것인가? 두 가지 힘이 그 역할을 수행했으니 하나는 교회이고, 다른 하나는 세속적인 통치 집단이다. 교회는 정신적인 지배력뿐 아니라 체계적인 조직을 갖춘 덕분에 위기의 시대에 거의 유일하게 사람들을 보호하는 역할을 수행했다. 단순 무식한 전사 집단이었던 기사들도 봉건제라는 군사·정치 위계를 형성함으로써 지역 차원에서 통치 질서를 확보해 갔고, 시간이 지나면서 장래 프랑스나 잉글랜드 등의 국가로 발전할 왕조들도 등장했다. 십자가와 왕관은 서로 경쟁하기도 하고 협력하기도 하면서 이 세상의 구조를 다시 짜나갔다.

이베리아반도에서는 기독교도들이 재정복운동Reconquista을 시작했다. 이슬람과 기독교 세력은 문명충돌 양상을 보였지만, 실은 그 내부에서 건설적인 융합 움직임도 일었다. 유럽 전체가 혼란기를 지나 점차 안정 단계에 들어가면서 성聖과 속俗 모두 새로운 발전을 이루었다. 한편으로는 이전의 로마제국을 부활시킨다는 명분을 내걸고 신성로마제국이 성립되었고, 다른 한편으로는 가톨릭교회가 자정 운동을 통해 성직자들의 타락을 억제하고 교회의 위계를 강화해 갔다. 이 양자는 세계의 최상위 통제권을 누가 가지는가, 교황인가 황제인가 하는 문제로 충돌했다. 때로 치열한 갈등 양상을 보이기도 했으나, 이 과정을 거치는 동안 교회와 제국(국가) 모두 자기 정체성을 확립하고 조직을 정비했다.

어느 정도 안정을 되찾고 성장의 가도에 들어선 유럽은 그동안 준비한 힘으로 바깥으로 팽창을 시도했으니 그것이 십자군운동이다. 신앙의 적이며 정치·군사적 라이벌인 동방의 무슬림과 충돌한 이 장기적 사건 역시 유럽 중세 문명을 발전시키는 자극이 된 한편, 정신적·사회적 불안 요소가 누적되어 위기를 불러온 측면도 있다. 중세 유럽은 발전과 위기의 연속이었다.

8

코르도바의 모스크-성당, 두 문명이 공존하는 '세계의 보석'

에스파냐 남부의 코르도바 모스크-성당Mezquita-Catedral de Córdoba은 마치 1,000년 전 시간 속에 멈추어 선 듯하다. 이 웅장한 건물은 메스키타Mezquita(대모스크)라 부르는 이슬람 사원이자 동시에 가톨릭의 성모승천성당Catedral de Nuestra Señora de la Asunción이기도 하다. 800년 동안 이슬람 지배하에 있다가 '재정복운동'으로 인해 다시 기독교권으로 되돌아간 에스파냐 역사가 이처럼 흥미로운 건축물을 낳았다.

에스파냐 땅에 이슬람 세력이 들어온 것은 711년이다. 아랍을 떠난 무슬림이 북아프리카까지 팽창해 와서 현지 주민(베르베르인)을 이슬람교로 개종시켰는데, 베르베르족 군 지휘관 중 한 명인 타리크Ṭāriq ibn Ziyād가 대군을 이끌고 지브롤터해협을 건너와 에스파냐 남부 지방을 정복했다. 지브롤터Gibraltar라는 이름도 '타리크

◀ 코르도바 모스크-성당의 아치

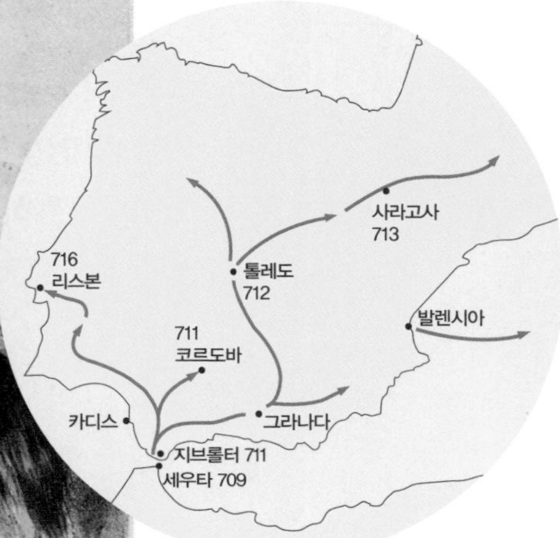

에스파냐 남부를 점령한 타리크(왼쪽)와 8세기 초 이슬람의 에스파냐 진출

의 산'이라는 뜻의 '자발 타리크Jabal Ṭāriq'에서 유래했다. 당시 기록이 부족하여 이슬람 세력이 유럽 땅으로 들어온 연유를 정확히 알 수는 없지만, 일설에 의하면 에스파냐 현지 세력들 사이에 갈등이 일어난 가운데 세우타Ceuta 백작이 외세를 불러들인 것이라고 한다. 그렇게 불러들인 당시만 해도, 이슬람 세력이 콜럼버스의 해인 1492년이 되어서야 아프리카로 돌아가리라고는 상상도 하지 못했을 것이다. 711년 에스파냐를 통치하던 서고트왕국군이 이슬람군에 맞서 싸웠으나 패배하여 왕과 통치 엘리트가 거의 전멸하였다. 이후 10년이 채 안 되는 기간에 무주공산이나 다름없던 에스파냐 땅 대부분이 쉽게 정복되었다. 이렇게 이슬람 아래에 들어간 에스파냐 땅을 '알안달루스Al-Andalus'라 칭했으며, 코르도바는 그 수도가 되었다.

당시 알안달루스는 아라비아반도와 시리아를 중심으로 한 이슬람 세계 전체의 지형에서 보면 가장 먼 변방에 속했다. 군사·종교적 지배만 이루었을 뿐, 경제·문화적으로 뒤처져 있었다. 그랬던 이곳이 점차 문명 중심지로 부상하는데, 칼리프(예언자 무함마드의 뒤를 잇는 이슬람제국의 주권자) 자리를 놓고 벌어진 이슬람권 내부의 충돌이 한 원인으로 작용했다. 750년 이라크의 아바스왕조가 시리아의 우마이야왕조를 몰락시킨 후, 이전 왕실 가문 사람들을 악착같이 찾아내 살해하려 했다. 난을 피해 겨우 목숨을 구한 아브드 알라흐만 1세Abd al-Rahman가 먼 에스파냐 땅까지 피신해 왔다. 그는 곧 정치적 역량을 발휘하여 알안달루스의 군주로 올라섰다(재위 756~788).

무슬림 지배자들은 현명한 통치 전략을 구사했다. 기독교도와 유대인을 제거하거나 강제 개종시키는 게 아니라 높은 세금을 내는 조건으로 자신의 종교를 유지할 수 있도록 허락한 것이다.◆ 비록 이등 시민으로서 차별 대우를 받긴 하지만, 아예 쫓겨나는 것보다야 훨씬 낫다. 결과적으로 다양한 문화가 공생하며 융합하는 무대

◆ 무슬림의 지배에 대해 흔히 '한 손에 쿠란, 한 손에 칼'이라고 표현하지만 사실은 부정확한 말이다. 이슬람의 지배하에 들어가면 세 가지 중 하나를 택할 수 있다. 이슬람을 믿으면 형제로서 받아들여진다. 자신의 종교를 계속 유지하고 싶으면 세금을 내면 된다. 이슬람도 받아들이지 않고 세금도 안 내려 하면 칼에 맞으리라.

아브드 알라흐만 1세 동상

알안달루스에 도착한 것을 기념해 세운 것으로,
에스파냐 그라나다의 알무네카르에 위치해 있다.

가 만들어졌다.

이슬람의 지배하에서 알안달루스는 번영을 구가했다. 벼, 사탕수수, 시금치를 비롯한 각종 새로운 작물을 들여왔고, 누에를 길러 비단 직물을 짜서 멀리 인도까지 수출했다. 수도 코르도바는 경제와 문화의 중심지로서 일취월장했다. 시내에는 수백 곳의 목욕탕과 아름다운 정원들이 존재했고, 시장에서는 직물, 보석, 무기, 상아 공예

품 등 사치재 소비품들이 거래되었다. 132개의 탑과 13개의 성문을 갖춘 웅대한 성벽이 시 중심부를 두르고 있는데, 인구가 20만 명에 이를 정도로 커지자 성벽 너머로 도시가 확대해 갔다.

아브드 알라흐만 3세(재위 929~961)가 스스로 칼리프를 주장할 무렵, 코르도바는 바그다드와 경쟁할 만한 문명 중심지로 떠올랐다. 당시 유럽의 다른 도시들은 대부분의 사람들이 글자를 깨치지 못한 참담한 상태였는데, 코르도바는 도서관이 80곳이었고, 거리에는 서적상들이 줄지어 있었다. 다음 지배자인 알하캄**Al-Hakam** 2세(재위 961~976)는 40만 권의 장서를 보유한 대도서관을 지었다. 주변 국가의 학자들이 과학, 의학, 철학을 배우러 코르도바로 모여들었다. 10세기 독일 시인 흐로츠비타**Hrotsvitha of Gandersheim**가 이곳을 '세계의 보석'이라 부른 것은 과장이 아니다. 발전된 농경 기술, 세계 최고 수준의 과학과 철학 그리고 세련된 문학과 예술 등 알안달루스의 선진 문명 요소들이 피레네산맥 너머로 전해져서 중세 유럽 문명의 발전에 크게 기여했다. 그러나 1009년 지배층 내 권력 투쟁과 뒤이은 내전 사태로 1031년 코르도바 칼리프 체제는 종말을 맞았고, 13세기에는 코르도바가 기독교도 수중으로 넘어갔다.

코르도바 메스키타는 이런 역사의 흐름을 반영한다. 처음 알안달루스의 지배자로 올라선 아브드 알라흐만 1세는 바그다드에 뒤지지 않는 대규모 사원을 짓고자 했다. 시내 중심부에 있던 성 비센테 성당을 허물고 그곳에 메스키타를 건축하는 대신, 기독교들에게는 다른 곳에 새 성당을 짓도록 했다. 그의 시대에 완성된 이 사원은 이후 여러 차례에 걸쳐 확장되어 2만 5,000명의 신자를 수용하

코르도바 모스크-성당의 전경

아브드 알라흐만 1세가 786~788년 모스크로 개조하여 건축했고,
재정복운동으로 코르도바가 기독교권이 되면서
1236년 페르난도 3세에 의해 가톨릭 성당으로 봉헌되었다.

는 규모로 커졌다. 남북 180미터, 동서 130미터에 달하는 이 건물은 로마의 성 베드로 대성당보다 약간 작은 수준이다. 사원 내부는 이국적인 화려함을 자랑한다. 석영, 벽옥, 대리석, 화강암 등으로 만들어진 가늘고 둥근 기둥은 흰 석재와 붉은 벽돌을 교대로 조합한 2중의 말굽형 아치를 받치고 서 있다. 850개에 달하는 기둥의 숲 안에 남북 방향 19개, 동서 방향 29개의 소공간들이 형성되어 있다. 벽면에는 아름다운 모자이크와 화려한 장식이 빛나고, 천장은 비잔티움제국에서 가져온 정교한 모자이크로 장식되어 있다.

1236년, 카스티야의 페르난도 3세가 코르도바를 정복하여 이 지역은 기독교권이 되었다. 다른 곳에서 흔히 하던 대로 이슬람 사원을 파괴하지 않고 보존한 것은 천만다행이다. 아마도 보석처럼 아름다운 이 건축물을 적에게서 빼앗은 트로피로 여겼던 듯하다. 메스키타는 가톨릭 성당으로 변모했다. 결과적으로 부분적인 변형을 피할 수는 없었다. 16세기에 중앙부의 일부분을 부수어 마리아에게 바치는 제단과 십자형 성가대석을 설치하고, 사방의 벽을 따라 소성당들을 세웠으며, 이슬람식 뾰족탑minaret 대신 종탑을 세웠다. 이렇게 해서 이슬람식 건물 안에 성모 마리아를 모시는 매우 특별한 모습이 연출되었다. 변화된 부분은 전체 건물 중 일부에 불과하지만, 신성로마제국 황제 카를 5세는 이를 애석해 하며 질책하는 서한을 보내왔다. "당신들은 누구든 지을 수 있는 것을 만드느라 세상에서 제일 특별한 건물을 부수었소." 사실은 황제 자신도 알람브라 궁전에 유사한 변형을 가했으면서 말이다.

이븐 자이둔과 왈라다

이븐 자이둔Ibn Zaydun과 왈라다Wallada Bint-al Mustakfi는 서구의 로미오와 줄리엣에 해당한다. 시인 왈라다는 그동안 이름이 거의 잊혔다가 최근 문학사에서 복원되었다. 그녀는 알안달루스 문화가 정점을 향해 발전해 가던 때인 994년 코르도바에서 칼리프 무함마드 3세와 기독교도 노예 어머니 사이에서 태어났다. 1025년 정치적 격변기에 아버지가 암살되자 왈라다는 물려받은 가산으로 문학 살롱을 열고 독립적인 삶을 살았다. 조만간 이곳은 코르도바 지성인들의 집합소로 발전했다. 이 시기 코르도바는 마치 르네상스 시대 피렌체가 그러했듯 정치적으로는 쇠락하면서도 문화는 오히려 활짝 꽃피었다. 문인들은 거침없이 열정을 분출하는 혁신적인 시를 써냈다. 시인 에즈라 파운드Ezra Pound(1885~1972)는 이 시대의 문학이 근대 서구 낭만주의 시의 원천이라고 주장한다. 그 물결의 선두에 왈라다가 서 있다.

그녀는 이븐 자이둔이라는 야심에 찬 정치인과 사랑에 빠지는데, 그는 하필 자기 아버지 암살에 깊이 관련된 집안의 남자였다. 두 사람은 밤에 비밀리에 만나고, 떨어져 있을 때에는 장문의 편지를 주고받았으나, 결국 왈라다는 사랑의 배신에 애통해 한다(이븐 자이둔이 흑인 남자 노예를 동성 연인으로 삼은 것으로 추측한다). 이들이 주고받은 글 속에는 사랑에 빠진 연인의 내밀한 시어詩語들이 반짝인다. 루이스C.S. Lewis(《나니아 연대기》의 작가로 알려진 영국의 영문학자)는 이븐 자이둔과 왈라다가 만들어내고 후대에 넘겨준 '궁정풍 사랑courtly love'의 시가는 유럽 문학 사상 가장 중요한 변화이며, "이 혁명에 비하면 르네상스는 단지 잔물결 같은 것"이라고 주장한다. 그의 말이 지나친 주장일 수도 있으

코르도바에 있는 연인을 위한 기념비

이븐 자이둔과 왈라다의 사랑을 기리기 위해 만들어졌다.

나, 수백 년 동안 세계 최고 수준의 문명이 에스파냐 지역에서 융성하며 기독교권에 큰 영향을 미친 것은 분명하다.

9

엘시드, 재정복운동의 허구적 영웅

부르고스**Burgos** 대성당의 첫인상은 화려한 교회이자 동시에 강력한 요새 같다는 것이다. 에스파냐 북부 카스티야이레온**Castilla y León**주의 수도 부르고스는 재정복운동의 주요 거점이었고, 특히 에스파냐의 민족 영웅 엘시드**El Cid**(1043~1099)가 묻힌 곳이기도 하다. 성당 내부에는 엘시드와 부인 도냐 히메나**Doña Jimena**의 무덤이 있고, 벽에는 '엘시드의 궤**Cofre de El Cid**'가 걸려 있다. 12세기에 나온 무훈시 〈엘시드의 노래**Cantar de mio Cid**〉에 의하면, 엘시드는 용맹이 과도해 오히려 국왕의 분노를 사서 추방되었는데 이때 자신을 따르는 300명의 기사 군단을 유지할 자금을 마련하기 위해 유대인 고리대금업자에게 거액을 빌리고 대신 이 궤를 담보로 맡겼다고 한다. 돌멩이와 모래가 가득 찬 이 궤에 금과 보석이 있다고 유대인들을 속였다고 하니, 요즘 같으면 금융사기 범죄이지만 중세에는 통쾌한 미

◀ 부르고스 대성당의 탑

무훈시 〈엘시드의 노래〉에서 언급된 엘시드의 궤

부르고스에는 엘시드와 관련한 기념물이 많이 있는데, 엘시드의 궤도 그중 하나다.
부르고스 대성당의 코퍼스 크리스티 예배당 벽에 걸려 있다가
성당을 보수하면서 더 눈에 잘 띄도록 회랑으로 옮겼다.

담으로 여긴 듯하다. 부르고스 시내 광장에 가면 위용을 자랑하는 엘시드의 기마상도 볼 수 있다.

에스파냐의 재정복운동은 무엇이며, 엘시드는 누구인가?

에스파냐의 중세사는 대개 이슬람 세력과의 투쟁으로 정리하곤 한다. 8세기 초 무슬림이 북아프리카에서 지브롤터해협을 넘어 에스파냐 땅에 들어와서는 단기간에 이베리아반도 거의 대부분을 정복했다. 북쪽 변두리 산악 지역에서만 작은 기독교 공국들이 간신히 존립을 유지했다. 이후 기독교 세력이 힘을 모아 오랜 기간에 걸쳐 이슬람 세력을 조금씩 밀어내면서 국토를 회복해 갔다. 그 과정에서 무슬림과 싸우는 정치 단위들이 형성되었다. 동쪽의 카탈루냐

공국, 피레네산맥 서쪽의 바스크공국(후일 나바라왕국으로 성장했다가 프랑스에 합병된다), 나바라에서 떨어져 나와 독립한 아라곤, 북서쪽의 아스투리아스가 점차 확장하여 레온과 합쳐지며 형성된 카스티야 등이 그런 사례들이다. 이들 사이의 이합집산 끝에 최종적으로 카스티야와 아라곤으로 정리되고, 이 두 나라가 합쳐져 오늘날의 에스파냐가 만들어지는 한편, 남서쪽에서 독자적 단위를 이룬 포르투갈이 먼저 별개 국가로 발전했다. 이렇게 보면 에스파냐와 포르투갈의 역사는 이슬람 세력에 대항하여 투쟁하며 가톨릭을 수호하는 신성한 왕정의 성립 과정으로 정리할 수 있으리라. 그렇지만 역사의 실상은 그처럼 단순하지 않다. 기독교권과 이슬람권이 단일한 전선에서 부딪치는 '문명의 충돌'보다는 양측 모두 다수의 정치 단위들이 이해관계를 좇아 복잡하게 얽혀서 경쟁하는 판에 가까웠다.

1080년경의 이베리아 반도

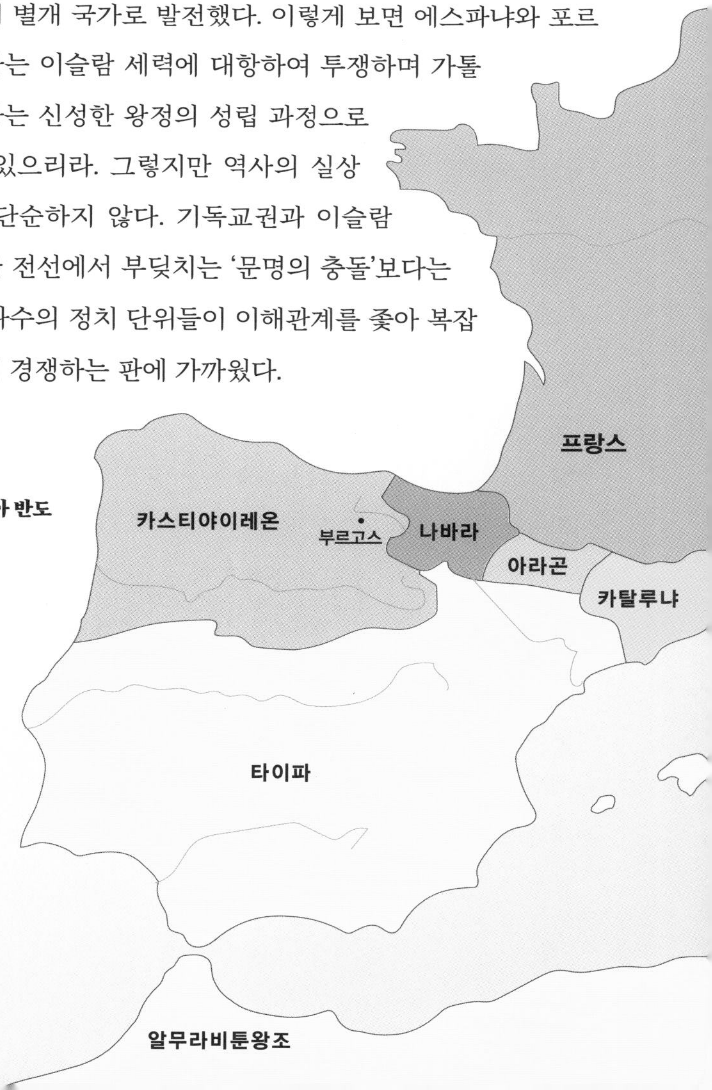

서기 1000년이 지나면서 에스파냐 내 이슬람권은 분열되고 세력이 약화되어 타이파Taifa라 불리는 소규모 제후국들로 나뉘었다. 점차 강성해지는 기독교 국가들은 이런 무슬림 소국들을 상대로 압박과 거래를 병행하며 이익을 얻고 있었다. 무슬림 국가들이 원하는 군사 원조를 제공하면서 조공을 받는 식이다.

민족 영웅이라는 엘시드의 활동도 사실 이런 성격이었다. 문학작품이나 민족주의 역사에서는 엘시드가 이슬람 세력들과 맹렬한 전투를 벌이며 영웅적 성과를 거둔 것으로 그려졌지만, 실상은 그와는 거리가 멀다. 그는 카스티야의 귀족 출신으로 본래 이름은 로드리고 디아스 데 비바르Rodrigo Diaz de Vivar지만, 아랍어 알사이드Al-Sayyid(영주)에서 유래한 엘시드로 더 잘 알려졌다. 그의 진면목은 이슬람 국가든 기독교 국가든 비용을 잘 지불하면 누구에게나 군사 서비스를 제공하는 용병에 가까웠다. 당시는 우리의 고정관념과 다르게 기독교적 신념을 위해 헌신한다는 이념은 찾아보기 힘들던 때다. 다만 그는 탁월한 전사여서 전투에서 계속 승리를 거두었고, 후일 독립해서 이슬람 소국들로부터 직접 공물을 수취했다.

기독교 신자들이 일치단결하여 이슬람이라는 적과 치열하게 싸워야 한다는 이념은 오히려 엘시드가 죽은 이후에 나왔다. 1095년 교황 우르바누스 2세가 예루살렘의 예수 성묘聖廟를 되찾자며 십자군운동을 제창하면서 유럽 전역에 성전聖戰의 열기가 달아올랐다. 바깥에서만 싸울 게 아니라 유럽 안에 있는 신앙의 적부터 타파해야 한다는 이념이 불타올라서 이베리아반도는 팔레스타인과 같은 전쟁터로 변모했다. 경건한 신앙이 기독교 에스파냐를 새로이 일깨

산티아고 데 콤포스텔라 대성당

에스파냐 북서부 갈리시아 자치주에 위치하고 있는 대성당이다.
이스라엘 성지 순례길이 막혔던 중세에 야고보의 무덤이 있다고 알려진 이 성당으로
전 유럽의 순례자들이 찾아들었다.

웠다. 유럽 내 가장 중요한 순례지 중 하나인 산티아고 데 콤포스텔라에는 12세기부터 대대적으로 전 유럽의 순례자들이 몰려들었다. 재정복운동은 사실상 이 시기부터 본격적으로 시작되었다. 그 결과

프랑코 정권이 부르고스에 세운 엘시드 기마상

부르고스 구시가 엘시드 광장에 있는 이 기마상은
1955년 자신을 제2의 엘시드로 묘사한 프랑코 장군이 건립했다.
혼란기에는 내부 결속을 다지고 권력을 유지하기 위해 영웅 만들기가 진행되곤 한다.

13세기 후반이면 알람브라 궁전으로 유명한 에스파냐 최남단의 그라나다만 빼고 거의 전역이 기독교 영토가 되었다. 마지막까지 잔존한 이슬람 세력을 최종적으로 축출한 때는 1492년이다. 재정복운동이 완수되어 무슬림을 유럽대륙에서 완전히 몰아냈고, 그 여파로 유대인도 축출했으며, 동시에 콜럼버스가 아메리카 대륙에 도착한 중요한 해다.

엘시드는 그 후 어떻게 되었을까?

예상과 달리 엘시드는 19세기까지도 민족 영웅과는 거리가 멀었다. 이슬람 세력과 싸우기는커녕 같은 기독교 세력인 바르셀로나 백작과 전투를 한 사실로 인해 '거짓말쟁이', '더러운 배신자' 취급을 받기도 했다. 엘시드가 다시 영웅으로 되살아난 계기는 1898년 미국과 에스파냐 간의 전쟁(미서전쟁)이다. 한때 '해가 지지 않는 제국'(에스파냐가 영국보다 먼저 이 표현을 썼다)이었던 에스파냐는 신흥 해양 강국으로 떠오르는 미국 앞에 맥없이 무너져서, 쿠바와 필리핀 등 식민지들을 빼앗겼다. 이처럼 국운이 쇠락하는 상황에서 국가의 명예를 되살려줄 영웅이 필요했던 것이다. 엘시드는 더 나아가서 20세기 전반의 에스파냐 내전 상황에서 프랑코 독재정권에 이용되었다. 1939년 내전에서 승리를 굳힌 프랑코 장군은 자신을 제2의 엘시드로 묘사했고, 1955년 그의 첫 번째 정치적 수도였던 부르고스에 거대한 엘시드 기마상을 건립했다. 영웅은 결코 중립적인 존재가 아니어서, 시대의 흐름에 맞추어 새롭게 주조되곤 한다.

산티아고 데 콤포스텔라

산티아고 데 콤포스텔라는 최근 우리나라 사람들도 많이 찾는 성지聖地다. 이곳 성당에는 산티아고 성인의 묘소가 있다. '산티아고'는 예수의 열두 제자 중 한 명인 성 야고보(영어로는 Saint James)를 가리킨다.

12세기부터 알려진 전승에 의하면 야고보 성인은 갈리시아 지방에서 전도 활동을 한 후 성지로 되돌아갔다가 참수당하며 순교했다. 제자들이 시신을 수습하여 이스라엘의 야파Jaffa로 가서 그곳에서 신비한 돌 선박을 타게 되었는데, 이 배는 곧 이들을 갈리시아 지방으로 데려갔다. 제자들은 이곳의

산티아고 데 콤포스텔라에 있는 성 야고보의 묘소와 조각

성당 지하에는 산티아고 성인 야고보의 묘소(왼쪽)가 있고,
중앙탑 꼭대기에는 순례자의 복장을 한 성 야고보상이 있다.

이교도 여왕 로바Loba('암늑대'라는 뜻)에게 야고보를 묻을 땅을 내어달라고 부탁했으나 외려 로바는 용을 부려 이들을 죽이려 했다. 하지만 십자가를 보자 용이 터져서 죽었고, 결국 현재의 성당 자리에 야고보의 시신을 묻을 수 있었다.

오랫동안 숨겨져 있던 야고보 성지는 9세기에 펠라기우스Pelagius라는 은자에게 발견되었다. 이 성지를 되찾을 때 별빛이 인도했다고 하여 콤포스텔라Compostella('별빛이 인도한 땅'이라는 의미의 Campus Stellae의 변형)라는 이름이 붙었다. 기독교도들이 이슬람 세력과 전투를 할 때면 야고보 성인이 기사의 모습으로 현현하여 도움을 주었다고 한다. 에스파냐와 포르투갈 군은 야고보를 수호성인으로 삼았고, 적을 향해 돌진할 때도 '산티아고!Santiago!'라고 구호를 외쳤다. 중세에 산티아고 데 콤포스텔라는 유럽 전역에서 신자들이 찾아오는 중요한 순례지가 되었다.

20세기에 산티아고 순례가 다시 부흥한 데에는 에스파냐 가톨릭 역사를 자신의 프로파간다에 이용하고자 하는 프랑코 독재정권의 의도가 작용한 것이 사실이다. 그렇지만 오늘날 순례길camino(산티아고 가는 길)은 그런 부정한 의도를 초월하여 평화와 성찰의 길로 자리 잡았다.

10

'새사냥꾼' 하인리히, 제국의 길을 열다

중세 독일의 역사적 실체는 매우 복잡하다. 19세기에 프로이센의 철혈재상 비스마르크의 주도하에 '독일제국'으로 통일되기 전까지 중동부 유럽에는 수백 개의 크고 작은 정치 단위들이 난립해 있었다. 예수가 생전에 신고 다니던 샌들을 보관하는 프륌 수도원공국 **Fürstabtei Prüm** 같은 작은 마을 크기의 나라부터 작센이나 바이에른 같은 대규모 공국까지 각국의 규모나 성격이 천차만별이었다. 다른 한편, 이런 난맥상을 이겨내고 과거 로마제국을 부활시켜 유럽 문명권 전체를 하나의 단위로 통합하려는 이상이 수많은 지배자들의 마음속에 잠재해 있었다. 그런 기획은 명목상 유럽 최고의 권위를 누리는 신성로마제국으로 발전한다. 이 제국의 길을 연 인물은 하인리히, 일명 '새사냥꾼'왕**Heinrich der Vogler**이다.

912년 하인리히는 부친으로부터 작센 공작의 지위를 물려받았다.

◀ 오토카르 발터(Ottokar Walter, 1853~1904)가 그린 〈나무 아래 앉아 있는 하인리히〉

후고 포겔(Hugo Vogel, 1855~1934)이 그린 동프랑크왕국의 왕관을 받는 하인리히

야망에 불타는 그는 곧 영토 문제를 놓고 자신의 상위 군주인 동프랑크왕국의 국왕 콘라트 1세(재위 911~918)에게 도전했다. 불손한 신하 하인리히와 다투었던 국왕은 오히려 임종의 자리에서 왕위를 그에게 주기로 결정했다. 끝없이 일어나는 봉건 귀족들의 봉기와 마자르족·슬라브족 등 외적의 침략에 맞서 왕국을 지켜줄 적임자라고 판단한 것이다. 이 소식을 전하기 위해 사자가 하인리히를 찾아갔을 때 마침 새 사냥용 그물을 손보던 중이어서 그의 별칭이 '새사냥꾼'이 되었다.

사냥은 귀족의 특권이다. 말 타기와 무기 사용법을 익히고 살생 기술을 연마할 수 있으니 전투 연습으로 딱 좋은 취미다. 하인리히는 이제 새 사냥보다는 인간 사냥에 매진한다. 하인리히만큼 평생 많은 전투를 벌인 인물도 흔치 않을 것이다.

왕이 된 다음 가장 먼저 할 일은 슈바벤과 바이에른 등 자신의 권위에 도전한 지역 영주들을 손보는 것이다. 바이에른 공작 아르눌프Arnulf 같은 강력한 인물은 아주 벅찬 상대였는데, 결국 그의 궁전까지 쳐들어가 힘으로 굴복시켰다. 그다음으로 문제가 된 지역은 로타링기아Lotharingia였다. 후일 로렌Lorraine으로 발전하는 이 지역을 두고 독일과 프랑스가 수없이 전쟁을 벌인 것에서 알 수 있듯이 유럽의 주요 세력들이 충돌하는 지점으로서, 말하자면 유럽의 급소라 할 수 있다. 하인리히는 로타링기아 공작과 결투를 벌여 그를 굴복시키고 자기 딸과 결혼시켜 봉신으로 삼았다.

그에게 닥친 더 심각한 문제는 외적의 침입이었다. 당대 유럽을 전율케 한 이민족은 마자르족이었다. 울던 아이도 마자르족이 온다고 하면 울음을 그쳤다고 할 정도로 마자르족은 흉포하기 그지없었다. 919년 하인리히는 마자르족을 상대로 전투를 벌이다 하마터면 살해될 뻔했으나 겨우 도망가서 목숨을 구했다. 2년 후 마자르족이 독일과 이탈리아 방면으로 다시 침략해 왔을 때, 귀족들도 이 강력한 적 앞에서는 일단 강력한 군주 밑에서 단합하여 싸우는 수밖에 없다는 사실을 깨달았다. 하인리히는 귀족 영주들의 권위를 인정하되 자신의 지휘를 받아들여 함께 적을 물리치도록 설득하는 데 성공했다. 그는 매년 상당한 액수의 돈을 지불하기로 약속하고 마자르족과 10년간의 휴전 조약을 맺었다. 이렇게 시간을 번 뒤 각지에 성벽을 정비하고 기병을 키웠다. 그리고 마침내 마자르족을 패퇴시켜 한동안 위험에서 벗어날 수 있었다. 이런 과정을 거치며 하인리히는 점차 왕권을 강화해 갔다. 마자르족 문제를 완전히 해결한 것은 그의 아들 오토 1세 때의 일이다. 이때 마자르족은 기독교를 받아들이고 헝가리에 정착한다.

하인리히의 또 다른 위업은 왕국 동쪽에서 위협을 가해 오는 슬라브족을 누른 것이다. 928년 군을 이끌고 동쪽으로 진군해 가서 브란덴부르크를 빼앗고, 더 멀리 보헤미아공작령까지 진격해 들어가 바츨라프Václav, Wenceslaus 공작에게 매년 연공을 바치도록 만들었다(바츨라프 공작은 사후 국왕으로 승격하고 체코의 수호성인이 된다). 이후 레히틱Lechtic, 루사티아Lusatia, 우크라이나 등 다른 슬라브족의 공격이 계속되자 하인리히의 휘하 귀족들이 역공을 가해서 완전히 복속시켰고, 하인리히는 '슬라브족 킬러'로 알려지게 되었다.

일련의 전투 끝에 중동부 유럽의 넓은 영토가 하인리히의 지배하에 들어갔다. 주변 군주들도 하인리히의 힘과 위세에 눌려 그의 지배권을 인정하고 예속적인 동맹의 지위를 받아들이지 않을 수 없었다. 명실공히 알프스 이북의 최강자로 군림하자 자신감에 찬 그는 황제가 되려는 꿈을 꾸었다. 800년에 카롤루스Carolus Magnus가 교황으로부터 로마제국 황제 타이틀을 받았으나 그 이후 황제의 권위가 희미해지다 못해 사라질 판이었다. 이제 자신이 사나운 귀족을 평정하고 외적을 눌러 이겼으니, 황제 자리를 요구할 생각이었다. 그러나 로마로 찾아가 교황을 만나는 계획을 실행하기 전에 그는 사망했다. 황제의 꿈은 그의 아들 오토 1세 때에 가서 이루어진다.

하인리히가 왕국을 분할하지 않고 모두 오토에게 몰아주어서 오토는 광대한 독일 왕국 전체를 지배하게 되었다. 그 후 혼란에 빠진 이탈리아를 원정하여 반란을 제압한 뒤 이탈리아 국왕에 올랐고, 그다음에는 교황을 구출해 신성로마제국 황제 타이틀을 얻었다. 비록 실체가 있기보다 허울에 가깝긴 하지만 어쨌거나 중동부 유럽을 근거지로 로마제국이 부활한 신성로마제국이 자리를 잡았다.

나치의 성지가 된 크베들린부르크

936년 하인리히는 자신의 시신을 크베들린부르크Quedlinburg시가 잘 보존하라는 유언을 남기고 죽었다. 후일 성녀로 시성될 정도로 신앙심이 깊은 부인 마틸다Matilda von Ringelheim는 죽은 남편 하인리히를 추모하기 위해 수녀원을 짓고, 여기에 시신을 모셨다. 수녀원에 상당한 땅을 기증하여 거기에서 나오는 수익으로 독립성을 유지하게 했다. 그 결과 이 작은 도시는 귀족적인 수녀들이 독립국가처럼 통치하게 되었다.

독일 중부 하르츠산맥에 위치한 아름다운 천년의 고도 크베들린부르크는 20세기 중엽에 돌연 나치 선동에 동원되었다. 나치 친위대장이며 히틀러의 오른팔 역할을 하는 하인리히 힘러Heinrich Himmler는 크베들린부르크와 그곳에 묻힌 하인리히 국왕이 나치 프로파간다에 아주 유용하다는 사실을 깨달았다. 소련과 전쟁을 벌이던 나치 독일은 슬라브족을 궤멸시킨 전사이며 독일제국을 건설한 선조인 이 위대한 국왕을 역사의 모범으로 부각하려 했다. 국왕이 사망한 지 1,000년이 되는 해인 1936년부터 힘러는 하인리히의 기일인 7월 2일이 되면 이 도시를 방문했다. 다음 해에는 시신을 새로운 석관에 옮겨 다시 매장했다. 마을은 온통 나치 깃발로 뒤덮였고, 수녀원은 친위대 대원이 상주하며 지키는 나치의 성지가 되었다. 나치 당국은 하인리히의 두개골에 하켄크로이츠Hakenkreuz(나치 기장) 깃발을 두르고 엄숙하게 매장하는 의식도 거행했다. 다만 제2차 세계대전이 끝나고 재조사했을 때 그 두개골은 가짜로 판명 났다.

나치의 선동 작업에는 바그너의 오페라 〈로엔그린Lohengrin〉도 동원되었다.

1936년 하인리히 왕 축제에 참석한 힘러(가운데)

히틀러가 제일 좋아하는 작품이었다는 이 오페라는 성배聖杯를 지키는 신비의 기사가 은빛 갑옷을 입고 백조가 이끄는 배를 타고 등장하여 귀족들 간 내분을 끝내고 단합하여 외적을 물리치도록 이끈다는 이야기다. 이 작품에서 '새사냥꾼' 하인리히 국왕은 독일 전역을 돌며 민족의 단합을 주장한다. 사실 바그너는 자신의 작품이 나치에 의해 그토록 악용되리라고는 상상하지 못했을 것이다. 칼을 휘두르며 이방인 적들을 무찌르자고 노래하는 장면은 바그너의 의도와 무관하게 나치 독일의 군사 정복을 찬미하는 프로파간다로 작용했다.

크베들린부르크는 신성로마제국의 중요한 성지였기 때문에 귀중한 역사적 유물이 많았다. 제2차 세계대전이 일어나자 마을 주민들은 이 보물들을

월터 크레인(Walter Crane)의 1895년작 〈로엔그린〉

지하 갱도로 옮겨 보호했다. 전쟁 말기에 이 지역에 진격해 온 미군은 유물을 맡아서 잘 지켜주기로 약속했다. 그런데 얼마 후 가장 중요한 보물 여덟 점이 사라진 것을 안 교회 당국이 강력하게 항의했다. 절도범이 누구인지 밝히려 했으나 이 지역이 동독으로 편입되는 바람에 조사가 중단되었다. 후일 미국의 메더Joe Meador 중령이 보물을 훔쳐 간 범인이라는 사실이 밝혀졌다. 대학에서 미술을 전공한 덕에 감식안이 있었던 그는 좋은 유물만 가려 훔쳐 간 것이다. 이 귀중한 유물들은 그의 후손과 미국 및 독일 정부 간 벌어진 재판과 협상 끝에 원래의 장소로 돌아갔다.

11

카노사의 굴욕, 황제의 석고대죄와 복수

1077년 1월, 독일 왕이자 장차 황제가 될 하인리히 4세가 이탈리아 북부의 험준한 산악 지역인 카노사Canossa의 성에 찾아왔다. 이곳에는 그에게 파문 선고를 내린 교황 그레고리우스 7세가 머물고 있었다. 엄동설한 맹추위에 말총으로 만든 참회복을 입고 눈밭에 사흘 동안 맨발로 서서 용서를 빈 결과 교황은 파문을 거두어들였다. 이것이 '카노사의 굴욕'이라 불리는 사건이다.

국왕이 교황을 찾아가 석고대죄하는 희대의 사건은 어떤 맥락에서 벌어졌을까?

교과서적 설명에 따르면 이 사건의 원인은 서임권 투쟁에 있다. 서임권敍任權, investiture이란 주교나 수도원장 같은 교회 고위직을 임명할 수 있는 권리를 뜻한다. 이 권리를 누가 행사하느냐, 교황이냐 아니면 황제나 국왕 같은 세속 지배자이냐를 놓고 다툰 것이 서임

◀ 이탈리아 북부에 남아 있는 카노사성

맨발로 카노사성 앞에 서 있는 하인리히 4세와 그의 가족

존 폭스(John Foxe)의 《순교자들의 책(Foxe's Book of Martyrs)》 2판(1570)에 실린 그림이다.

권 투쟁이다. 곧 교회와 세속 권력 중 누가 더 우위에 있는가 하는 문제였다. 카노사에서 벌어진 사건만 놓고 보면 교황이 무릎을 꿇은 국왕에게 완승을 거둔 것으로 보인다. 그렇지만 이 사건의 전모는 그렇게 단순하지 않다.

20여 년을 거슬러 올라간 1056년 황제 하인리히 3세가 죽었을 때, 아들 하인리히 4세는 여섯 살에 불과했다. 독일 왕, 이탈리아 왕, 부르고뉴 왕 같은 왕위는 차지했지만, 황제위는 교황에게서 대관식을 승인받아야 가능하다. 그러기에는 아직 갈 길이 멀다. 어린 국왕의 힘이 미약한 상태를 이용해 독일 각지에서 귀족들이 분쟁과 봉기를 일으켰다. 특히 이전 황제에게서 영토를 많이 잠식당한 작센 지역 귀족들은 차제에 국왕의 간섭을 벗어던지고 그동안 빼앗긴 땅을 되찾고자 했다. 한때는 쾰른 대주교가 하인리히를 유괴하여 자기 통제하에 두기도 했다. 그렇지만 국왕은 점차 세력을 회복하여 귀족들의 봉기를 차례로 진압해 갔다. 동시에 종교적 권위를 확보하기 위해 자기 사람들을 주교와 수도원장으로 임명했다. 바로 이 문제로 인해 교황과의 충돌을 피할 수 없었다.

교황은 세속인이 교회 인사에 개입하는 것은 일종의 성직매매 simony 죄에 해당한다면서, 그런 죄를 부추긴 하인리히의 부하들을 파문하며 압박했다. 교황으로부터 파문당하는 것은 보통 심각한 문제가 아니다. 내세에 지옥에서 영원히 고통받을지 모른다는 두려움을 떨칠 수 없을 뿐 아니라, 정치적 권위의 추락도 면하기 어렵다. 국왕이 교황에게 견제당하는 것을 본 작센 귀족들이 공공연히 봉기에 나서자 하인리히는 무력으로 무자비하게 진압했다. 교황은 국왕의 무도한 행위를 비난하는 서한을 보내왔다. 파문당한 신하들과 계속 친분을 유지하면 왕이라도 미사에 참여할 수 없다는 점을 지적하고, 교회 고위직 인사에 대해 교황과 상의하지 않은 점을 맹렬히 비난했다. 결론은 세속 군주는 베드로의 후계자인 교황에게 복종해야 한다는 것이다.

하인리히는 협박에 굴복하지 않았다. 1076년 자기 영향권 아래 있는 독일 지역 주교 26명을 보름스에 소집하여 '보름스의 회신'을 작성해서 보냈다. '찬탈에 의해서가 아니라 신의 성스러운 기름 부음을 통해서 된 왕이, 교황이 아니라 거짓된 수도사인 힐데브란트

(그레고리우스의 속명)에게'라는 서한 제목부터 도발적이다. 서한은 이렇게 주장한다. '당신이 찬탈한 사도의 자리에서 내려와서 포기하라. 다른 사람이 성 베드로의 보좌에 올라가도록 하라. 나 하인리히는 신의 은총을 받은 왕으로 우리의 모든 주교들과 함께 당신에게 말하노니, 내려가라, 또 내려가라, 저주받은 자여.'

교황에게 '당신이나 사퇴하라'는 식의 모욕적인 답신을 보낼 때는 의기양양했겠으나, 그 직후부터 상황이 불리하게 돌아갔다. 교황은 서신에 서명한 주교들의 권한을 정지시켰고, 하인리히를 파문하면서 모든 기독교 신자들에게 그에 대한 충성을 철회하라고 촉구했다. 독일 귀족들로서는 그들을 억압하던 국왕이 파문당하는 게 결코 나쁜 일이 아니다. 국왕에 대한 저항이 종교적으로 완전히 합리화되자 일부 귀족들이 다시 반란을 일으켰고, 일종의 청문회를 열어 하인리히의 모든 권한을 문제 삼아야 한다고 교황에게 요청했다. 교황은 이 사태를 결정짓기 위해 독일로 향했다.

일이 이쯤 되니 하인리히가 다급해졌다. 불온한 분위기가 걷잡을 수 없이 커지자 교황이 독일로 들어오기 전에 빨리 손을 쓰지 않으면 안 된다고 판단했다. 교황이 카노사에 머물고 있다는 사실을 알게 된 하인리히는 카노사의 성주인 토스카나 여백작 마틸다에게 교황 면담을 요청했다. 이렇게 어렵사리 교황이 머무는 곳으로 찾아간 다음 불쌍한 모습으로 눈밭에 서서 무조건 싹싹 비는 태도를 보인 것이다. 국왕이 철저하게 참회하는 모습을 연출하니, 교황으로서는 난감하게 되었다. 파문을 거두어들이면 더 이상 국왕을 압박할 수단이 없어지고, 그렇다고 파문을 거두어들이지 않으면 용서

하인리히 4세(가운데)가 마틸다 여백작에게 간청하는 모습

카노사성 아폴로니우스 수도원의 수도사 도니조(Donizo)가 쓴
라틴어로 된 전기인《마틸다의 생애(Vita Mathildis)》(1115)에 수록된 그림으로,
하인리히 4세와 교황 그레고리우스 7세 사이의 중재자로서
마틸다의 정치적 위상에 관한 중요한 시각적 증거이다.

를 모르는 비열하고 졸렬한 교황이 된다. 장고 끝에 교황은 국왕을 용서하기로 결정했다.

하인리히가 진심으로 참회한 게 아니라는 사실은 곧 분명해졌다. 교황이 파문을 거두어들이자마자 하인리히는 본색을 드러냈다. 그는 그레고리우스가 교황이 아니라고 선언하고 클레멘스 3세라 칭하며 새 교황을 옹립했다. 다른 한편 독일 귀족들은 하인리히를 폐하고 루돌프Rudolf von Rheinfeld라는 인물을 새로운 독일 왕으로 선언했다. 이제 세상은 교황과 대립 교황, 황제와 대립 황제(정확히 말하면 대립 '독일 왕')가 다투는 최악의 지경에 이르렀다.◆ 이후 상황은 막장으로 치달았다. 1080년 루돌프가 사망하고 독일 내 상황이 어느 정도 정리되었다고 판단한 하인리히는 군사를 이끌고 로마로 쳐들어갔다. 교황은 남부 이탈리아에 주둔 중인 노르만인들을 불러들였다. 양측이 여러 번에 걸쳐 전투를 벌이는 과정에서 1084년 로마가 약탈을 당했고, 이에 맞서 로마 시민들이 봉기하자 교황은 노르만인들(로베르 기스카르가 교황을 구출했다)과 함께 남쪽으로 피신했지만 얼마 후 생을 마쳤다. 그 전에 하인리히는 그가 추대한 대립 교황 클레멘스 3세로부터 황제 관을 받았다.

장래 황제가 될 하인리히가 맨발로 눈밭에 서서 용서를 구할 때는 교황에게 패배한 듯하지만, 군사를 이끌고 로마로 쳐들어가 교황을 축출할 때는 황제가 최종 승리를 얻은 것처럼 보인다. 그렇지만 교황과 황제 중 누가 더 우위인가 하는 문제는 이후에도 오랫동안 최종적인 결론이 나지 않았다. 장기간의 소모적인 투쟁 끝에 양측이 타협을 모색한 것이 1122년의 보름스 협약Concordat of Worms이다. 이 협약에 따르면 추기경과 수도원장은 교회에 의해서만 자유롭게 선출된다고 천명했으니 이 점은 황제가 양보한 것이다. 한편,

◆ 차기 황제로 선출되면 우선 '독일 왕'이라는 타이틀을 부여받으며, 교황의 축성식을 거친 다음 정식으로 황제가 된다.

독일 보름스 성당

서임권을 둘러싼 갈등이 일단락된 1122년 보름스 협약이 체결된 곳으로,
당시 보름스 성당은 지어진 지 10년밖에 되지 않았다.

황제는 선거에 출석할 수 있으며 만일 다툼이 있으면 황제가 개입할 권리를 가진다고 했으니 이는 교황이 양보한 것이다. 하지만 하늘 아래 누가 최고의 권한을 쥐는가 하는 문제는 이후로도 오랫동안 큰 쟁점으로 남는다.

'이탈리아의 잔 다르크' 마틸다

토스카나 여백작 마틸다는 하인리히 가문과 구원舊怨이 있었다. 황제 하인리히 3세가 그녀와 어머니를 인질로 잡아가서 감옥에 가두고 토스카나의 영토를 빼앗으려 했기 때문이다. 겨우 풀려나서 이탈리아로 돌아온 마틸다가 철저한 교황주의자가 된 것은 당연한 일이다.

카노사 사건 당시 독일로 여행하는 교황 그레고리우스 7세의 안전을 보장한 것은 거의 전적으로 마틸다의 공적이다. 하인리히 4세의 지지 세력이 교황을 공격할 가능성이 있으므로 마틸다는 군사를 동원하여 교황을 보호하고 카노사의 성으로 안전하게 피신시켰다. 하인리히가 바깥에서 참회의 퍼포먼스를 하는 동안 마틸다는 성안에서 교황에게 사태 해결을 위한 조언을 해주었다. 이에 위기에 맞서 '오직 베드로의 딸 마틸다만이 저항했노라sola resistit Mathildis, filia Pétri'라는 평가를 받았다.

이런 공적을 인정하여 교황청은 17세기에 마틸다의 시신을 성 베드로 대성당 내부로 이장했다. 여성으로는 유일하다. 천재 조각가 베르니니가 마틸다의 조각상을 세웠고, 교황 우르바누스 8세는 '교황청을 지켜낸 마틸다 여백작은 고대 아마존 전사에 필적한다'는 비명을 썼다.

바티칸 성 베드로 대성당에 있는 마틸다의 무덤

마틸다는 위기에 처한 교황을 보호하고 그에게 조언을 한 공을 인정받아 여성으로는 유일하게 죽은 뒤 성 베드로 대성당 내부로 이장되었다. 마틸다의 묘소는 베르니니가 조각하였는데, 아래 석관에 교황의 발에 키스하는 황제의 모습을 새겼다.

12

교황혁명,
법의 힘으로 근대 세계를 예비하다

누가 세계 최상위 권위를 가지는가? 황제인가, 교황인가? 황제 측 주장에 따르면 이 세상에 황제는 단 한 사람이고 다른 누구에 의해서도 심판받을 수 없지만, 로마 주교는 여러 주교 중 한 명일 뿐이니 황제가 최상위 권한을 가진다. 반면 교황 측 주장에 따르면 황제는 여러 왕들 중 최상위자일 뿐이며 황제 선출은 교황에 의해 확인받아야 하니, 교황이 황제보다 더 상위의 권한을 가진다. '카노사의 굴욕' 사건에서 보듯 성聖과 속俗의 다툼은 표면적으로는 주교와 수도원장 같은 교회 고위직을 누가 임명하느냐 하는 '인사 갈등' 문제였지만, 그 내면에는 이 세상의 기본 틀을 어떻게 짜느냐 하는 핵심 문제가 숨어 있다.

문제의 시작은 교회의 타락과 그에 대한 개혁운동이었다. 중세 전반기에 사제나 수도원장 같은 성직은 사실 교황도, 황제도 아닌

◀ 힐데브란트 개혁의 중심지 클뤼니 수도원

카발리에리(Cavalieri, 1525~1601)가 그린 교황 그레고리우스 7세

지방 토호들의 소유물이나 다름없었다. 부유한 가문이 자신의 영지에 건립한 교회나 수도원은 대토지가 붙어 있는 집안 재산이어서 가문 사람들이 차지하는 것을 당연한 일로 여겼다. 우리 가문에서 돈 들여 지은 수도원이니 당연히 우리 집 자식이 수도원장이 되어 관리한다는 식이다. 그러니 명목상 성직자이긴 해도 실제로는 결혼도 하고 축첩도 마다하지 않았다. 이런 사람들에게 깨끗한 수도 생활을 바란다는 것은 애초에 무리였다. 성직자의 부패는 개인의 비리 이전에 구조적인 문제였던 것이다.

이 문제를 개선하려면 무엇보다 교회와 세속 사회가 엄격하게 구분되어야 한다. 10세기경 클뤼니Cluny 수도원이 주도한 교회의 청정개혁운동이 그것이다. 이때 비로소 성직자들의 결혼, 축첩, 성행위 등 모든 남녀 간 결합이 엄격히 금지되었다. 이렇게 정화된 사람들이 행하는 성체성사만이 진실로 성스러우며, 이때 빵은 그리스도의 살로, 포도주는 그리스도의 피로 '본질이 변한다化體設, transubstantiation'고 정리했다. 새롭게 정립된 성스러운 공동체는 속인들의 개입을 완전히 배격하고 스스로 정한 제도와 규칙에 따라 살겠다며 '교회의 자유'를 주장했다.

이 움직임을 더 큰 단계로 확대하려 한 인물이 클뤼니 수도원 출신 교황 그레고리우스 7세로서, 다름 아닌 '카노사의 굴욕' 사건 당시의 교황이다. 그의 주장의 요체는 교황을 필두로 한 교회가 이 세상의 질서를 새롭게 짜야 한다는 것이다. 교황의 생각이 정리되어 있는 〈교황 교서Dictatus Papae〉(1075)는 '로마가톨릭교회는 하느님에 의해 설립되었다'(제1조), '교황만이 주교를 폐위 혹은 복위시킬 수 있다'(제3조) 등 교황의 최상위권과 무오류성을 주장했다. 세속 권력과 충돌한 문제의 조항은 제12조 '교황은 황제를 폐위할 수 있다'이다. 이는 교황이 '그리스도의 대리인' 자격으로 세속 문제와 교회 문제를 다루는 '두 개의 검'을 다 가진다는 주장이다. 이 문건을 접한 황제 측은 당연히 극렬하게 반대하며 교황에게 무력도발을 했고, 최종적으로 그레고리우스 7세는 로마에서 축출된 후 객사하고 말았다.

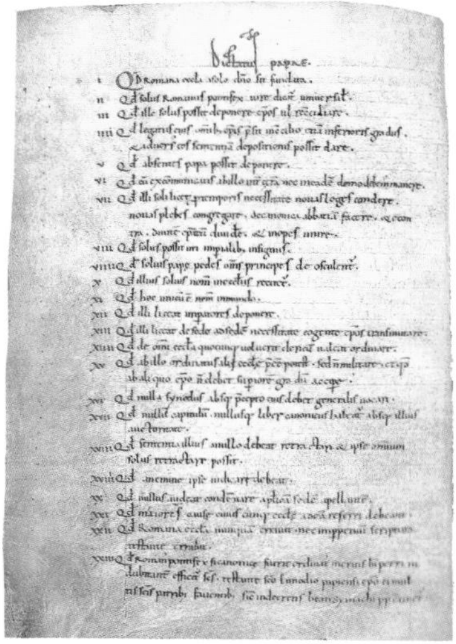

바티칸 비밀문서고에 보관된 〈교황 교서〉

여기에서 분명히 드러나는 점은 아무리 교황이 최상위권을 주장한들 그것을 강제할 실질적 수단이 없으면 아무 소용이 없다는 것이다. 무력을 가진 세속 권력에 대해 어떤 방식으로 권한을 행사한단 말인가?

이에 대한 답이 '법의 힘'이다. 법은 권위의 원천이자 통제 수단이다. 교황 지지자들은 과거 기록들을 뒤져서 교회뿐 아니라 세속에 관한 모든 일에 대해 교황이 최상위권을 차지한다는 근거를 찾았다. 중요한 계기는 11세기 말 피사 도서관에서 《로마법대전Corpus Iuris Civilis》, 일명 유스티니아누스 법전 50권이 발견된 일이다. 6세기 말 비잔티움제국 황제 유스티니아누스의 시대에 편찬된 후 600년 동안 아무도 내용을 이해하지 못한 채 파묻혀 있던 서책이 세상에 나왔다. 덕분에 과거 로마제국이 개발했던 세련된 개념과 법률 용어가 다시 알려졌다. 법에 대한 체계적 지식이 교황의 약점을 보완하는 기반이 되었다. 교황은 법의 해석자, 최고의 판관이며 최고의 행정관이라고 주장했다. 교황 법정은 '모든 기독교국의 재판정'이며, 교황은 '만인의 통상적 재판관'임을 선언했다. 말하자면 교황이 세상만사 모든 사람에 대한 최종 판결권을 가지고 기독교 세계 전체를 지도한다는 주장이다. 순전히 이론상의 주장 아닌가? 물론이다. 그렇지만 이론을 갖추고 지속적으로 설득해 가면 결국 이론이 힘을 가지게 된다.

카노사 사건 당시 표면적으로는 엎치락뒤치락한 끝에 교황 그레고리우스가 졌으나 길게 보면 교황의 이상이 달성된 셈이다. 성직자 독신제가 성립되고 성직매매(즉 세속 당국의 성직자 임명)는 사라졌다. 교회는 세속 당국의 간섭에서 벗어나 새로운 조직으로 거듭났다. 새로운 교회법을 중심으로 '유럽 전체를 통일하는 기독교 공동체', 즉 '보편교회the Church'가 성립되었다. 이때의 교회법은 교회 내부 사항을 규정하는 내규뿐 아니라 세례, 교육, 혼인, 성범죄, 더 나아가서 신탁이나 계약 문제 등 민법 사항까지 포괄한다. 이처럼 역설적으로, 교회가 세속 권력에서 떨어져 나온 후 오히려 세상만사를 통제하는 권능을 가지게 되었노라고 주장했다. 이제 기독교 세계 전체는 교황의 절대 권위 아래 통치를 받는 하나의 국가, 곧 '교회-국가Kirchenstaat'라고 해석했다. 이 모든 일들의 기반에는 교황이 세상의 최고 권위sovereignty를 차지한다는 개념이 자리 잡고 있다. 이 말은 후일 '주권'으로 번역되어 다른 의미로 차용되지만, 원래는 '교황 권력의 완전성plenitudo potestatis'을 의미했다.

그동안 세속 국가에서는 어떤 일들이 일어났는가? 놀라운 반전이 준비되었다. 교회의 근본적 변화가 다시 세속 국가의 발전을 가져왔다. 쉽게 말해 교회 공동체의 발전을 모범으로 삼고 따라 한 것이다. 그들도 로마법을 연구하여 국가의 기본법을 다듬더니, 각국 내부에서는 국왕이 로마 황제와 다름없는 지상권至上權을 가진다는 개념을 만들었다. 종교 문제에서는 교회에 복종한다 하더라도, 같은 논리를 들며 세속 문제에서는 국왕이 하느님의 권위를 대변한다고 주장했다. 경계가 흐릿한 채 뒤섞여 있던 교회와 국가라는 두 조직이 각자 명료하게 자신의 체제를 확립해 갔다. 교회가 먼저 자기 정체성을 확고히 하고 독립된 조직을 갖추자, 국가가 교회의 발전 과정을 모범 답안 삼아 똑같은 발전을 이룬 것이다.

이런 발전을 '힐데브란트(그레고리우스 7세) 개혁'이라 부른다. 이때 '개혁Reformatio'은 점진적인 변화나 부분적 수정 정도의 의미가 아니라 '혁명'에 가깝다. 그것은 '세계 전체에 다시re 형태를form 부여하는 것Reformatio totius orbis', 요컨대 세계 혁명을 의미한다. 교회에서 시작한 혁신운동인 '교황혁명'이 길게 보면 근대 세계의 새로운 출발점이 되었다.

고해의 강화

교회 혁신은 위에서만 해서 되는 게 아니라 모든 사람의 참여와 동의가 필요하다. 그러려면 사람들의 신앙을 내면에서부터 강화해야 한다. 최선의 방법은 죄의 인식과 참회의 내면화이다. 신자들에게 심층적인 죄책감을 불러일으켜 스스로 잘못을 뉘우치고 교회가 가르치는 길로 나아가도록 만들어야 한다. 고해성사를 강화하는 것이야말로 구체적인 실현 방식이다. 매년 의무적으로 고해성사를 하도록 한 규정은 1215년에 열린 제4차 라테라노Lateran 공의회에서 확립되었다. 이 공의회에서 모든 신자들이 지켜야 할 기본적인 종교적 의무 사항과 교회 행정 절차들을 확립했기 때문에, 중세 기독교 교회가 사실상 이때 재정립되었다고 해도 과언이 아니다. 그중 고해성사를 규정한 것은 제21조다.

"사리분별의 연령(10대 초반)에 도달한 모든 남녀 신자들은 적어도 일 년에 한 번 자기 교구의 사제에게 진심으로 고해를 하고 그들에게 부과된 고행을 능력껏 최선을 다해 수행해야 하며, 적어도 부활절에는 성체성사를 정중하게 받아야 한다. … 그러지 않은 자는 평생 교회 출입을 금지당하며 기독교적 매장을 거부당할 것이다."

이 규정은 '교회-국가'의 시민권 관련 규정에 해당한다. 교회는 세례증명서와 사망증명서를 발급하는 방식으로 시민을 등록시켰고, 반대로 파문의 방식으로 시민권을 박탈했다. 신자들은 매년 스스로 자기 영혼의 내면을 들여다본 후 죄의 상태를 밝히고 성체성사를 받아 교회 시민권을 갱신해야 한다. 모든 사람은 크든 작든 잘못을 저지르며 살 수밖에 없는 죄인이니 늘 참

제4차 라테라노 공의회 모습

고해성사의 의무를 규정한 1215년 4차 공의회는 교황 인노켄티우스 3세가 소집하고 약 400명의 주교와 800명의 고위 사제 및 기독교 국가의 대규모 대표단이 참여하였다. 이탈리아 화가 체사레 네비아(Cesare Nebbia,1536?~1614?)가 그렸다.

회하고 교회에 가서 용서를 구해야 마땅하다는 의미다. 이후 서구 세계는 죄의 문명, 참회의 문화가 중요한 특징이 되었다.

13

십자군운동의 신호탄 “기독교도 창자 끝을 말뚝에 묶고…”

1095년 11월 27일, 클레르몽Clermont 공의회에서 교황 우르바누스 2세가 십자군원정을 선포했다. 이 회의에서 교황이 어떤 연설을 했는지 정확히 알 수는 없다. 다만 공의회에 참석한 인물들이 후대에 쓴 기록들을 통해 추론할 뿐이다. 예컨대 로베르 수사는 1107년에 쓴 연대기에 이렇게 기록하고 있다.

“튀르크족은 하느님의 교회를 완전히 파괴했다. 그들은 기독교도들에게 할례를 행하고 그 피를 제단에 바르거나 성수반에 붓는다. 또 희희낙락하며 기독교도들의 배를 갈라 창자의 끄트머리를 꺼내서 말뚝에 묶고는 채찍으로 때려 말뚝 주위를 돌아 내장이 쏟아져 죽게 만든다. … 여자들을 겁탈하는 일에 대해서는 더 이상 무슨 말을 하랴.”

교황은 이런 선동적인 연설을 통해 하루빨리 예루살렘 성지를

◀ 에밀 시뇰(Émil Signol, 1804~1892)의 〈십자군의 예루살렘 점령, 1099년 7월 15일〉 부분

클레르몽 공의회에서 연설하는 우르바누스 2세

프랑스 화가 세바스티앙 마므로(Sébastien Mamerot)의
1474년경 그림으로, 십자군전쟁의 포문을 연 1095년 연설 장면이다.

회복하자고 호소했고, 그곳에 모인 사람들은 모두 '하느님께서 원하신다**Deus vult**'고 외치며 호응했다. 동방 원정에 참여할 사람들은 1096년 8월 15일에 프랑스의 퓌**Puy** 지역에 집결하여 콘스탄티노플로 가서 다른 순례자들과 합세한 후 함께 예루살렘으로 진군하자는 계획도 발표했다. 200년 가까이 지속될 십자군운동은 이렇게 시작되었다.

그런데 셀주크튀르크가 팽창해 오면서 중동 지역에 살던 기독교도들이 위험에 빠지고 성지순례를 방해받았다는 것은 사실일까? 결코 그렇지 않다. 예루살렘은 638년 이래 무슬림의 지배를 받았지만, 이곳 기독교도들은 관용적인 취급을 받았고, 성지순례도 충분히 가능했다. 그렇다면 비잔티움제국 황제가 원군을 요청했기 때문에 십자군운동이 시작되었는가? 이는 절반 정도만 맞는 설명이다. 셀주크튀르크가 1084년 안티오크, 1087년 에데사를 점령하자 위협을 느낀 비잔티움제국 황제 알렉시오스 1세 콤네노스가 1095년 피아첸차**Piacenza** 공의회에 사절을 보내 원군을 요청한 건 사실이다. 그렇지만 비잔티움제국이 원한 건 소수 정예 용병이지 광신자 떼거리는 아니었다.

교황 우르바누스 2세는 기독교 세계 전체를 다시 통합하려는 야망을 품고 있었다. 교황은 동방정교의 세계인 비잔티움제국을 군사적으로 도움으로써 가톨릭교회의 영향력을 확대하려 했다. 사실 이전 교황 그레고리우스 7세도 5만 명의 병사를 끌고 성지 탈환을 계획했지만 실행에 옮기지 못한 적이 있다. 우리가 주목할 것은 이와 같은 군사 원정의 의도가 역설적이게도 평화 회복이었다는 점이다.

당시 유럽 세계는 폭력이 넘쳐나는 위험한 세상이었다. 오랫동안 바이킹과 마자르족 그리고 이슬람 세력의 침공을 받아 유럽은 마치 전쟁터 같았다. 사방에 성채들이 세워졌고, 기사들과 보병부대들이 할거하여 이들을 통제하는 게 매우 힘들었다. 날마다 칼부림이 벌어지는 험악한 시대에 교회는 폭력 사태를 줄이기 위해 '하느님의 평화**Peace of God**(비전투원에 대한 공격 금지)'와 '하느님의 휴전**Truce**

'하느님의 휴전'을 표현한 에스파냐 교회의 기둥 조각

결투를 하려는 두 기사 사이에서 한 여인이 양쪽 말의 고삐를 잡아서 막고 있다.

of God(일요일과 성인의 날에 전투 금지)' 운동을 펼쳤지만 큰 효과를 거두지 못했다. 클레르몽 공의회를 소집한 이유 중 하나도 봉건 기사들의 파괴 성향을 통제하는 방책을 찾기 위해서였다. 기사들에게 아무 때나 칼을 휘두르지 말고 기독교 전사로서 규칙을 지키며 싸우고, 무엇보다 무력은 신앙을 지키는 데 행사하라고 주문했다. 최선은 신앙의 적들과 싸우는 것이다. 십자군운동은 유럽에서 가장 광포한 세력들을 외지로 내몰아 튀르크인과 싸우게 함으로써 폭력의 배출구를 확보하는 방식이었다. 12세기 초 기베르 드 노장**Guibert de**

Nogent의 표현을 옮기면, 같은 편끼리 서로 죽이지 말고 나가서 이방인을 죽이라는 것이다.

교황의 의도는 그렇다고 해도 당시 사람들은 왜 그토록 열광했는가? 십자군운동에는 고향에서 기회를 얻지 못한 가난한 사람들, 잃을 것 없는 사람들이 군사 모험을 통해 한밑천 잡으려는 불순한 의도가 깔려 있었다는 것이 기존 주장이었다. 그렇지만 최근 실증 연구 결과는 정반대 사실을 말해준다. 십자군 전사들은 잃을 것이 아주 많은 부자들이었다. 사실 물질적 이익을 노리고 참전한다는 것은 어불성설이다. 동방 원정에는 엄청난 비용이 들기 때문에 재산을 팔거나 저당 잡혀서 돈을 구해야 했다. 반면 전투로 큰돈을 벌 가능성은 극히 낮다. 혹시 승리를 거두어 토지를 획득하더라도 그 땅은 원론적으로 비잔티움 황제에게 귀속된다고 교황이 선언했다. 실제 전쟁을 마치고 돌아온 사람들은 대개 궁핍을 면하지 못하고 빚에 시달리곤 했다. 이 시절에 돈을 번 사람은 십자군 참전 기사들에게서 땅을 사들이거나 전쟁 물자를 판매한 상인들로서, 다시 말해 십자군운동에 참가하지 않은 사람들이다.

기사들은 돈을 벌러 간 게 아니라 구원을 얻기 위해 간 것이다. 당시 사람들은 죄를 참회하고 저세상에서 영원한 보상을 구하겠다는 열정이 끓어넘쳤다. 그러기 위해서는 현세적 가치를 부정해야 한다. 단적으로 두 가지를 금해야 한다. 무기와 성기를 남용하지 말라! 구원을 얻으려면 폭력과 성적 쾌락을 멀리하라는 것이다. 그런데 이 두 가지 죄를 많이 범하는 집단은 주로 기사들이다. 그런 만큼 이들에게는 참회의 기회가 필요하다. 세상을 버리고 수도원으로

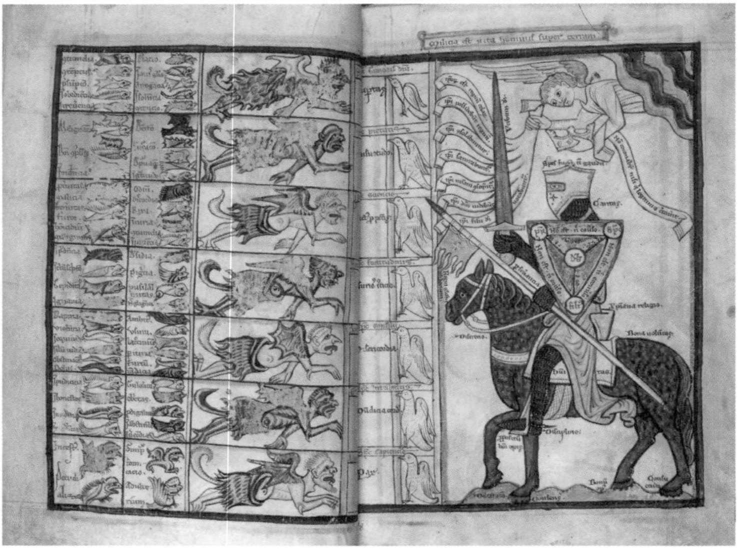

삼위일체 방패를 들고 싸울 준비를 하는 '신의 전사'

"진정으로 투쟁하는 자 외에는 아무도 왕관을 쓰지 못할 것이다"라는 글귀를 든 천사 아래 신의 갑옷을 입고 성령이 비둘기 형태로 보낸 일곱 가지 은사와 함께 악마의 대죄에 맞서는 기사가 보인다. 1255~1265년경 윌리엄 페랄두스가 쓴 《악에 관한 논고(Summa Vitiorum)》에 실린 삽화다.

들어가거나 산티아고 데 콤포스텔라, 로마, 예루살렘 등지로 순례에 나서야 했으니, 결코 쉬운 일이 아니다.

기사 집안 출신이면서 클뤼니 수도원을 거친 교황 우르바누스 2세는 누구보다도 수도원의 이상과 기사 이데올로기 간의 갈등에 대해 잘 아는 인물이었다. 기사들은 영원한 구원에 대한 갈망이 크지만, 현실적으로는 전사라는 지위 때문에 흔히 죄의 길로 들어선다. 이때 우르바누스 2세가 불안과 죄책감에 빠진 사람들에게 새로운 길을 열어주었다. 이 세상을 등지지 않아도 될뿐더러, 칼을 내려놓는 게 아니라 오히려 칼을 휘둘러 하느님을 기쁘게 할 수 있다는 것이다. 예수 성묘를 앗아간 무슬림들을 축출하는 신의 전사militites Dei, 그리스도의 전사milites Christi가 되면 가능하다.

우르바누스 2세의 창의적 해법은 성전과 순례를 통합한 데 있다. 성전 개념은 전례가 있었다. 8~9세기에 이탈리아 해안 지역을 습격한 무슬림과 싸우는 기사들에게 죽으면 하느님이 천국에서 맞아줄 것이라고 한 바 있다. 교회 편에 선 전사들의 죄를 사면하고, 전장에서 죽으면 순교자로 친 것이다. 우르바누스 2세는 이것을 발전시켜 신앙의 적과 싸우러 가는 행위가 순례라는 놀라운 해석을 제시했다. 십자군운동은 개념적으로 전투 이전에 순례 행위다. 기사들은 자신을 순례자로 칭했다. 다만 칼을 가지고 순례에 나선 점이 달랐을 뿐이다. 성스러운 전투와 참회, 이 두 가지를 연결한 것이 십자군운동이었다. 놀랍지 않은가, 폭력을 휘둘러 살인을 하는 행위가 죄를 닦는 선행이 되다니!

롤랑의 노래

십자군운동은 오래지 않아 문학적으로도 정당성을 얻는다. 기사도 문학은 무슬림 적들을 악마화함으로써 그들과 싸우는 전투는 정당할 뿐 아니라 성스러운 행위이며, 영적 보상이 이루어지는 임무라고 해석했다. 대표적인 작품이 11세기 후반의 무훈시 《롤랑의 노래》다. 십자군운동 시기에 탄생한 이 작품은 전투에 임하는 기사들에게 죄의 사면과 축복, 구원을 약속한다.

"튀르팽Turpin 대주교는 설교를 시작했다. … 당신들은 곧 전투에 임할 것이니/ 하느님께 죄를 고해하고 은총을 빌라/ 당신들 영혼의 구원을 위해 내가 죄를 사면할 것이며/ 죽더라도 순교자가 되어/ 천국에서 왕관을 받으리라."

여기에서 확인하듯 우르바누스 2세가 제시한 십자군운동의 이념은 이데올로기 혁명이었다. 초기 교회의 평화와 비폭력은 이제 전투를 부추기는 방향으로 전환했다. 이전에는 칼을 맞고 희생당한 사람이 순교자였지만, 이제는 칼을 휘두르는 사람이 순교자가 되었다. 이슬람의 지하드(이슬람 성전)와 십자군운동은 사실 같은 내용이다. 조만간 이 두 운동은 서로 충돌한다. 그 충돌은 오늘날까지도 이어져서 세계 곳곳에 전쟁을 일으키고 있다. 더 나쁜 것은 앞으로도 당분간 그 충돌이 사라지지 않을 것 같다는 전망이다.

《롤랑의 노래》 주요 장면을 그린 삽화

프랑스 왕실 역사서인《프랑스 대연대기》에 실린 그림으로
《롤랑의 노래》 여덟 장면을 한 화폭에 담았다.

14

소년 십자군,
종말론적 세계의 기이한 현상

1212년, '소년 십자군'이라는 전례 없는 사건이 일어났다. 프랑스에서는 일드프랑스 출신의 에티엔 드 클루아Etienne de Cloyes, 독일에서는 쾰른 인근 출신의 니콜라스Nicolas라는 카리스마적인 지도자가 등장해서 각각 1만 5,000~3만 명에 달하는 남녀 어린이들을 이끌고 성지를 향해 행진해 갔다. 이들은 전혀 무장도 하지 않고 오직 신의 은총으로 기적을 이루어, 예루살렘의 예수 성묘를 탈환하고 그리스도의 십자가를 되찾을 수 있다고 확신했다. 어린아이 수만 명이 뜨거운 종교적 열정을 내뿜으며 저 먼 중동 지역까지 행군해 가겠다고 나선 이 사건은 대체 무슨 일일까?

도대체 왜 어른들을 놔두고 어린이들이 나섰을까? 11세기에 처음 시작된 십자군운동은 맹렬하게 불타올라 한때 예루살렘을 탈환하기도 하고 중동 지역에 기독교 국가들을 건립하기도 했다. 그렇

◀ 귀스타브 도레(Paul Gustave Doré)의 1877년작 〈소년 십자군〉

1187년 하틴 전투

살라딘(왼쪽)이 하틴 전투에서 예루살렘 국왕 기 드 뤼지냥으로부터 십자가를 빼앗고 있다. 수많은 역사 기록화를 그린 매튜 패리스(Matthew Paris, 1200?~1259)의 그림이다.

지만 결국 전세가 뒤집혔다. 1187년 하틴**Hattin** 전투에서 이슬람권의 영웅 전사 살라딘이 이끄는 강력한 군대에 패배하여 성묘와 십자가는 도로 무슬림의 수중에 들어갔다. 교황 인노켄티우스 3세(재위 1198~1216)는 다시 한번 십자군운동을 일으키고자 했다. 이번에는, 곧 신의 왕국이 도래할 것이며 그전에 무함마드를 따르는 무리들의 지배가 끝난다는 예언을 꺼내 들었다. 다만 그렇게 되려면 우선 성지를 되찾아야 한다. 교황은 '모든 신자들이 십자가를 메라'고 설교하면 수많은 사람들이 다시 십자군전쟁에 동참하리라 기대했다. 그렇지만 예상과 달리 분위기가 열렬하게 타오르지 않았다. 이것이 소년 십자군이 일어난 맥락이다. 마땅히 해야 할 성스러운 임무를 어른들이 피하고 있으니, 순수한 어린이들이 나서서 대신 그 일을

예루살렘을 향해 떠나는 소년 십자군

1212년 소년 십자군을 묘사한 것으로 신앙의 적이 괴물로 형상화되어 있다. LIW라는 모노그램을 쓰는 네덜란드 작가의 1550~1580년경 목판화이다.

이루겠다는 것이다.

소년 십자군에 대해 기록한 연대기는 50개가 넘는다. 당시 기록에서는 '푸에리pueri'라는 용어를 사용하는데, 이 말은 10대 청소년을 가리킨다. 이와 관련해서 학계에서 비판적인 견해가 제시된 적이 있다. 1970년대에 피터 라츠Peter Raedts라는 역사가는 '푸에리'라는 말은 실제 나이가 적다는 의미가 아니라 사회적 약자, 곧 가난한 사람들, 주변인, 배척당한 사람들을 가리킨다고 해석했다. 십자군 무리에 일부 어른들이 끼어 있었다는 당시 기록을 근거로 들었다. 그렇지만 이후 이 해석은 비판을 받았다. 당대 기록을 분석해 보면 암만해도 '푸에리'가 어린이가 아니라고 볼 수는 없다. 실제 소년 십자군의 나이를 조사해 보면 12~15세의 청소년이 대부분이다. 부모들이 아이가 떠나는 걸 막으려 했으나 소용없었다는 식의 기록들도 많이 나온다.

한 연대기는 이렇게 기록한다. "이해에 니콜라스라는 소년이 일어나 수많은 남녀 어린이 무리를 이끌었는데, 그는 천사들로부터 예루살렘으로 가서 주님의 십자가를 되찾으라는 명령을 받았다고 한다. 이들은 지팡이를 짚고 주머니를 차고 있었다." 지팡이와 주머니는 전형적인 순례자의 도구이다. 십자군은 전쟁이면서 동시에 순례이기 때문이다. 또 다른 기록은 이렇게 전한다. "이해 6월에 클루아 마을의 목동 에티엔이 말하기를, 주님이 가난한 순례자의 모습으로 그에게 나타나 국왕에게 전할 편지를 주었다고 한다. 갈리아(프랑스) 지방 곳곳에서 온 목동 3만 명이 무리를 이루어 행진해 갔다. 주님은 생드니 성당 근처에서 증거로 삼을 많은 기적을 보이셨다. … 아이들 무리는 성스러운 에티엔의 인도하에 움직여 갔다. 모두 그를 지도자이자 군주로 여겼다. 그렇지만 국왕은 파리의 지도자들로부터 이 소년들 문제에 대해 의견을 듣고는 아이들을 집으로 돌려보냈다. 그래서 아이들의 신심은 쉽게 일어났듯이 쉽게 사라졌다."

여기에서 주목해야 할 것은 소년들이 국왕에게 호소한 사실이다. 당시 대다수의 왕은 실제로 십자군 정신이 충만했다. 국왕은 신의 뜻을 이 땅에 실천하는 하느님의 지상 대리인이라고 생각했기 때문이다. 프랑스의 성왕 루이 9세, 독일의 프리드리히 1세 바르바로사, 잉글랜드의 사자심왕 리처드 1세 등이 그런 사례로, 기꺼이 신의 명령을 따른다며 성지 회복을 위해 군대를 이끌고 출전했다. 소년 십자군 시절 프랑스 국왕 필리프 오귀스트Philippe Auguste도 내심 크게 다르지 않았다. 그래서 십자군운동에 참여한 소년들은 자신들의 뜨거운 신심을 국왕이 승인하고 동참하기를 바랐을 것이다. 당시 분위기를 말해주는 기록으로 1220년경 케자리우스Caesarius of Heisterbach라는 수도사의 책을 들 수 있다. 이 책에는 기욤 오르페브르Guillaume l'Orfèvre라는 사람의 예언이 나온다. "1206년과 1210년 사이에 세상의 종말이 찾아온다. 《계시록》의 바빌론은 로마이고 교황은 적그리스도이며 모든 왕들이 필리프 오귀스트에게 굴복하리라."

소년 십자군 당시 프랑스 국왕 필리프 오귀스트

국왕에 대한 기대가 아무리 커도 이런 식이면 위험하기 그지없다. 교황이 제대로 역할을 하지 못한다는 비난이 지나쳐서 교황을 악마(적그리스도)라 부르고 대신 국왕이 세상의 구원자라고 했다가는 이단 혐의를 피하기 힘들다. 이런 상황에서 소년 십자군이 자신들이 신의 뜻을 받았노라고 주장하며 왕에게 호소하고 나선 것이다. 돌아가는 상황이 심상치 않다고 판단한 파리 대학 신학자들이 제

지하고 나섰다. 사실 소년 십자군은 너무 극단적이고 위험한 성격이 아니던가. 어른이 지도하는 대신 어린이들이 직접 나서는 것도 문제이고, 소녀들이 많이 끼어 있으니 남성 중심의 기성 질서가 흔들릴 위험이 있는 데다가, 아이들이 신에게서 직접 부름을 받았다고 주장하면 기존 교회의 역할에 의문이 제기된다. 국왕 측과 교회 당국은 우선 기욤 오르페브르와 그 추종자들부터 제어했다. 이들은 이단 판정을 받고 일부는 화형을 당했다. 신학자들은 이어서 십자군 지도자 에티엔이 보았다는 환상, 그들이 국왕에게 전달하려는 편지 등을 비판했다. 아이들이 보았다는 기적은 사기, 마술, 심지어는 사탄의 장난으로 치부했다. 국왕으로부터 해산하라는 지시를 들었을 때 '푸에리'들이 얼마나 크게 실망했을지는 짐작이 간다. 일부 소년들은 국왕의 지시대로 고향으로 돌아갔지만, 일부는 여전히 자신의 신념에 따라 계속 성지를 향해 나아갔다.

오브리Aubry de Trois-Fontaines(?~1254)라는 시토회 수사가 지은 연대기는 이후 상황을 이렇게 기록한다. 지중해 연안까지 간 프랑스 '푸에리'들은 마르세유에서 일곱 척의 배를 타고 떠났다. 이 중 두 척이 생피에르Saint-Pierre-ad-Rupem섬 근처에서 난파하여 타고 있던 소년들이 죽었다. 훗날 교황 그레고리우스 9세(재위 1227~1241)는 이 섬에 불쌍한 소년들을 추모하는 교회를 지었으니, 이 소년들은 순교자가 되었다. 나머지 다섯 척의 배에 탄 소년들은 더 끔찍한 운명을 맞았다. 무슬림에게 노예로 잡혀간 것이다!

한편 독일에서 출발하여 알프스를 넘어 이탈리아에 도착한 소년들 역시 비참한 최후를 맞았다. 니콜라스는 자신의 무리가 해안에 도착하면 모세가 홍해를 가르고 건넜듯이 지중해 물이 갈라져 걸어서 중동 지역까지 갈 수 있다고 믿었다. 물론 그렇게 될 리가 만무했다. 13세기 연대기 작가 리셰르Richer de Senones는 이 순진한 소년들에게 동정을 표했다. 제노바와 피사에 도착한 소년들은 바다를 건널 배를 구했으나 결국 헤매다가 굶어 죽고 묘지도 없이 버려졌다는 것이다. 리셰르는 이 소년들을 예수 탄생 당시 헤롯에게 죽임을 당한 무고한 어린이들Innocents에 비유했다. 그 아이들은 그나마 한번에 죽음을 맞았으나 '푸에리'들은 오랜 기간 고통받으며 굶어죽었으니 이들이 더 불쌍한 존재이다. 교황도 이렇게 말했다. "이 아이들은 우리에게 가책이다. 우리가 자고 있는 동안 이들은 성지를 수복하겠다고 달려가지 않았는가." 일부 설교자들도 소년들을 찬미했다. 모든 신자들이 십자가를 지고 십자군운동에 참여해야 했으나 그렇게 한 것은 '작년에 십자가를 진 순결한 소년들밖에 없도다'. 이렇게 많은 이들이 비참한 최후를 맞은 푸에리들을 위로했으나 대개 자신들에게 이로운 방향으로만 해석했다.

순진무구한 어린이들이 종교적 흥분과 열정에 휘몰린 희대의 사건은 심대한 위기에 빠져든 중세 유럽 사회의 종말론적 분위기를 말해준다.

모범적인 십자군 기사 부이용 공작

저지低地 로타링기아Basse-Lotharingie 공작 부이용Godefroy de Bouillon (1058?~1100)은 가장 모범적인 십자군 기사로 알려져 있다. 그는 자신의 전 재산을 팔아서 거액의 참전 경비를 마련한 후 십자군전쟁에 참여했다. 많은 부하들을 이끌고 3년간의 긴 여행 끝에 중동에 도착했고, 이슬람 세력과 대결하여 승리를 거두고는 1099년 예루살렘에 입성했다. 여러 기록들은 그의 탁월한 무용에 대해 증언한다. 튀르크인의 몸통을 한칼에 두 동강 냈다든지, 칼을 한 번 휘둘러 낙타 대가리를 쉽게 잘랐다는 식이다. 묘비명에는 부이용을 '이집트의 공포이며 아랍인과 페르시아인의 두려움'이라고 표현했다.

무용만 탁월한 게 아니라 경건함도 돋보인다. 그는 예루살렘 왕국의 '왕'이라는 타이틀을 거부하고 대신 위탁인avoué이라는 용어를 사용했는데, 그리스도가 진짜 왕이고 자신은 단지 이 나라를 지키고 관리하는 사람에 불과하다는 의미다. 물론 실질적으로는 그가 왕이었으나, 겨우 1년을 통치하고 1100년 사망했다. 어쩌면 이토록 짧은 기간 빛을 발하다가 사라졌기에 더욱 신화화했을 수 있다.

족보를 거슬러 올라가면 그의 선조는 카롤루스(샤를마뉴)에 이른다. 황제의 후손이 예루살렘의 통치자가 되었으니, 얼마나 고상한 일인가. 후일 그는 아서 왕과 동격의 이상적 기사로 여겨졌다. 그렇지만 실제 사실은 신화와는 다른 면이 많다. 당시 기독교 기사의 수가 너무 적어서 무력으로만 정복하고 통치하는 것은 지극히 어려운 일이었다. 그가 이룬 일 중 많은 부분은 무슬림 지도자들과 외교적 협상을 통해 얻어낸 것이다.

낙타를 베는 부이용 공작

프랑스국립도서관이 소장한 14세기 고서에 담긴 삽화로
요르단강을 건너 예루살렘에 입성한 부이용 공작의 무용담을 그린 것이다.

Part 3

권력, 사랑, 믿음

우리의 사고와 느낌을
초월하는
중세 스타일

국가와 사회와 종교의 틀이 안정적으로 만들어진 후 이 틀 안에서 중세 문화가 난만하게 발전했다. 중세 사람들은 사랑하고, 권력을 차지하기 위해 싸우고, 또 신성함을 추구했다. 왕과 왕비, 수도사와 기사, 시인과 예술가 들의 곡진한 삶의 이야기가 날줄과 씨줄이 되어 역사를 수놓았다.

중세 유럽의 역사는 남성들만의 독무대가 아니다. 뛰어난 여성들의 파란만장한 활약 또한 눈부시다. 알리에노르의 극적인 삶이 대표적이다. 프랑스와 잉글랜드 두 나라의 왕비였고, 두 국왕의 어머니였으며, 십자군전쟁에 참전하고 아들의 왕위를 지키기 위해 직접 군을 이끈 여전사이면서 또한 새로운 기풍의 사랑의 문화를 개척한 여인이었다. 이와는 달리 잉글랜드의 헨리 2세처럼 제국 수준의 국가를 건설하겠다는 야망을 품고 가열차게 투쟁하고 때로 교회와 정면충돌했으나, 그 못지않게 야심이 넘치는 아들들과 분란에 싸여 비참한 최후를 맞는 극적인 사례도 있다. 다른 한편 현대인은 거의 이해하기 힘든 성인聖人의 경지에 이른 지극한 신앙심으로 통치하고, 더 나아가서 신의 뜻을 이루기 위해 직접 십자군전쟁에 참여했다가 결국 아프리카에서 목숨을 잃은 루이 9세 같은 비범한 인물들도 만나게 된다. 1,000년 전 사람들의 삶은 우리와 통하는 듯하면서도 우리의 사고와 느낌을 초월하는 요소들이 있다.

이 시대는 또한 '성당의 시대'라고 부를 정도로 온 사회가 협력하여 하느님의 집을 정성껏 지은 시대이기도 하다. 고딕 성당의 효시가 되는 생드니 성당, 그리스도의 가시관을 보존하기 위해 국력을 기울여 지은 생트샤펠, 프랑스 역사의 매 순간을 지켜온 보석 같은 파리 노트르담 대성당, 예수와 성모가 살았던 나사렛의 집이 천사의 도움을 받아 이탈리아로 날아왔다는 전설을 가지고 있으며 신자들을 보호하고 해방하는 역할을 한 성가교회 등은 모두 그 자체로 찬란한 역사다. 사회에 부가 쌓이면 현대에는 사업 자본으로 재투자하겠지만 중세 유럽은 교회 건축과 장식에 쏟아부었다. 그 돌집들은 많은 이들의 간절한 종교적 염원을 담아내는 성스러운 공간이기도 하고, 세속과 종교의 두 힘을 함께 아우르려는 왕실의 권력을 지키기 위한 거점이기도 하며, 때로는 외적들로부터 정신적 혹은 군사적으로 사람들을 보호하는 요새 역할도 수행한다.

중세는 암흑기가 아니라 사람들과 공간들이 함께 어우러져 찬란한 문화를 이룬 시대다.

15

아키텐의 알리에노르, 왕국 건설과 궁정풍 사랑을 열어가다

아키텐의 알리에노르**Aliénor d'Aquitaine**(1122~1204)만큼 파란만장한 삶을 산 여인이 또 있을까. 그녀는 두 국왕과 결혼하고 두 국왕을 낳았으며, 궁정 암투에 깊이 간여하고, 십자군전쟁에 직접 참전했고, 몸소 군대를 지휘하는 한편 이전과 다른 궁정 문화와 새로운 사랑의 문학을 발전시켰다. 역사의 변전을 온몸으로 겪었다고 해도 과언이 아니다.

1137년, 아키텐 공작 기욤 10세가 산티아고 데 콤포스텔라 순례 중 사망하자 두 딸 중 맏이인 15세의 알리에노르가 계승자가 되었다. 당시 아키텐 지방은 오늘날의 가스코뉴, 푸아투, 리무쟁 지역을 포괄하는 프랑스 남서부의 광대한 영토로서, 보르도가 중심지이다. 알리에노르와 결혼하는 사람에게 프랑스의 4분의 1이나 되는 땅이 귀속되니, 그녀의 결혼은 당대 초미의 관심사였다. 임종이 가깝던

◀ 프레데릭 샌디스(Frederick Sandys)의 1858년작 〈알리에노르 왕비〉

알리에노르와 루이 7세의 결혼식

12~13세기경의 《생드니 연대기》에 실린 그림으로, 1137년의 결혼식 장면 오른쪽에는 십자군전쟁에 참전하는 루이 7세의 모습이 담겨 있다.

프랑스 국왕 루이 6세(재위 1108~1137)가 선수를 쳐서 알리에노르를 아들과 결혼시키고 자신은 며칠 뒤 사망했다. 새신랑은 프랑스 국왕 루이 7세(재위 1137~1180)가 되었고 알리에노르는 왕비가 되었다.

1147년 국왕이 2차 십자군전쟁에 참가했을 때 놀랍게도 왕비가 동행했다. 다마스쿠스 함락을 목표로 했던 이 원정은 결국 실패로 끝났는데, 사람들은 실패 원인 중 하나로 알리에노르를 거론했다. 국왕이 왕비를 데리고 오자 다른 귀족들도 부인을 동반했고 시녀들도 많이 따라오지 않을 수 없었으니, 이 때문에 순결한 태도를 유지해야 하는 십자군 전사들의 정신 자세가 흔들렸고 결국 하느님으로부터 버림받았다는 것이다. 더구나 알리에노르는 숙부인 레몽Raimond과 염문을 퍼뜨렸다고도 전한다. 귀국하면서 루이 7세는 알리에노르와 헤어지기로 결심했다. 부부 사이에 딸 둘만 있고 왕위를 계승할 아들이 없는 것 또한 중요한 요인이었을 것이다. 속사정을 자세히 알 수는 없지만, '나는 왕과 결혼한 게 아니라 수도사와 결혼한 것 같다'는 알리에노르의 푸념을 보면, 부부 사이에 문제가 있었던 것 같다. 중세 가톨릭 세계에서 이혼은 불가능하므로 국왕이나 귀족 부부가 갈라서려면 교회 당국에서 '결혼 무효' 승인을 받아내야 한다. 알고 보니 두 사람이 친척 관계여서 원래 결혼해서는 안 되는 사이였다는 식으로 주장을 하면, 말이 안 되는 줄 알면서도 정책적으로 승인을 받곤 했다.

1152년 두 사람은 갈라섰고, 28세의 알리에노르는 또다시 뭇 왕족과 귀족 들이 선망하는 '돌싱'이 되었다. 그녀를 문자 그대로 납치해서 강제 결혼을 시도하는 사건도 벌어졌다. 푸아티에Poitiers에 위치한 자신의 성으로 여행하는 도중 두 차례나 대귀족들의 공격을 당한 것이다. 당시 시대상이 그렇게 험했다. 알리에노르는 차라리 자신이 배우자를 직접 고르기로 했다. 노르망디 공작이며 잉글랜드 왕위 계승 후보자인 헨리에게 자신은 자유롭게 결혼할 수 있는 처지라는 의미심장한 내용의 편지를 썼다. 헨리가 이 제안을 받아들여 곧 결혼식을 치렀다.

2년 후인 1154년 두 번째 남편이 잉글랜드 국왕 헨리 2세로 즉위

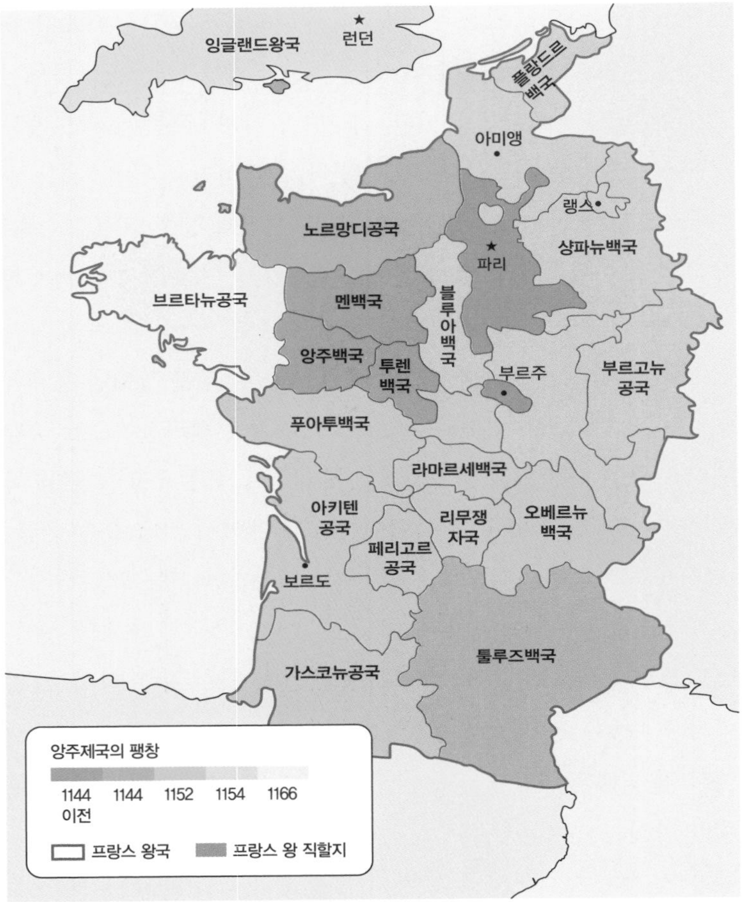

12세기 프랑스와 앙주제국의 팽창

앙주제국은 앙주·멘·투렌의 백작위에서 시작해 1144년 노르망디 공작위를 획득하고, 1152년 헨리 2세가 알리에노르와 결혼하면서 아키텐공국 영역까지 확대되었다. 1154년 잉글랜드 왕위를 획득한 헨리의 앙주제국은 1166년 아들의 혼인을 통해 브르타뉴공국에까지 팽창했다.

하자, 알리에노르는 프랑스 왕비에 이어 이번에는 잉글랜드 왕비가 되었다. 두 사람의 결합으로 잉글랜드는 섬나라가 아니라 대륙 내 광대한 영토를 소유한 대국으로 커졌다. 오베르뉴에서 동부 아일랜드까지, 피레네산맥에서 스코틀랜드 변방까지 포괄한 당시 잉글랜드를 두고 역사가들은 '앙주제국' 또는 '플랜태저넷제국'이라고 부르기도 한다. 후일 프랑스 왕위와 영토를 두고 양국이 다투게 될 백년전쟁의 먼 기원이 여기에 있다.

신혼 초기에 두 사람은 아주 잘 지냈고, 왕비는 국왕을 완벽하게 보조했다. 12세기 연대기 작가 솔즈베리의 존John of Salisbury의 기록에 의하면, 왕과 왕비는 완전히 '호환 가능interchangeable'한 정도였다. 국왕이 대륙으로 건너가 전투에 임하면 알리에노르는 국왕의 재가 없이 왕령을 발했고, 재정 지출을 명했으며, 국민들의 탄원을 수리하여 결정했다. 동시에 화려한 의상을 자랑하는 파티를 개최하고 예술 활동을 후원하여 궁정 문화를 발전시켰다.

헨리 2세는 알리에노르에게서 5남 3녀의 자손을 보았을 뿐 아니라, 여러 연인들 사이에서 숱한 사생아를 낳았다. 그런 것쯤이야 중세 국왕들에게는 흔한 일이지만, 이 일로 부부 사이에 틈이 생겼다. 국왕이 병이 들어 곧 아들 중 한 명에게 왕위를 물려줄 것처럼 유서를 썼다가 무효화하고 다시 권력을 틀어쥐자 실망한 아들들이 반란을 일으켰는데, 그녀 역시 아들들 편에 섰다. 더 안 좋은 일은 하필 전 남편인 프랑스 국왕 루이 7세와 결탁했다는 점이다. 반란이 실패로 돌아가자 알리에노르는 남장을 하고 전 남편 있는 곳으로 도주하려다가 잡혀서 솔즈베리성에 감금되었다. 그녀는 남편 헨

리처드가 유폐당한 뒤른슈타인 성터

1192년 리처드는 동생 존의 왕위 찬탈 시도 소식에 급히 귀국하던 중 오스트리아 공작 레오폴트 5세에게 사로잡혀 뒤른슈타인성에 유폐되었다. 이후 하인리히 6세에게 신병 인도된 그는 프랑스 국왕 필리프 오귀스트에게 넘기겠다는 협박에 거금의 신속금을 치르고 풀려났다.

리 2세가 죽은 1189년까지 15년이나 갇혀 있다가 겨우 자유를 되찾았다.

왕위는 아들 '사자심왕' 리처드 1세**Richard the Lionheart**(재위 1189~1199)가 물려받았다. 알리에노르가 67세 때의 일이다. 이번 국왕도 십자군 열기에 싸여 1190년 성지로 떠났고, 알리에노르는 다시 정치에 간여했다. 리처드는 동성애자여서 서른이 넘을 때까지도 결혼을 거부하여 후손이 없었기 때문에, 왕위 계승 문제가 제기되지 않을 수 없었다. 국왕의 동생 존은 형이 없는 틈을 타서 프랑스 국왕 필리프 오귀스트와 내통하여 왕권을 노렸고, 알리에노르는 이에 맞서 자신이 가장 사랑하는 아들 리처드를 끝까지 지키려 했다. 그런데 리처드가 십자군전쟁에서 돌아오는 도중 독일의 황제 하인리히 6세에게 포로로 잡히는 사건이 일어났다. 알리에노르는 아들을 구하는 데 필요한 신속금身贖金 10만 마르크를 국민들에게서 쥐어짜 냈다. 은 20톤에 해당하는 이 금액은 잉글랜드의 2년 치 재정과 맞먹는 액수였다. 교황에게는 이 사태를 해결해 달라는 편지를 써 보내며 대담하게도 '하느님의 분노를 담아 잉글랜드 왕비 알리에노르'라고 서명했다.

1194년 리처드가 포로 상태에서 풀려나 귀국하자 알리에노르는 리처드와 존 두 형제를 화해시킨 다음 퐁트브로Fontevraud 수도원으로 물러나 경건한 노후를 보냈다. 그러나 5년 뒤인 1199년 이번에는 리처드가 프랑스 중부의 샬뤼Châlus성을 포위하다가 화살을 맞고 치명적인 상처를 입었다. 국왕은 병상에서 어머니를 찾았고, 알리에노르는 곧 현장으로 달려갔다. 결국 리처드는 어머니의 품에서 죽었다. 75세의 나이에 알리에노르는 다시 왕위 계승 문제에 간여했다. 이번에는 아들 존과 손자 브르타뉴의 아서Arthur de Bretagne 사이의 다툼에 끼어 아들 존이 왕위를 차지하도록 하는 것이 목표였다. 노년의 모후는 군을 진두지휘하여 아서 측 군대의 공격에 맞서 싸웠고, 끝내 존이 승리를 거머쥐었다. 패배한 아서는 언제 어떻게 죽었는지 모르는 '행방불명' 상태가 되었다.

1204년, 알리에노르는 82세의 나이로 파란만장한 삶을 마쳤다.

퐁트브로 수도원에 있는 알리에노르와 헨리 2세의 무덤

알리에노르는 1189년 사망한 남편 헨리 2세와 함께 1204년 안장되었다.

시신은 남편 헨리 2세와 아들 리처드 사자심왕이 이미 묻혀 있는 퐁트브로 수도원에 안장했다. 이해는 영국과 프랑스 양국의 역사에서 결정적인 분수령이 되는 해다. 프랑스 국왕 필리프 오귀스트가 잉글랜드로부터 노르망디와 앙주Anjou를 빼앗음으로써 '플랜태저넷 제국'은 사실상 무너졌다. 그 소식을 듣기 전에 사망한 것이 알리에노르에게는 다행이라면 다행일 것이다.

사랑의 궁정

시인과 귀부인 들이 모여 사랑의 법칙과 사랑의 행위 등을 논했다는 '사랑의 궁정'이 알리에노르의 궁정에서 실제 개최되었는지는 불명확하다. 다만 이 시대에 새로운 문학과 새로운 문화, 무엇보다 새로운 유형의 사랑이 태동한 것은 분명하다. 내 마음에 끌리는 상대를 내가 고르는 "사랑은 언제나 존재했던 게 아니라 12세기에 발명된 것"이라고 한 역사가는 말한다. 배우자에 대한 의무, 가족 간의 연대와는 달리 그 자체로서 소중한 내밀한 사랑이 꽃피고 있었다. 물론 아직은 상류층 일부에 국한된 이야기이지만, 이런 사랑은 개인의 가치가 인정되는 사회적 변화를 전제로 한다. 여성이 억압적인 착취의 대상, 아이 낳는 육체 이상의 의미를 띠어야 가능한 일이다. 어쩌면 인간의 역사에서 가장 중요한 변화가 알리에노르라는 한 개인의 이름을 차용하여 중세 유럽의 한켠에서 일어나고 있었던 것이다.

제국과 전쟁 같은 거대 역사와 내밀한 사랑의 문제 같은 미시微視 역사는 따로 노는 게 아니라 함께 진행된다. 알리에노르의 내면에 '권력에 취한 암늑대'와 '명랑하고 육감적인 남유럽 여인'이 함께 존재하듯이 말이다.

16

유럽 최강 국왕 헨리 2세와 플랜태저넷제국의 말로

잉글랜드 국왕 헨리 2세(재위 1154~1189)는 '제국'에 준하는 강력한 국가를 건설한 뛰어난 왕이었다. 프랑스 앙주 출신의 이 인물이 잉글랜드 왕이 되기까지에는 실로 복잡한 사연들이 얽혀 있다. 이야기는 1120년에 있었던 해상 사고로 거슬러 올라간다. 당시 국왕 헨리 1세(재위 1100~1135)는 프랑스의 노르망디 공작도 겸하고 있었으므로 두 지역의 통치를 위해 영불해협을 자주 건너다녀야 했다. 이해 11월, 국왕 자신은 노르망디에서 잉글랜드로 안전하게 항해를 마쳤지만, 왕자 두 명과 귀족 300명이 탄 블랑슈-네프Blanche-Nef호가 암초를 들이받고 침몰하는 대형 사고가 일어났다. 졸지에 왕위 계승자인 두 아들을 잃은 것이다. 남은 자식은 황제 하인리히 5세와 결혼했다가 남편이 죽는 바람에 친정으로 돌아온 딸 마틸다Matilda밖에 없었다. 헨리 1세는 딸에게 왕위를 물려주기로 결정한 후, 여러 전

◀ 캔터베리 대성당 내 베켓의 신전이 있던 자리에 놓인 촛불

15세기 수도사들이 쓴 《잉글랜드의 역사》에 실린 마틸다 초상

략적인 고려를 한 끝에 마틸다를 앙주 백작 제프리 플랜태저넷Geoffrey Plantagenet과 재혼시켰다. 이 결혼에서 나온 아들이 후일 헨리 2세라는 이름으로 왕이 되어 플랜태저넷왕조를 개창한다.

1135년 헨리 1세가 사망하자 정해진 대로 일이 돌아가지 않았다. 마틸다를 여왕으로 추대한다는 선왕의 결정에 이의를 제기하며 자신의 왕위 계승권을 주장하는 후보들이 여럿 나타났다. 이런 어수선한 시기에는 선수를 치는 게 중요하다. 마틸다를 비롯한 다른 후보들은 먼 지역에 있었던 반면, 선왕의 조카인 스티븐Stephen of Blois은 잉글랜드 남부까지 하루면 닿을 수 있는 가까운 거리에 있었다. 이런 '이유 같지 않은 이유'가 왕위 쟁탈에 중요하게 작용하던 시대다. 스티븐은 런던 시민과 일부 귀족을 설득하고 캔터베리 대주교로부터 '기름 부음 의식'을 받아 왕관을 썼다. 선왕이 임종할 때 마음을 바꾸어 자신을 지명했노라는 허위 사실까지 유포했다.

눈앞에서 왕위를 놓친 마틸다가 가만히 있을 리 없다. 이제 잉글랜드는 마틸다파와 스티븐파 사이의 내전으로 치달았다. 중앙 권력이 약해지자 지방 귀족들은 거칠 것 없이 권력을 행사했다. 농민들을 징발해 성을 쌓고 병사들을 길러 약탈 행위를 일삼는 '강도 귀족'

노르만왕조의 국왕들

재위 순서대로 개창자 윌리엄 1세(왼쪽 위), 윌리엄 2세(오른쪽 위),
헨리 1세(왼쪽 아래), 스티븐(오른쪽 아래)이다.
매튜 패리스가 1250년경에 쓴《앵글로인의 역사》에 실린 삽화다.

도 많았다. 20년 가까이 무법천지가 이어지자 사람들은 정당한 국왕의 올바른 통치가 얼마나 소중한지 새삼 깨닫게 되었다. 내전을 벌이던 양측도 오랜 투쟁에 지쳐 타협에 들어가 1153년 웨스트민스터 조약을 맺었다. 스티븐은 마틸다의 아들 헨리를 양자로 삼아 자신의 계승자로 지정하고 국정에 미리 참여하도록 했다. 다음 해스티븐이 죽자 헨리 2세는 순조롭게 왕위를 물려받았다.

헨리는 여러 차례 운 좋게 영토를 늘려갔다. 1151년 부친의 사망으로 앙주와 멘Maine 백작이 되었고, 다음 해 아키텐의 알리에노르와 결혼하여 그녀가 유산으로 받은 프랑스 중서부 영토도 차지했다. 이제 잉글랜드 왕위에 오르자 그는 오베르뉴에서 동부 아일랜드까지, 피레네산맥에서 스코틀랜드 변방에 이르는 광대한 영토를 차지한 플랜태저넷제국(혹은 앙주제국)의 지배자가 되었다. 헨리 2세는 그 당시 유럽에서 가장 부유하고 강력한 왕국의 지배자로 꼽혔다. 그 자신도 제국 통치에 걸맞은 실력을 갖추고 있었다.

헨리는 잉글랜드 국민들 입장에서 보면 외국인이었다. 그의 모국어는 프랑스어였으며, 영어는 알아듣기는 하나 말은 하지 못하는 수준이었다(알리에노르 역시 프랑스어가 모국어이고 영어를 하지 못했다). 이런 이유로 오히려 국내 사정에 연연하지 않고 개혁을 밀어붙였다. 국왕에게 대들다가는 대륙에서 막강한 군대를 끌고 와서 짓누를 태세였다. 무엇보다 사법권을 확실하게 장악해서 그동안 지방 영주 법정에서 다루던 많은 사건들을 국왕 순회 법정으로 넘기도록 조치했다. 국민들로서도 불합리한 점이 많았던 영주 법정보다는 정해진 절차에 따라 소집된 배심원들이 명백한 증거를 통해 판결을 내리는 국왕 법정을 선호했다. 전국에 동일한 법률이 적용되면서 점차 관습법Common Law 체계가 자리 잡기 시작했다. 헨리 2세가 '영국 관습법의 아버지'라 불리는 이유다. 런던 고문서보관소에 보존된 엄청난 양의 문서를 보면, 행정, 외교, 사법 등 각 분야 별로 헨리 2세가 얼마나 정력적으로 국정을 개혁하려 했는지 알 수 있다.

그의 치세 중 일어난 중요 사건으로 1170년 캔터베리 대주교 토머스 베켓Thomas Becket 살해가 있다. 국왕은 즉위 직후 수도사 출신인 베켓을 천거받았다. 뛰어난 행정 능력을 가진 베켓은 치세 초기 국정 운영에 큰 도움을 주었다. 문제는 그를 캔터베리 대주교로 임명하면서 벌어졌다. 지금까지 거의 친구처럼 잘 지내던 두 사람은 이후 원수 관계로 돌변했다. 자리가 사람을 그렇게 만드는 것일까. 베켓은 대주교로 임명되면서 국왕에게 '여태 저를 총애한 것 이상으로 증오할 것입니다'라는 말을 했다.

헨리 2세에게 헌정된 12세기 책에 실린 헨리 2세 초상

정치와 종교 간 갈등은 재판권 관할 문제로 폭발했다. 원래 교회 법정은 종교 문제만 담당해야 하지만 점차 더 많은 재판을 자기 관할 아래 두려 했다. 소유권을 다투는 문제도 신의 이름을 건 선서 위반 사건이라며 교회 법정으로 가져가는 식이다. 피고인들도 국왕 법정보다 관대하고 벌금도 적으며 구속도 잘 하지 않는 교회 법정을 선호했다. 이렇게 되면 국왕의 통치 기반이 약해질 수밖에 없다. 헨리는 베켓에게 종교 재판에서 유죄 판결을 받아 교회 직위를 박탈당한 사람을 세속 재판에 넘기라고 요구했지만 베켓은 거절했다. 더욱이 국왕의 강압에 못 이겨 명령에 따른다고 했다가 프랑스로 도주해서는 교황에게 탄원하여 국왕을 파문에 이르게 했다.

베켓 살해 장면을 가장 먼저 묘사한 것으로 알려진 당대 그림

국왕이 파문을 당해 잉글랜드 전체가 성무聖務 정지 상태가 되면, 아무리 국왕이라고 해도 힘을 쓸 수 없다. 별 수 없이 국왕은 베켓을 찾아가 타협해야 했다. 힘을 되찾은 베켓은 곧 잉글랜드로 돌아가서 그동안 자신의 뜻을 따르지 않던 주교들을 파면하려 했다. 프랑스에서 이 소식을 접한 헨리 2세는 '내가 한낱 수도사의 조롱거리가 되었는데, 신하들 중 나를 위해 뭔가를 하는 자가 없다'며 탄식했다. 이럴 때 과잉 충성하는 자들이 꼭 문제를 일으키는 법. 네 명의 기사가 아무 말 없이 잉글랜드로 가서 캔터베리 대성당에서 베켓을 살해했다. 이 사건으로 헨리 2세는 전 유럽에 걸쳐 악마 소리를 듣게 된다.

곧이어 이번에는 집안 문제가 그를 괴롭혔다. 헨리는 자신의 사후에 영토를 분할하여 아들들에게 넘겨줄 계획을 세웠는데, 이것이 오히려 부모 자식들 사이, 형제들 사이에 분란을 가져왔다. 유산 문제로 집안이 풍비박산되는 것은 현재나 중세나 차이가 없는 걸까. 헨리의 집안에서 벌어진 일을 보면 더 이상의 막장 드라마가 없다. 아들 중 리처드 편을 드는 왕비 알리에노르는 전 남편인 프랑스 국왕을 끌어들여 남편과 전투를 벌였다. 막판에는 부왕이 산속 오솔

길로 도주하는데 그 뒤를 아들이 추격하는 사태까지 벌어졌다. 중병에 걸려 시농Chinon성에 누워 있을 때 신하가 새로운 반역자 명단을 가지고 왔다. 맨 위에는 그토록 사랑하던 막내아들 존의 이름이 있었다. 존도 아버지의 힘이 약해지자 반역에 나선 것이다. "아무 말도 하지 말라. 나는 이 세상일을 생각할 기력도 없노라" 하는 말을 마치고 혼수상태에 빠졌다가 얼마 후 별세했다.

국왕의 최후 모습도 비참하기 그지없다. 헨리 2세를 끝까지 지킨 얼마 안 되는 신하 중 한 사람인 윌리엄 마셜William Marshal이 이에 대한 기록을 남겼다. 발뒤꿈치에서 시작된 병세가 다리를 타고 올라가서 결국 온몸이 불타는 듯했다. 국왕은 고통에 신음하며 짐승처럼 꿈틀거렸다. 왕자 리처드는 왕위를 빨리 물려주지 않은 아버지에 대해 "늙은이가 코미디를 벌이고 있다"고 떠들고 다녔다. 그즈음이면 신하들이 거의 다 도망가고 없었다. 마침내 왕은 피를 토한 뒤 죽었다. 윌리엄이 죽은 왕을 보니 팬티만 입고 있어서 외투로 덮어주었다. 장례식을 마칠 무렵 인근의 빈민들이 몰려왔다. 국왕의 장례식 때는 빈민들에게 음식을 나누어 주는 것이 관례였기 때문이다. 그렇지만 돈 한 푼 남아 있지 않아 음식을 주지 못하자 몰려든 빈민들이 화가 나서 다 때려 부수겠다고 소리를 질러댔다.

얼마나 무상한가, 세상의 권력이여!

사자심왕 리처드

메리 조제프 블롱델(Merry-Joseph Blondel, 1781~1853)이 그린 사자심왕 리처드 초상

사자심왕獅子心王, Lionheart, Cœur de Lion 리처드는 1157년 9월 8일 옥스퍼드에서 출생했다(아직 이 도시에 대학이 없던 시절이다). 당시 부왕 헨리 2세가 24세, 어머니 알리에노르는 35세, 손위 형 헨리가 두 살이었다. 이후 동생 제프리와 존이 태어나서 4형제가 되었다(첫아들 윌리엄은 유아기에 사망했다). 리처드는 자기 집안이 악마의 후손이라는 말을 거리낌 없이 하곤 했는데, 이 가족들 간에 일어난 일을 보면 그 말에 동의하고 싶어진다. 리처드가 17세였을 때 형 헨리와 동생 제프리가 어머니의 지지를 받고 아버지와 전투를 벌였다. 18개월이나 전투가 지속된 끝에 겨우 화해가 이루어졌다. 그러자 헨리와 제프리는 이번에는 리처드가 공작으로 통치하고 있던 아키텐으로 쳐들어왔고, 덩달아 이 지역 귀족들도 리처드에게 반기를 들었다(1183). 그렇지만 이때쯤이면 리처드는 강력한 전사로 성장해 있었다. 그는 침략자와 반역자 들을 진압하고 포로들을 남김없이 살해했다.

그런데 이해에 형 헨리가 이질로 사망하여 차남인 리처드가 왕위 계승 후

보자가 되었다. 국왕 헨리 2세는 리처드가 왕위를 받는 대신 아키텐 지방을 막내 존에게 양보하라고 지시했지만, 리처드는 거부했다. 더 나아가서 어머니의 전 남편인 루이 7세의 아들 필리프(프랑스 왕 필리프 오귀스트)와 동맹을 맺어 세력을 강화했다. 동맹을 맺으면서 리처드와 필리프는 '한 침대에서 잤다'. 이 기록의 의미가 무엇인지에 대한 역사학계의 논란은 아직도 그치지 않는다. 두 사람은 동성애자였을까? 아니면 동맹 강화를 과시하기 위한 상징적 행위에 불과한 것일까? 그 의미가 무엇이든 1189년 둘이 힘을 합쳐 부왕 헨리의 군대를 격파했다. 부왕 헨리 2세는 리처드를 왕위 계승자로 정식 승인할 수밖에 없었다. 공교롭게 바로 이틀 뒤 헨리 2세가 사망해서, 리처드는 곧바로 잉글랜드 왕, 노르망디 공작, 앙주 백작의 지위를 차지했다. 헨리 2세의 죽음에 대해서는 미묘한 기록이 있다. '리처드가 보는 앞에서 부왕 헨리의 코에서 피가 나왔다'는 것이다. 이는 아들이 아버지를 살해했을 가능성을 암시하는 것으로 해석한다. 과연 진실은 무엇일까?

Remember before God
J H BELLEINI
F J CHADDOCK
G S CLEAR
P G HOPKINS
K HOLLAND
J M LONGLEY
V J PATTISON
G L RATCLIFFE
M ST J WALLIS
Servants of the Abbey who fell in the War 1939-1945

17

국왕은 21세기에도 신성한가

영국의 엘리자베스 2세나 찰스 3세는 왜 국왕인가? 이들이 왕위를 차지하는 근거는 무엇인가? 오늘날 사람들 대부분은 아마 동의하기 힘들고 이해하기도 어려울 테지만, 이들이 신성하기 때문이다가 답이다. 영국을 비롯한 유럽의 왕국들은 1,000년이 넘는 장구한 세월에 걸쳐 군주의 영적이고 종교적인 성격을 유지해 왔다. 특히 대관식은 군주의 신성성을 확보해 주는 중요한 행사다. 1953년에 거행된 엘리자베스 2세의 대관식 당시 의례를 주관한 영국 성공회 수장인 캔터베리 대주교 제프리 피셔는 국왕의 세속 권력이 축소된 대신 영적 권력이 훨씬 더 강화되었으며, 그로 인해 영국은 하느님의 왕국에 더 가까워졌다고 선언했다.

일반인의 관점에서는 대주교가 국왕에게 '성 에드워드 왕관'을 씌워주는 장면이 대관식의 클라이맥스로 보일 수 있다. 왕권을 상

◀ 영국 왕실 대관식에 사용되는 '성 에드워드 의자'

찰스 3세의 대관식

2023년 웨스트민스터 사원에서 거행된 찰스 3세의 대관식이다.
장막으로 가려진 채 진행된 기름 부음 의식 이후에 저스틴 웰비 캔터베리 대주교가
성 에드워드 의자에 앉은 찰스 3세에게 성 에드워드 왕관을 씌워주고 있다.

징하는 홀笏, scepter을 왼손에 쥐고, 보석 444개로 꾸민 무게 2.23킬로그램의 순금 왕관을 머리에 얹는 장면은 분명 멋지고 인상적이다. 그렇지만 사실 국왕을 국왕답게 만들어주는 장면, 다시 말해 왕을 신성한 존재로 만들어주는 장면은 기름 부음 의식, 즉 도유식塗油式, anointment이다. 대주교가 신성한 기름을 발라주는 의례를 하면, 새 왕은 잉글랜드의 교회를 지키고 보존하겠다고 선서한다. 이 의식의 모델은 《구약 성서》에 나오는 이스라엘 국왕의 즉위식이다. 참석자들은 〈열왕기 상〉의 1장에 나오는 "제사장 사독과 선지자 나단은 솔로몬에게 기름을 부어 이스라엘 왕으로 삼으니, 모든 사람

들이 기뻐하며 말하기를 신이시여 왕을 구하소서, 왕이시여 만수를 누리소서, 왕이시여 영생을 누리소서" 하는 내용을 노래한다. 근대에 들어서는 이 장면에서 1727년 헨델이 조지 2세의 대관식을 위해 작곡한 〈제사장 사독Zadok the Priest〉을 연주한다. 도유식은 국왕의 권력과 권위가 하느님에게서 유래한다고 선포하는 의미다. 이를 통해 국왕은 그리스도(이 말 자체가 '기름을 발라 축성된 임금, 대제관'이란 뜻이다)의 대리인과 같은 거룩한 존재가 되어 정의롭게 나라를 다스리며, 이는 또한 국가와 교회의 통합성을 강화한다.

국왕이 보통 사람이 아니라 신령한 존재라는 의식은 멀리 켈트족 전통까지 거슬러 올라간다. 켈트족 왕은 용과 괴물이 상징하는 혼돈의 힘과 싸워 이기고 세계의 질서를 회복하는 존재다. 켈트 신화에서 왕은 세상의 중심인 신성한 나무에 자리 잡고 우주의 조화를 유지하는 역할을 하며, 치유와 예언의 능력을 가지고 있다. 이런 성격을 띠는 유럽의 군주를 '기적을 행하는 왕thaumaturgic king'이라 부른다.

기독교화가 진척되면서 이런 내용은 새로운 종교에 맞추어 변형되었다. 왕은 이제 신과 동격의 존재는 아니며 그보다는 신과 소통하는 일종의 사제와 같은 성격을 띤다. 이런 의미에서 국왕은 백성이 선출한 게 아니라 하느님에 의해 선택된 존재임을 더욱 강조하게 되었다. 대관식에서 왕관을 쓰는 요소보다 신의 축복을 더 강조하는 것도 이 때문이다.

기독교적 즉위식에 관한 최초의 기록은 6세기에 등장한다. 574년 콜룸바Columba 성인이 댈리어더Dál Riata 혹은 Dalriada왕국(스코틀랜드

보비오 수도원에 있는 콜룸바 성인 스테인드글라스

서부 지역에 있었던 나라)의 아이단 막 가브란Áedán mac Gabráin의 머리에 손을 얹고 축복을 내린 것이 유럽 최초의 기독교적 즉위식 사례다. 이때 기독교 군주의 즉위는 어떤 의미였을까? 이 시대는 폭력이 넘쳐나는 무정부 시대이며, 영적·문화적으로 암흑기였다. 부족장이나 전사 귀족들이 멋대로 폭압을 일삼던 상태에서 벗어나 새로운 군주가 강력한 힘으로 통치하여 질서와 안정을 기하는 방식이야말로 훨씬 개선된 제도라 할 수 있다. 콜룸바 성인은 법으로 통치하고, 무엇보다 기독교적인 정의·겸손·자애의 원칙 아래 통치하는 국왕에게 기꺼이 교회의 지지를 보냈다. 반대급부로 세속 권력은 교회에 후원과 보호를 제공한다. 그리하여 교회와 국가가 서로 돕는 관계가 정립된 것이다.

중세 내내 국왕은 가톨릭교회로부터 권위와 정당성의 근거를 제공받았다. 이 점은 영국에서 종교개혁이 일어나 영국 국교회가 성립된 이후에도 변함이 없었고, 오히려 더 강화되어 영국 국왕은 '신

국왕이 신앙의 수호자임을 드러낸 영국의 1페니 주화

엘리자베스 2세 여왕 초상과 함께 'D·G REG F·D'라는 약어가 새겨진
1971년 발행된 새 페니의 앞면(왼쪽)과 뒷면이다.

의 수호자'라 불렸다. 사실 이 표현은 역설적인 면이 있다. 원래 이 타이틀은 16세기에 교황이 헨리 8세에게 부여한 것이다. 가톨릭 신앙을 철저히 지키고자 하는 의지가 참으로 가상하다고 하여 이런 명예로운 타이틀을 받았는데, 이후 헨리 8세는 자신의 이혼과 재혼 문제에 시비를 거는 교황청의 처사에 반발하여 가톨릭과 결별하고, 영국 국왕이 기독교 신앙의 최고 수장首長이 되는 국교회를 설립한 것이다. 결과적으로 그는 '개신교 신앙의 보호자'가 되었다. 영국 국왕이 신앙의 수호자라는 주장은 영국 주화에서도 확인할 수 있다. 엘리자베스 2세 여왕의 초상과 함께 'D·G REG F·D'라는 약어가 보이는데, 이는 Deo Gratia Regina Fidei Defensor, 다시 말해 '신의 은총을 입은 여왕, 신앙의 수호자'라는 뜻이다.

국왕이 종교적 성격을 띠는 신성한 지배자라는 관념은 근대에 들어서도 계속 강화되었다. 제임스 1세(잉글랜드 왕, 재위 1603~1625)는 왕권신수설, 즉 국왕의 권위는 하느님에게서 받은 신성한 힘이기 때문에 의회의 조언이나 승인 없이 자유롭게 법률이나 칙령을 제정할 수 있다는 주장을 설파했다. 이런 논리는 정치적으로 물의를 일으켰지만, 사실 당시 국민들은 적어도 국왕이 신성하다는 점에 대해서만큼은 의심하지 않았다. 내전 과정에서 참수된 국왕 찰스 1세(재위 1625~1649)는 그리스도와 직접 비교되기도 하여, 군중들이 죽은 왕의 목에서 흘러나오는 피를 손수건에 적시기 위해 몰려들었다. 말하자면 기독교 신앙을 위해 죽은 순교자로 대접받은 것이다.

교회가 왕실에 신비한 분위기나 존경의 태도를 강화해주는 것은 현대에도 마찬가지다. 대관식, 결혼식, 장례식 등을 지극히 화려하고 정교하게 만들어서 과시하는 것도 그런 맥락이다. 연구자들은 19세기 후반부터 왕실 의식이 변모했다고 말한다. 이전에는 의식이 차분하고 사적이며 일반 대중들에게 널리 광고하지도 않았으나 갈수록 더 화려하고 공적이고 사람들의 이목을 끄는 방식으로 변했다. 1953년 엘리자베스 2세의 대관식이 텔레비전으로 처음 중계된 것도 중요한 변화의 계기다.

2022년 엘리자베스 2세가 서거한 후 찰스 3세가 왕위를 승계했고, 전 세계인이 주목하는 가운데 대관식도 거행했다. 한 조사 결과에 의하면 여전히 영국 국민 다수가 군주제 유지에 찬성한다고는 하지만 왕실에 대한 애정이 예전만 못한 것 또한 분명하다. 왜 여전히 국왕이 존재해야 하는가 설명하기는 쉽지 않아 보인다. 세속

화된 현대 사회에서 국왕이 신의 지상 대리인이며 신성한 인물이라는 주장을 문자 그대로 믿는 사람은 거의 없을 것이다. 그동안 왕실 인사들의 적나라한 면모를 너무 많이 접해서 왕실의 신비로움은 다 증발해 버리고 말았다. 찰스 3세가 왕세자비와 불화 끝에 이혼하고 그러는 동안 유부녀와 연인 관계를 유지한 사실 등은 평범한 사람이라면 전적으로 보호받아 마땅한 사생활에 속하겠지만, 영국을 비롯하여 영연방 15개 국가의 원수로서 하느님의 뜻을 이 땅에 펼쳐야 할 신성한 존재와는 결코 어울리지 않는 모습이다.

군주는 21세기에도 과연 신성한 존재로 남을 것인가? 군주제를 앞으로도 계속 유지하려면 새로운 현대적 정당성을 확보할 일이 남았다.

연주창

국왕의 신성성을 잘 나타내는 요소는 국왕의 손길Royal Touch로 병을 치유한다는 믿음과 관행이다. 중세 잉글랜드와 프랑스에는 이 관행이 널리 퍼져 있었다. 국왕의 손길이 닿으면 병이 낫는다는 믿음은 곧 국왕이 그리스도 같은 능력을 가지고 있다는 의미다. 특히 국왕의 손길이 가장 큰 치유력을 보인다고 믿었던 병이 연주창連珠瘡, scrofula이다. 이 병의 실체는 경부림프선결핵tuberculous adenitis이다. 결핵균이 침투하여 림프선이 커지고 농양이 생기며, 여기서 생긴 고름이 피부로 터져 나오는 증세를 보인다. 연주창 환자를 만져서 병을 낫게 했다는 기록을 처음 남긴 왕은 헨리 2세(재위 1154~1189)지만, 이전 기록들을 해석해 보건대 이미 정복왕 윌리엄(재위 1066~1087)이 시행한 것으로 보인다.

국왕의 신성한 치유력이라는 믿음은 중세 내내 이어졌고, 종교개혁 이후에도 사그라들지 않았다. 17세기에 찰스 2세는 1660년부터 4년 동안 2만 3,000명의 환자를 만졌고, 다음 국왕 제임스 2세는 1685년 3~12월에 4,422명을 만졌다. 영국에서 이 의식을 마지막으로 행한 왕은 앤 여왕으로 1714년의 기록이 있다. 프랑스의 루이 14세 또한 이 행사에 성심껏 참여해서 1680년 부활절 기간에만 1,600명에게 손으로 만져주는 은혜를 베풀었다. 물론 왕이 만져주었다고 병이 다 나은 것은 아니다. 볼테르가 지적하듯, 그토록 왕의 손길이 많이 닿았던 루이 14세의 첩이 연주창으로 죽었다는 사실이 그 점을 말해준다.

연주창 환자를 만지고 있는 찰스 2세

찰스 2세의 외과 주치의인 리처드 와이즈만(Richard Wiseman)이 1676년에 발표한 연주창에 관한 논문에 수록된 로버트 화이트(Robert White)의 판화이다.

18

신성하지만 가혹했던 성왕 루이 9세의 치세

루이 9세(재위 1226~1270)보다 신심 깊은 왕이 또 있을까? 그는 십자군 전쟁에 두 차례나 직접 참전하여 이슬람 세력과 싸우다가 끝내 북아프리카에서 죽었고, 교황청은 이를 기려 그를 성인聖人으로 시성했다. 국왕이자 성인인 루이 9세는 성왕聖王(생루이Saint Louis)으로 불린다. 성스러운 왕이 통치하는 나라는 어떠했을까? 지상천국이 도래했을까?

1226년 부왕 루이 8세가 사망했을 당시 루이는 고작 열두 살. 성년이 될 때까지 어머니 카스티야의 블랑슈Blanche of Castile가 섭정을 맡았다. 루이에게 한량없이 깊은 신앙심을 불어넣은 분이 바로 어머니다. '네가 죄를 짓는 걸 보느니 차라리 내 발밑에 쓰러져 죽는 걸 보겠다'는 섬뜩한 경고를 하고, 도처에 도사리고 있는 악마의 위협에 늘 대비하라고 가르쳤다. 루이는 말총으로 만든 참회용 속옷

◀ 루이 9세가 건립한 생트샤펠 내부 스테인드글라스

을 입고, 침대 머리맡에서 하룻밤에 50번씩 무릎 꿇고 기도드리고, 자주 금식을 했다. 루이는 프로방스의 마르그리트를 왕비로 맞았는데, 부부 사이가 너무 좋아서 늘 붙어 있는 게 오히려 문제였다. 국왕께서 헛된 쾌락에 빠지면 안 된다고 생각한 모후는 아들 내외가 자는 방을 불시에 찾아와서 감시했다. 국왕 부부는 어머니의 불심검문을 피해 계단에서 동침하곤 했다는데, 그렇게 하여 11명의 아이를 낳았다.

국왕은 또한 프란체스코 성인의 감화를 받아 청빈의 삶을 실천했다. 옷과 음식을 최대한 검소하게 하는 한편, 궁정에 빈민들을 데려와 몸소 세족식을 하고 함께 식사를 했다. 나병 환자와 맹인을 돕는 시설과 매춘부를 교정하는 시설도 지었다. 다른 한편 신앙의 적은 철저히 억압했다. 예컨대 신성모독의 잘못을 저지른 사람은 혀와 입술을 잘라냈다.

이처럼 기독교 정신에 철두철미한 국왕에게 고리대금업자, 특히 유대인의 존재가 달가울 리 없다. 그는 원금 이상으로 받는 돈은 모두 고리대금이며 결국 도둑질이라고 선언했다. 유대인들은 증오할 만한 고리대금업자일 뿐 아니라, 그들이 읽는 《탈무드》에 기독교 교리를 매도하는 사악한 내용이 들어 있다는 고발이 제기되었다. 루이는 철저한 반유대주의 정책을 폈다. 1만 2,000권의 《탈무드》를 공개 소각하고 유대인 표식을 달게 하고 재산을 빼앗더니, 급기야 모든 유대인에게 추방령을 내렸다. 주앙빌Joinville이 쓴 성왕의 전기에 따르면, 국왕은 자신의 신념을 이렇게 표현했다. "유대인과는 논쟁하지 말라. 그들이 기독교 교리에 대해 비방하는 말을 들으면 칼

카스티야의 블랑슈와 루이 9세

카스티야의 블랑슈(위 왼쪽)가 루이 9세를 향해 무언가 이야기를 하고 있는 듯하고,
루이 9세는 오른손에 백합 장식을 단 왕홀을 든 채 어머니를 바라보고 있다.
1230년경의 그림 성경(Bible Moralisée) 헌정 페이지에 수록된 것으로
아래 단에는 사제와 화가가 그려져 있다.

을 뱃속 깊숙이 찔러 넣어라." 이 정도면 700년 뒤 20세기의 나치 독일에서 일어난 일과 크게 다르지 않아 보인다.

루이 9세가 30대 중반에 십자군전쟁 참전을 결정한 것은 죽음 직전까지 간 경험과 관련이 있다. 1244년 겨울, 그는 괴질에 걸려 죽음을 예견하고 있었는데 몇 주 후 기적같이 완쾌했다. 하느님의

사로잡힌 루이 9세

귀스타브 도레의 그림으로 7차 십자군전쟁에 참전했다가

파리스크르(Fariskur) 전투에서 포로가 된 루이 9세의 모습이다.

뜻으로 생명을 되찾았다고 판단한 국왕은 감사의 표시로 십자군 원정을 결정했다. 당장은 건강 상태가 좋지 않아 떠나지 못했지만, 4년 후인 1248년, 2만 5,000명의 병력을 이끌고 이집트로 향했다. 이곳의 이슬람 세력을 무찌른 후 성지로 행군하겠다는 계획이었으나 무모한 군사 작전은 실패의 연속이었다. 신앙의 적을 무찌르기는커녕 오히려 포로로 잡혀 40만 리브르라는 거액을 내고서야 겨우 풀려났다. 그 후 4년 가까이 팔레스타인 지방에서 분투했으나 별다른 성과를 얻지 못하던 중 어머니의 사망 소식을 접하고 급히 귀국했다.

이집트로 십자군원정을 떠난 배경에는 몽골제국과의 외교 협상 문제가 있다. 페르시아에 주둔하던 몽골군 사령관 엘지기데이Eljigi-dei가 사신을 보내와서 프랑스가 이집트를 공격하고 자신은 바그다드를 공격하여 이슬람 세력을 양쪽에서 협공하자고 제안했다. 그렇지만 당시 유럽인들은 몽골에 대한 정확한 정보가 부족했다. 아시아 먼 지역에 있는 엄청난 군사 강국이라는 점은 분명해 보이지만 이 나라의 정확한 실체를 알 수 없었다. 이 상황에서 루이 9세는 몽골을 기독교로 개종시켜 동맹을 맺자는 순진한 생각을 했다. 프란체스코회 사제 루브룩William of Rubruk이 선교사로 파견됐다. 예수의 생애를 그린 비단 텐트도 선물로 보냈다. 루브룩은 뭉케 칸을 직접 만났지만, 물론 칸의 기독교 개종은 애초에 말이 안 되는 미션이었다. 다만 루브룩은 귀국 후 유럽에 몽골 사정을 처음으로 자세히 소개한 《여행기Itinerarium》를 저술했다.

한 번은 몰라도 국왕이 두 번째로 십자군원정을 떠나겠다고 선언하자 모든 사람들이 반대했다. 그렇지만 국왕의 고집을 꺾을 수는 없었다. 자금 사정도 안 좋고, 이미 십자군 열기가 많이 사그라져서 동맹을 구하는 일도 힘들었을 뿐 아니라, 무엇보다 이미 50대에 들어선 국왕 자신의 건강 상태도 문제였다. 1267년 아들들과 함께 배에 올랐을 때 국왕은 이미 이질에 걸린 상태였다. 목적지는 북아프리카의 튀니지였다. 고대 카르타고 유적지 부근에 캠프를 차리고 국왕의 동생 샤를 당주Charles d'Anjou가 지휘하는 응원군의 도착

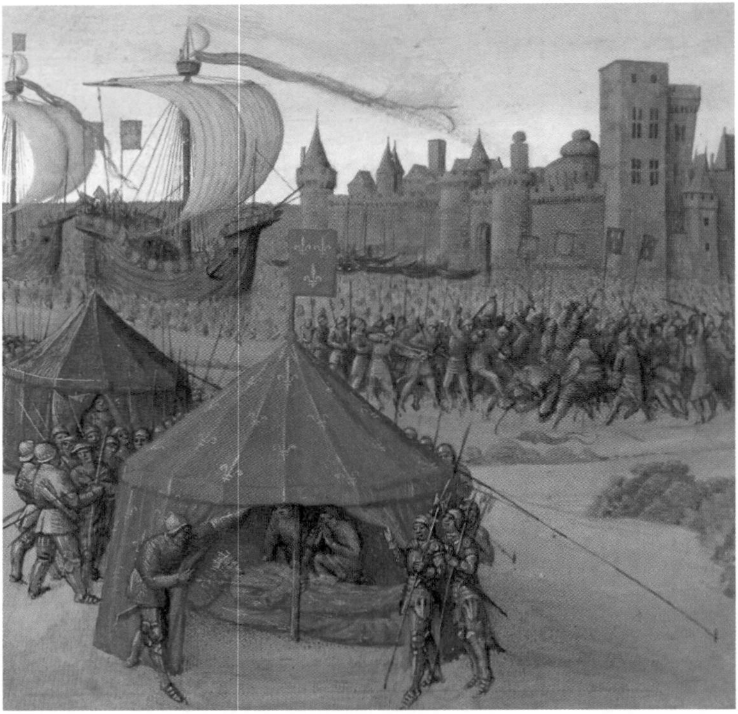

카르타고에서 사망한 루이 9세

왕실 상징으로 장식한 텐트에서 루이 9세가 사망한 뒤,
동생 샤를 당주가 이끄는 응원군이 튀니스만 앞에 도착하여(왼쪽 위),
1270년 9월 4일 이슬람군에게 승리를 거두었다(오른쪽 가운데).
《프랑스 대연대기》에 수록된 장 푸케(Jean Fouquet, 1420?~1481)의 그림이다.

을 기다렸다. 그러는 동안 북아프리카의 뜨거운 열기 속에 이질에 걸린 병사들이 하나둘씩 쓰러져 갔다. 왕자 장 트리스탕이 쓰러졌고, 곧이어 국왕 자신도 사망했다.

살아남은 아들이 필립 3세로 등극한 후 부친의 시신을 수습해 프랑스로 귀국했다. 먼 외지에서 사체를 옮겨가기 위해 중세 관습에 따라 육탈肉脫, mos Teutonicus, décarnisation 과정을 수행했다. 팔다리를 잘라낸 국왕의 사체를 포도주에 담가 몇 시간 푹 삶아 살을 떼어내고 뼈만 깨끗이 추려서 프랑스로 옮겨갔다. 국왕의 시신은 파리 북쪽에 위치한 생드니 왕실 묘지에 안장했다. 일반 병사들은 제대로 장례를 치를 여유가 없으므로 푸대에 시체를 담아 바다에 던져 넣었다. 그러고 나서 남은 병력으로 이슬람 군대와 전투를 하니 고전을 면치 못했다. 그렇지만 당시 적군도 질병에 시달리는 건 마찬가지였다. 양측은 서둘러 휴전 조약을 맺었다. 파리 국립문서보관소에 보존된 휴전 문서를 보면, 포로를 석방하고, 튀니지 태수가 거액의 배상금을 물고, 기독교 전도의 자유를 보장하는 등 이슬람 측이 사실상 패배를 인정하는 내용이다. 물론 이슬람 측이 그런 약속을 정말로 지킬 마음은 없었다. 십자군이 프랑스로 돌아간 후 튀니지에서는 불명예스러운 카르타고 유적지를 완전히 파괴했다. 기독교 자유 선교 같은 건 당연히 거부했고, 오히려 강력한 이슬람 성전(지하드) 분위기가 달아올랐다. 그쪽은 그쪽 나름대로 정당화가 필요했던지라 루이 9세가 사실은 튀니지에 와서 이슬람교로 개종했으며, 오히려 이슬람의 성인이 되었다는 근거 없는 신화를 유포했다.

국왕이 사망한 후 프랑스 전역에서 성인 추대 움직임이 일어났고, 결국 30년도 안 지난 1297년 교황 보니파키우스 8세가 루이 9세를 성인으로 시성했다. 국왕 자신은 성스러운 인물임이 분명하다. 그렇지만 종교 갈등과 전쟁, 인종 갈등으로 얼룩진 그의 치세는 선정과는 거리가 멀어 보인다.

생트샤펠

성왕 루이가 후대에 남긴 중요한 유산으로 파리 시테섬에 있는 생트샤펠 Sainte Chapelle이 있다. 이곳은 예수가 십자가에 매달려 죽을 때 이마에 둘러 있던 가시관을 보관하기 위해 특별히 지은 소성당이다. 원래 이 가시관은 비잔티움제국의 국보였다. 이 성물이 파리에 온 계기는 말썽 많은 4차 십자군 전쟁이다. 1204년, 비잔티움제국을 돕겠다며 떠난 십자군이 오히려 이 나라를 일부 정복하고 소위 라틴제국을 세워 50년 넘게 통치했다(1204~1261). 그러던 중 라틴제국 황제 보두앵 2세가 재정이 악화되자 베네치아의 은행가에게 거액을 빌리면서 가시관을 담보로 내놓았다. 이 소식을 접한 성왕 루이는 13만 5,000리브르라는 엄청난 돈을 갚아주고 이 성물을 파리로 가져왔다. 이로써 파리는 새로운 예루살렘이며 기독교 세계의 중심지임을 천명하게 됐다.

가시관뿐 아니라 십자가 일부, 예수의 옆구리를 찌른 창, 예수의 입에 물렸던 해면海綿 등을 함께 확보한 성왕 루이는 이 보물들을 보존하기 위해 왕실 예배당인 생트샤펠을 지었다. 이 건물은 13세기 고딕 건축의 보석으로서, 특히 벽면을 장식한 스테인드글라스는 환상적인 아름다움을 자랑한다. 구약의 첫 부분부터 신약의 마지막 부분까지 모두 1,100장면을 표현한 후, 마지막 부분에 성 유물을 파리로 모셔 오는 루이 국왕 자신의 모습을 담았다. 나폴레옹 시대 이후 가시관은 파리 노트르담 대성당에서 보존하며 특별 미사 때 신자들에게 공개했다. 2019년 노트르담 성당에 큰 화재가 났을 때 소방관들은 매뉴얼에 따라 가장 먼저 가시관을 구해 가지고 나왔다.

동생과 함께 성물을 나르고 있는 루이 9세

루이 9세(뒤)는 왕실 의복을 벗고 간단한 튜닉만 입은 채 1239년 8월 19일 파리에 도착한 가시관 등 성물을 노트르담 대성당으로 옮겨 안치했다. 그리고 이를 보존하기 위해 생트샤펠을 지었다. 성물 호송은 생트샤펠 스테인드글라스의 마지막 장면이다.

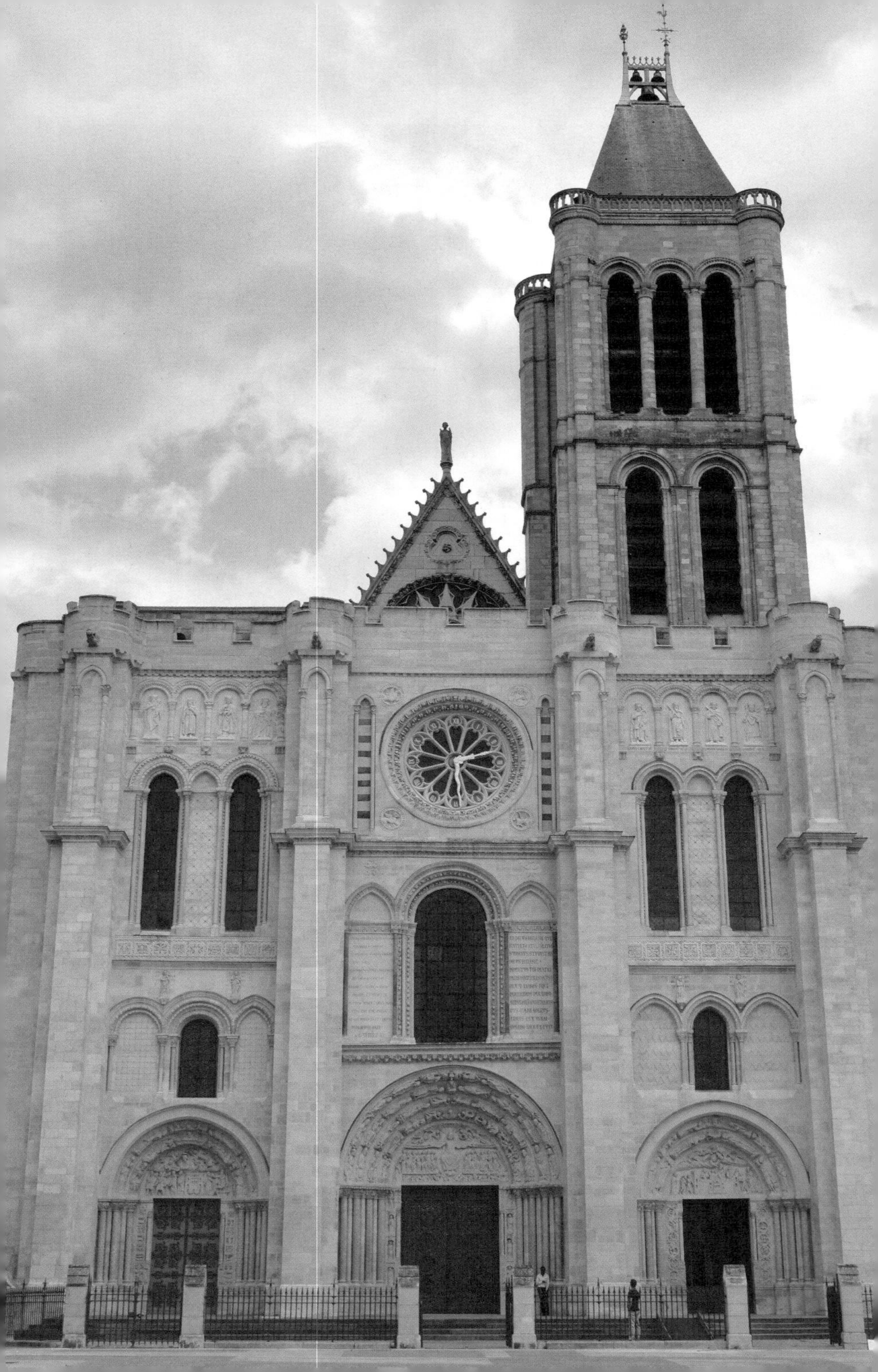

19

고딕 성당,
국왕이 인도하는 신성한 공간

생드니 성당Basilique royale de Saint-Denis의 역사는 영험한 성인의 이야기로 시작한다. 250년경, 드니Denis가 두 명의 동료와 함께 파리에 초대 주교로 파견되었다. 그렇지만 드니는 이교를 신봉하던 주민들의 거센 반발에 부딪혔고, 결국 로마제국 관리에게 체포되어 모진 고문을 당한 후 참수되었다. 그가 순교한 몽스 마르티스Mons Martis('순교자 언덕')는 후일 몽마르트르Montmartre로 불리게 된다. 이때 드니 성인은 천사로부터 놀라운 권능을 부여받아, 자신의 잘린 머리를 손으로 받쳐 들고 언덕 위로 걸어 올라가는 기적을 선보였다. 그냥 걷기만 한 게 아니다. 잘린 머리의 입에서는 계속 찬송가가 흘러나왔다. 그렇게 몽마르트르 언덕을 넘어 파리 북쪽 외곽까지 먼 길을 걸어가서 쓰러진 곳이 현재의 생드니 성당 자리다. 200년 후, 파리의 수호 성녀 주느비에브Geneviève가 이 근처의 땅을 얻어 수도원

◀ 고딕 양식으로 재건축된 생드니 성당

몽마르트르 사크레쾨르 성당 지하 묘소에 있는 드니 성인의 동상

성당을 지었고, 7세기에는 메로빙거왕조의 다고베르트 1세(605?~639)의 명령으로 드니 성인의 유물들을 안치하여 이곳이 순례 장소로 각광받았다. 다고베르트 1세 자신이 사후에 이곳에 묻힌 것을 계기로 이 성당은 프랑스 왕실의 묘소가 되었다.

이때의 생드니 성당은 현재 보는 바와 같은 장대한 건물은 아니었다. 우리 생각과 달리 중세 초기 성당은 대부분 작은 목조 건물이었다. 서기 1000년이 지나 인구가 크게 늘면서 기존 성당이 너무 협소해지자 더 큰 공간이 필요해졌고, 그로 인해 각지에 성당 재건축 붐이 일었다. 특히 파리를 중심으로 한 프랑스 북부 지방에서는 고딕 양식이라 부르는 새로운 형태의 대형 성당들이 지어졌다. 생드니 성당이 바로 이 고딕 양식 건축의 효시에 해당한다.

고딕**Gothic**이라는 용어는 게르만족 일파인 고트족**Goth**에서 유래했다. 르네상스 시기에 만들어낸 이 말은 원래 중세 예술을 야만적이라고 조롱하는 의미였다. 고트족이 로마를 공격하고 파괴하여 고대 그리스-로마의 고전적 규범과 미적 균형이 깨져서 '괴물 같은 무질서'가 시작되었고, 고딕 성당이 바로 그런 데에서 나온 저급한 건축물이라는 주장이다. 이는 전혀 사실이 아니다. 장엄하고도 화려한 고딕 성당을 지은 당시 사람들은 자부심이 가득했다.

생드니 성당의 개축 사업을 주도한 사람은 쉬제르Suger 수도원장이다. 그는 1122년 수도원장으로 선출된 후 1151년에 죽을 때까지 30년 가까이 이 직을 수행했으며, 동시에 루이 6세와 루이 7세 두 국왕을 위해 고문 역할을 했다. 한마디로 종교와 정치 양면에서 뛰어난 능력을 발휘한 인물이었다. 1136년 재건축이 시작되어 1144년에 마침내 새로운 건물이 모습을 드러냈을 때, 국왕 루이 7세와 왕비 알리에노르를 비롯하여 이 웅대한 성당을 둘러본 사람들은 하나같이 감탄을 금치 못했다. 단지 큰 건물 규모 때문이 아니다. 쉬제르는 내부 장식에도 엄청난 공을 들였다. 프랑스 전역에서 최고의 목수, 금 세공업자, 보석 장인, 주물공 들을 불러모아서 성당 벽을 찬란하게 꾸몄다. 하늘 높이 솟구쳐 있으면서 널찍하게 탁 트인 성당 내부로 스테인드글라스를 통해 사방에서 빛이 흘러들어왔다. 이전에 어두컴컴하고 비좁았던 교회 내부는 빛으로 가득한 황홀한 공간으로 변모했다. 프랑스혁명 때 파괴되지 않고 온전히 보존되었더라면 이 건물은 세상에서 가장 아름다운 성당이라는 칭송을 받았을 가능성이 높다.

그런데 교회를 그토록 화려하게 꾸미는 것이 과연 옳은 일인가? 그 시대 최고의 신학자로서 금욕의 수도사인 클레르보의 베르나르Bernard de Clairvaux가 정색을 하고 비판을 가했다. 수도자와 신자는 이 세상 너머 영원한 구원의 길을 보아야지 현세의 아름다움에 한눈을 팔아서는 안 된다. 실제로 베르나르는 오직 신앙 속에 파묻혀

대척점에 있었던 쉬제르와 베르나르

생드니 성당 개축을 주도한 쉬제르(왼쪽)를 새긴 1690년경 판화와 금욕의 수도사 베르나르를 그린 후안 코레아 데 비바르(Juan Correa de Vivar, 1510?~1566)의 그림이다.

있을 뿐, 이 세상의 일들에는 눈을 감았다. 제네바로 여행을 갔지만 그곳에 호수가 있는지조차 몰랐고, 4년 세월을 보낸 수도원의 식당 천장이 둥근지 네모난지 알 바 아니고, 백마를 타고 나흘간 프랑스를 가로질러 갔지만 그 말의 생김새나 색깔을 기억하지 못했다. 그처럼 이 세상의 형상(이미지)에 눈을 감고자 하는 구도자의 눈에 휘황찬란하게 장식한 성당이 마음에 들 리 없다. 그는 이렇게 일침을 가했다. "생드니에서는 카이사르의 것을 카이사르에게 돌렸지만,

신의 것을 신에게 돌리지는 않았노라."

베르나르와 쉬제르는 대척점에 서 있다. 두 사람의 대립은 단지 믿음의 자세나 미적 취향의 문제가 아니라 세계의 기본 질서가 어떻게 짜여야 마땅한가 하는 정치적·신학적 견해의 차이에서 비롯되었다. 이 사실을 이해하려면 쉬제르가 수도원장이 된 1122년이 마침 신성로마제국 황제 하인리히 5세와 로마 교황 칼리스투스 2세 사이에 보름스 협약이 체결된 해임을 기억할 필요가 있다. 황제와 교황 양측은 오랫동안 소위 서임권 투쟁을 벌여왔다. 주교와 대수도원장 임명을 누가 하느냐, 교황에게 권리가 있느냐 아니면 황제에게 권리가 있느냐 하는 문제였다. 지방 차원에서 보면 교회 재산을 놓고 벌이는 속된 싸움일 수도 있지만 크게 보면 세상의 질서를 짜는 데 누가 주도권을 쥐느냐를 놓고 벌이는 거대한 투쟁이었다. 교황(교회 권력)이 최고 권위이고 황제(세속 권력)가 이를 따라야 하는가, 아니면 그 반대인가. 보름스 협약은 이 중차대한 문제에 대해 양측이 적당히 권리를 양분해 갖는다는 식의 어정쩡한 타협에 그쳤다. 생드니 성당은 이 문제에 대한 프랑스 왕실의 답변이다.

생드니 성당을 최대한 웅장하고 아름답게 짓는 것은 단순히 부와 권력을 과시하는 차원이 아니다. 이곳은 천상의 예루살렘을 보여주는 지상의 모형이다. 벽면의 사파이어와 루비가 영롱하게 반짝이고, 드넓은 공간에 밝은 빛이 가득 넘치는 성당은 천국의 예시다. 이곳에 들어온 신자들은 지상에 있는 동안 천국을 부분적으로 느낄 수 있다. 중요한 것은 지상에서 천국으로 가는 이 중간 경유지에 왕실이 자리 잡고 있다는 점이다. 프랑스의 수호성인인 드니

빛으로 가득 찬 생드니 성당 내부

성가대석 방향으로 본 본당의 모습이다. 쉬제르는 더 많은 빛이 들어오도록 아치를 뾰족하게 올리고 창을 크게 내 천국의 이미지를 형상화했다.

의 품 안에 역대 국왕들이 함께 누워 있다. 하늘나라와 지상세계의 중개자인 성인이 국왕과 함께 모든 백성을 인도한다. 세속 권력과 무관하게 오직 교회가 독자적으로 영적인 인도를 해야 한다는 베르나르의 견해에 맞서 쉬제르는 '제2의 그리스도'인 국왕이 신성한 힘을 받아 백성을 인도해야 한다고 주장했다. 쉬제르는 고딕 성당 속에서 왕권과 교회의 새로운 동맹을 추구한 것이다.

유럽 역사를 이해하는 중요한 열쇠 중 하나는 정치와 종교 간의 관계다. 고딕 성당은 종교의 힘을 끌어와 왕권을 강화하려는 움직임과 깊은 관련이 있다. 연구자들은 고딕 성당 건축의 첫 번째 흐름이 1135~1225년에 파리 주변 200킬로미터 내에서 일었다가, 그 후 이차적으로 스트라스부르, 리옹, 알비 등 더 먼 지역으로 퍼져갔다는 사실을 밝혀냈다. 국왕 권력의 확산과 고딕 성당의 건립이 같은 방향으로 나아간 것이다. 국왕 42명, 왕비 32명, 대귀족 63명, 충신 10명이 잠들어 있는 생드니 성당은 왕실이 주도한 고딕 혁명의 선구였다. 프랑스 왕권이 성장해 가고 또 혁명에 의해 붕괴되는 역사가 성당의 돌에 오롯이 스며들어 있다.

생드니 성당에 있는 다고베르트 1세의 무덤

혁명적 파괴

생드니 성당은 프랑스 왕실과 연관된 핵심 장소라는 이유로 프랑스혁명 당시 공격을 당했다. 혁명이 정점에 이른 1793년, 국민공회(1792~1795년 존립했던 혁명 의회)는 지난 시대 '왕들의 끔찍한 기억들을 완전히 지워버리자'는 결정을 내렸다. 이미 루이 16세를 처형하고 공화정을 선언한 마당에 지난 왕정을 상기시키는 기념물들을 그대로 두어서는 안 된다는 것이다. 베르트랑 바레르 의원의 발의로 '혁명적 파괴' 운동이 시작되었다.

군중이 들이닥쳐 국왕들의 묘를 열고 시신을 손상한 후 공동묘지에 던져 넣었다. 푸아리에Dom Poirier라는 베네딕트회 출신 인사가 당시 사태를 관찰

'혁명적 파괴' 운동 당시 왕의 무덤을 훼손하는 장면

1793년 8월 1일 생드니 성당에 있는 모든 왕의 무덤이 파헤쳐졌다.
18세기 판화가 프리드리히 스태프닉(Friedrich Staffnick)의 그림이다.

하고 기록을 남겼다. "루이 13세의 시신은 잘 보존되어 있었고 특히 수염 때문에 바로 알아볼 수 있었다. 루이 14세의 시신도 비교적 잘 보존되었지만 검게 변색해 있었다." 누군가는 국왕의 수염을 한 올 뽑아서 기념으로 가져갔다. 왕관과 왕홀 등 많은 보물을 발굴했지만 대부분 녹여서 다른 용도로 썼다.

생드니 성당 건물 자체도 끔찍한 파괴를 겪었다. 한동안 성당 건물은 '이성의 전당'이라는 인위적 혁명종교의 숭배 장소로 사용되었지만 곧 폐허로 변했다. 생드니 성당 건물은 나폴레옹 시대 이후 다시 손을 보아 오늘날의 모습을 되찾았다.

파리 노트르담 대성당, 800년 된 돌집이 만들어내는 황홀한 빛과 소리

파리 노트르담 대성당이 있는 시테섬은 종교적으로 늘 중요한 성지였다. 켈트 시대에 이곳은 드루이드 사제가 처녀를 희생으로 바치던 곳이었다. 로마 시대에는 황제와 주피터 신을 기리는 신전을 지었지만 켈트 신들도 함께 모셨다. 기독교화 이후에는 생테티엔Saint-Etienne(스테판 성인) 성당이 자리 잡았다. 이 성당이 너무 협소해지자 12세기에 성모 마리아를 모시는 대성당을 증축한 것이다.

1000년경부터 큰 변화가 일어났다. 수백 년 동안 유럽을 괴롭히던 이슬람·바이킹·마자르 등 외부 세력의 침략이 끝나 안정 단계에 들어가면서 경제가 살아났고, 동시에 종교적 열기도 달아올랐다. 이 무렵 각지에 석조 성당들이 건축되었다. 글라베르Radulfus Glaber 수도사가 이 사실을 흥미롭게 기록했다. "마치 온 세상이 과거의 짐을 벗어던지고 자유로워져서 교회라는 하얀 망토를 입은 듯했다."

◀ 파리 노트르담 대성당 괴물 석상(가고일) 중 가장 유명한 '라 스트리주(La Stryge)'

그러니까 유럽의 각 도시마다 중심부에 돌로 지은 흰 성당이 자리 잡기 시작한 것은 대략 이 시기의 일이다. 그 돌들은 근처의 채석장이나 도시 지하에서 캐냈다. 파리만 해도 시내 여러 지역에서 돌을 캐내 석재로 썼기 때문에 지하가 공동空洞 상태인 곳들이 많다. 유럽에서 많이 나는 석회암이나 대리석은 캐낸 직후에는 비교적 연해서 톱으로 썰고 다듬을 수 있을 정도다. 그래서 유럽 각지에 석조 건물들이 들어설 수 있었지만, 너무 단단해서 손질하기 힘든 화강암이 나는 우리나라에는 석조 건물이 많지 않다.

이 시기에 건조된 성당 중에는 마리아에게 바치는 성당이 많다. 이전에는 순교자나 성인에게 바치는 성당 위주였는데, 이제는 사방에 노트르담Notre-Dame(성모, 영어로는 Our Lady) 성당들이 들어섰다. 마리아 숭배가 크게 확산된 것이다. 죄를 이기기 위해 싸우는 사람들에게 마리아는 어머니 같은 따뜻한 위안을 준다. "예수는 성모의 뜻을 조금도 거부하지 않으며, 성모께서 바라는 바를 다 들어주신다"는 믿음이 퍼졌다. 천사와 성인 들이 보기에 끔찍한 죄를 지은 사람도 성모께서 개입하여 사면해 주시니, 그 앞에서 사람들은 비통함을 내려놓는다. 신학자와 수도사 들이 이런 종교적 열정을 다듬어 체계적인 교리와 의례를 만들어갔다. 샤르트르 성당학교에서 활동한 주교 풀베르Fulbert는 성모 탄신 축일을 강조하고 거기에 맞는 의례와 설교를 마련했다. 이 성당학교의 문헌에는 심지어 풀베르 주교가 병에 시달릴 때 성모가 현현하여 젖을 먹여 구원해 주었다는 기적 이야기도 전한다.

파리에 성모를 기리는 성당을 건축하기로 결정한 국왕은 루이 7

세다. 그는 왕국의 수도에 걸맞은 대성당을 짓기 위해 국고에서 거액을 지원하고 국내외에서 많은 자금을 끌어왔다. 이슈트반 1세(재위 1000~1038) 아래 기독교를 받아들인 헝가리는 아예 나라 전체가 마리아의 봉토封土라고 선언했고, 파리에 노트르담 대성당을 건축한다고 하자 기꺼이 헌금을 보내왔다. 1163년 교황 알렉산데르 3세의 축성과 함께 기공식을 한 이후 200년에 걸쳐 건축을 해나갔다. 돌을 다듬어 벽, 기둥, 아치를 쌓아 올리고 성모·성부·성인·구약시대 족장들의 조각상을 만들어 붙이는 일은 그야말로 돌로 한 땀 한 땀 수를 놓는 작업이었다.

노트르담 대성당은 단지 파리를 위한 성당이 아니라 프랑스 국민 성당으로 자리를 잡아갔다. 프랑스 역사의 중요 사건들이 이 성당과 직간접적으로 관련이 있다. 루이 13세(재위 1610~1643)는 결혼 후 20년이 넘도록 아이가 생기지 않자, 만일 후계자 아들을 주신다면 프랑스를 마리아에게 바치겠다는 서원을 했다. 마침내 장래에 루이 14세가 될 아들을 얻자 '신이 주신 아이'라는 의미로 디외도네 **Dieu-Donné**라 불렀다. 이에 대한 보답으로 노트르담 대성당 중앙 제단의 성모상 오른쪽에는 왕관을 바치는 루이 13세의 상, 반대쪽에는 손을 심장에 얹어 신심을 표하는 루이 14세의 상을 세웠다. 이 성당에서 1804년 나폴레옹이 황제 대관식을 거행했고, 1909년 잔 다르크를 시성諡聖했으며, 파리가 해방된 1944년 8월 26일에는 시민들이 모여 테데움**Te deum**(신을 찬미하는 성가)을 연주했고, 1970년에는 드골의 장례식을 거행했다. 동시에 예수의 가시관이 노트르담으로 옮겨온 19세기 이후부터는 중요한 순례 장소로 떠올랐다.

노트르담 대성당 중앙 제단

성모상 오른쪽에는 루이 13세의 상이, 왼쪽에는 루이 14세의 상이 있다.
루이 14세는 니콜라스 코스투(Nicolas Coustou)에게 피에타 조각을 맡겼고,
그의 동생 기욤이 루이 13세상을, 그들의 삼촌이 루이 14세상을 조각했다.

2019년 여름 대화재로 큰 손상을 입기 전, 노트르담 대성당은 분명 현존하는 가장 아름다운 성당 중 하나였다. 사방의 장미창을 통해 들어온 신비한 빛으로 물드는 내부 공간은 경이감을 느끼게 한다. 성스러운 분위기를 완성해 주는 것은 종교 음악이다. 노트르담

나폴레옹 황제 대관식

1804년 노트르담 대성당 중앙 제단에서 거행된 대관식 모습으로,
1807년 다비드(Jacques-Louis David)가 그린 대형 유화이다.

성당 건축은 서양 음악의 새로운 발전과 궤를 같이했다. 특히 1403년 이후 설치된 파이프오르간이 중요한 역할을 맡았다. 8,000개가 넘는 파이프를 통해 나오는 오늘날의 오르간 소리는 그야말로 압도적이다. 노트르담 성당의 '대오르간 담당자**titulaires des grands orgues**'는 올리비에 라트리**Olivier Latry** 같은 세계 최정상급 연주자들로 구성되어 있다. 연주를 시작하면 파이프를 떠난 소리가 길이 120미터, 폭 48미터, 높이 69미터의 공간을 날아가 반대편 벽에 부딪혀 되돌아오고 다시 이쪽 벽에 부딪혀 돌아가기를 반복한다. 파동이 벽에 충돌할 때마다 약간씩 에너지를 잃어가므로 결국 우리 귀로

노트르담 대성당의 파이프오르간

노르트람 대성당 최초의 오르간은 1403년 프레데릭 샴반츠(Frédéric Schambantz)가 만들었다. 5개의 건반과 페달, 109개의 스톱이 있는 콘솔 위로 8,000여 개의 파이프가 있는 초대형 오르간이다.

들을 수 있는 범위 아래로 떨어지는데, 그러기까지 오르간 소리는 24킬로미터를 여행하며 수 초 동안 반향反響을 이룬다. 이 과정에서 주파수가 높은 고음부터 먼저 지워지고 저음은 약간 더 늦게까지 남아서 독특한 효과를 얻는다. 각각의 성당은 모두 다른 구조와 재질을 하고 있으므로 오르간 음악 또한 다른 음색을 낸다. 오르간 주자는 '악기만으로 연주하는 게 아니라 건물과 함께 연주한다'고 말하는 이유다.

800년 된 돌집이 만들어내는 웅장한 음악이 가득 찬 그곳에서는 귀로 소리를 듣는 게 아니라 온몸이 음악 속에 들어앉아 있는 느낌을 받는다. 몇 년 전 여름, 노트르담 대성당에서 들었던 오르간 연주를 잊을 수 없다. 오랜 시간이 지나 보수 작업을 마치면 노트르담 대성당은 다시 황홀한 빛과 소리의 조화를 만들어내겠지만, 그것은 분명 예전과는 다른 모습, 다른 소리일 것이다.

비올레르뒤크

현재 우리가 보는 노트르담 대성당은 엄밀히 말하면 중세 건물이 아니라 19세기 후반에 새로 개축한 건물이다. 예전 건물은 프랑스혁명 시기에 많은 손상을 입어 폐허처럼 변했다. 《파리의 노트르담》을 쓴 빅토르 위고 같은 사람들이 성당을 비롯한 옛 파리의 모습을 복원해야 한다고 강하게 주장했다.

이에 1843년 프랑스 문화부는 노트르담 대성당 보존사업 콩쿠르를 열었는데, 비올레르뒤크Eugène Viollet-le-Duc의 안이 채택되었다. 특별법으로 이 사업을 지원하는 가운데 30년에 걸친 보수 작업이 이루어졌다. 서쪽 정면의 조각들, 첨탑, 내부 벽화들이 새로 제작되었다. 주의할 점은 완벽하게 중세 건물을 복원한 게 아니라 여러 자료들을 참고하여 원래의 노트르담 대성당에 어울린다고 생각한 모습, 그 자신의 표현을 빌리면 '이상화된 성당cathédrale idéale'을 구현했다는 점이다. 다만 괴물 형상을 한 54개의 가고일gargoyle(이무깃돌)을 제작해서 붙인 것은 건축가의 과도한 상상의 산물이다. 성당 주변 지역도 원래는 주택과 소성당 등이 얽힌 복잡한 구역이었는데, 개축 과정에서 많이 정리하여 오늘날과 같은 넓은 광장을 조성했다.

비올레르뒤크는 자신의 작업 내용을 책으로 출판했는데, 이것이 후대에 큰 영향을 미쳤다. 20세기 건축을 혁신한 르코르뷔지에가 이 책을 탐독했고, 가우디도 그 영향을 받아 바르셀로나에 자신의 '이상화된 성당'인 사그라다 파밀리아(성가족 성당)를 세우기 시작했다.

파리 노트르담 대성당 서쪽 정면의 조각과 첨탑

1345년 완성된 노트르담 대성당은 16세기 위그노의 성상 파괴,
18세기 프랑스혁명기의 파괴를 거쳐 1845년 비올레르뒤크의 복원안에 따라 개수되었다.
왼쪽은 서쪽 정면 파사드의 조각이고 오른쪽은 높이 96미터의 고딕식 첨탑이다.

로레토의 산타 카사,
자유와 해방을 지켜주는 성당

이탈리아 중부 지역의 안코나Ancona에서 28킬로미터 떨어져 있는 아드리아해 연안의 로레토 지방에는 성모 마리아의 집이 있다. 이탈리아어로 바실리카 델라 산타 카사Basilica della Santa Casa(영어로는 Basilica of the Holy House)라 하는데, 우리말로는 '성가聖家 교회' 정도로 부르면 될 듯싶다. 정확히 말하면 원래의 집 전체는 아니고 그 집을 구성했던 벽 세 개가 남아 있다. 돌로 만든 벽들은 길이 9미터, 높이 4미터 정도 되는데, 북쪽 벽면에 문이 있고 서쪽 벽면에는 창문이 있다. 안쪽 제단 위의 벽감에는 레바논삼나무로 만들어진 검은 성모Black Madonna 상이 모셔져 있다. 이 구역을 브라만테Donato Brannate가 제작한 화려한 바로크식 대리석 벽이 둘러싸고 있고, 다시 이 전체를 성당(바실리카)으로 둘러쌌다.

이 집은 성모 마리아가 태어나서 어린 시절을 보냈고, 천사가 나

◀ 로레토 산타 카사의 검은 성모

브라만테가 제작한 로레토 성가 교회 외벽

1509년 교황 율리오 2세가 당대 최고 건축가 브라만테에게 맡겨 디자인하였고, 1634년경 완성되었다. 화려한 대리석 외벽에는 성모 마리아의 영광스러운 지상에서의 삶을 조각하였다.

타나서 성령으로 예수를 잉태하리라는 사실을 예고했으며(수태고지), 마리아와 요셉과 함께 예수가 어린 시절을 보낸 바로 그 집이다. 예수의 승천 이후에는 교회가 되어 사도들이 내부에 제단을 설치하고('사도의 제단Altar of the Apostles'이라고 부른다), 특히 예수의 부활 이후에 베드로가 이 제단에서 최초의 성체성사Eucharist를 올렸으니, 말하자면 최초로 미사를 드린 곳이라 할 수 있다.

그런데 중동 지역에 있어야 할 성모의 집이 어떻게 해서 이탈리아 동부 해안에 있단 말인가? 놀랍게 들리겠지만, 이스라엘 나사렛 지역에서 여러 차례에 걸쳐 '날아서'(!) 이곳까지 왔다.

전승에 의하면 1291년 이슬람군이 십자군 세력에 반격을 가하여 나사렛이 적의 수중에 들어갈 위험에 처하자, 천사들이 집 전체를 들어 올려 달마티아(크로아티아의 아드리아 해안 지역)로 옮겨다 놓았다. 테르사토Tersatto(현재 크로아티아의 트르사트Trsat) 지방의 언덕 위였다고 한다. 그런데 이곳으로 찾아오는 순례자들이 도둑들에게 공격당할 위험이 커지자, 1294년에 천사들이 다시 이 집을 들어 올려 이번에는 아드리아해를 넘어 이탈리아의 안코나 인근 지역으로 옮겨놓았다. 이제 이 집은 '로레토Loreto의 산타마리아'라고 불리게 되었는데, 이곳이 월계수lauro 숲이라서 그랬다는 말도 있고, 혹은 이 지역 소유주가 라우레타Laureta 부인이라서 그랬다는 말도 있다.

여기서 끝이 아니다. 다시금 성스럽지 않은 기운이 감돌아서 천사들은 또다시 새 장소를 물색해야 했다. 1295년 레카나티Recanati 인근의 언덕으로 이사했는데, 이곳 또한 바다와 너무 가까워서 튀르크 해적의 침입을 받을 위험이 커 보였다. 그래서 8개월 후에 다시 이웃한 몬테 프로도Monte Prodo 지역으로 옮겨갔다. 집이 내려앉은 곳은 '두 형제의 산봉우리'라 불리는 곳이었는데, 이곳 또한 완벽한 장소가 못 되었다. 이 지역 소유주인 두 형제 사이에 돈 문제로 다툼이 벌어졌기 때문이다. 순례자들이 대거 몰려오면 떨어질 짭짤한 수익이 문제의 발단이었음에 틀림없다. 이 때문에 '로레토의 산타마리아'는 마지막으로 이사를 갔는데, 이번에는 천사의 도움 없이 집 스스로 날아서 현재의 장소에 도착했다. 그 시점이 정확히 언제인지는 전승에 없지만 후대 사람들은 1296년으로 이야기한다. 팔레스타인 기독교 왕국의 마지막 장소인 생장다크레**Saint Jean d'Acre**가 이슬람권으로 넘어간 이후 시기다.

집이 날아서 이사 가는 이야기◆가 사실인지 아닌지는 각자 알아서 판단할 일이지만, 이것을 굳게 믿는 신자들로서는 세상 그 어느 것보다도 중요한 유물이 아닐 수 없다. 세상에 성 유물은 많고도 많다. 예컨대 예수가 마지막 순간에 매달렸다는 십자가**The True Cross** 조각들이라든지 면류관의 가시**The Holy Thorn**(대영박물관에 한 개가 보존되어 있다) 같은 것들이 그런 사례다. 그렇지만 예수가 이 땅에 있던 그 때를 말해 주는 가장 강한 증거물인 '성가'야말로 핵심 유물이라고 하지 않을 수 없다. 매년 수백만 명의 순례자와 관광객이 로레토로 몰려오는 이유다.

여기에서 종교적 신심의 문제를 잠시 접어두고 역사적 관점에서 로레토의 의미에 대해 생각해 보기로 하자.

우선, 어떻게 하여 이런 전설이 만들어졌을까? 앞서 소개한 이야기가 퍼진 것은 대체로 15세기의 일이다. 피에트로 디 조르조 톨레메이**Pietro di Giorgio Tolemei**라는 로레토 성당의 집사가 성가의 비행 이야기를 처음 편집한 것으로 알려졌다. 흔히 그러하듯 이런 이야기들은 많은 역사 사실들로부터 정보를 추려서 만들어내곤 한다. 예컨대 두 형제 간 다툼은 1450년 성 유물에서 생겨나는 소득을 놓고

◆ 교황 베네딕투스 15세는 천사들이 들어서 옮기거나 혹은 집 자체가 스스로 날아간 기적을 승인하여, 1920년 3월 24일 로레토의 성모 이미지를 모든 비행기 조종사와 항공 승객을 지켜주는 수호성인으로 지정했다.

성가를 품고 있는 로레토 성당의 전경

마치 요새 같아 보이는 이 성당은 실제로도 여러 의미에서
이슬람 세력에 맞서 가톨릭 유럽을 호위하는 역할을 맡아 왔다.

레카나티 주교와 시 당국 사이에 벌어진 분쟁 사건에서 유래했다. 이 문제에 대해서 1469년 교황 피우스 2세가 중재에 나섰다. 성당의 관리를 레카나티 주교구가 담당하게 하되, 그 일을 맡아서 할 사람으로 자신의 조카인 지롤라모 델리라 로베레**Girolamo délia Rovere** 추기경을 임명했다. 이후 유물 및 관련 재산은 교황청이 직접 관장했다. 그러고는 브라만테를 비롯한 저명한 예술가들에게 대리석 벽과 바실리카 건물을 짓도록 한 것이다. 이렇게 거대 구조물이 둘러싼 교회는 마치 요새 같은 인상을 준다.

1571년 레판토 해전

가톨릭 신도들은 로레토의 마리아의 은총 덕분에
서유럽이 이슬람 세력에 맞서 해전에서 크게 승리했다고 여겼다.
작자 미상의 이 그림은 1572년에 제작된
마틴 로타(Martin Rota)의 판화를 바탕으로 그린 것으로 보인다.

실제로 로레토 성당은 여러 의미에서 가톨릭 유럽을 호위하는 요새 역할을 맡아 왔다. 1453년 이슬람 세력(오스만튀르크)에 의한 콘스탄티노플 함락과 비잔티움제국 몰락이 큰 충격을 안겨주던 시기에 아드리아해를 바라보는 언덕 위에 서 있는 로레토 성당은 튀르크 세력에 맞서 가톨릭 신앙을 지키는 보루의 상징이 되기에 충분했다. 서유럽이 이슬람 세력과의 투쟁에서 거둔 최대의 승리 중 하나로 치는 것이 1571년 10월 7일 레판토 해전인데, 가톨릭 신도들은 이 승리 또한 로레토의 마리아 덕분이라고 해석했다.◆ 이슬람의 위협이 점차 커지는 상황에서 이 성당은 주변 지역을 보호하고, 중요한 기독교 유적지가 이교도의 수중에 떨어지는 것을 막는 최전선의 초소 역할을 담당했다. 그러자 발칸반도에서 쫓겨난 유민들이 모여들기 시작했다. 선원들은 튀르크인들을 공격하여 얻은 노획물을 이곳에 바쳤고, 아프리카 유형지에 갇혀 있다가 해방된 사람들도 이곳에 와서 감사의 기도를 올렸다. 튀르크 배에서 노 젓는 죄수로 살다가 가까스로 해방된 사람들 4,000명이 족쇄와 수갑을 바친 일이 있는데, 이것을 녹여 성당의 철문(그릴)을 만들었다. 이런 과정을 거치면서 로레토의 성모는 자유와 해방을 지켜주는 중요한 상징이 되었다.

◆ 그리스의 레판토(오늘날 지명으로는 나브팍토스) 앞바다에서 에스파냐, 베네치아, 로마 교황의 기독교 연합 함대가 오스만제국 함대와 싸워서 승리를 거두었다. 지금까지 무패를 자랑하던 오스만제국 함대를 처음으로 격파하여 당시 유럽인의 사기가 크게 올랐다.

로레토의 성모

지난 시대에 많은 사람들이 겪은 가장 큰 압박 중 하나는 아이를 낳는 일이었다. 불임의 고통에서 해방시켜 주는 일 또한 로레토 성당의 중요한 역할이었다. 수많은 여성이 이곳에 찾아와 아이를 낳게 해달라고 빌고, 이왕이면 아들을 달라고 기도했다. 특히 왕실에서는 왕자의 탄생이 국가의 존망이 걸린 문제이므로 더 간절할 수밖에 없다. 프랑스 국왕 앙리 3세와 루이즈 드 보데몽Louise de Vaudémont은 프랑스 각지의 '기돗발 좋다'는 마리아 성당은 다 찾아다니며 기도를 올렸다. 샤르트르Chartres, 노트르담드클레리Notre-Dame-de-Cléry, 리에스Liesse와 메지에르Mézières 등이 그런 곳이다. 하다 하다 안 되어 1583년 최종적으로 손을 내민 곳이 로레토 성당이다. 1584년 6월 국왕 부부는 금과 다이아몬드로 만든 거대한 잔을 성당에 기증했다. 그러나 기적은 일어나지 않았다. 앙리 3세가 사망하고 루이즈 왕비는 과부가 되었다. 그럼에도 루이즈는 남편을 추모하여 1598년 마지막 봉물을 기증했다. 오스트리아, 바이에른, 사부아, 파르마, 만토바, 피렌체 등지의 왕비나 귀부인 들도 같은 염원을 안고 이곳에 의탁했다.

가장 유명한 사례는 프랑스 국왕 루이 13세와 왕비 안 도트리슈Anne d'Autriche일 것이다. 이 부부는 결혼하고 23년 동안 아이가 없어서 애를 태웠다. 1630년부터 왕비는 로레토 성당의 마리아에게 정성을 들였다. 드디어 임신이 되자 더욱 조바심을 냈다. 태어날 아이가 반드시 아들이어서 왕위를 이어야 하지 않겠는가. 그래서 더욱 로레토 성당에 의탁했다. 진정 성모의 은덕일까. 장래 루이 14세가 될 아들이 탄생했다. 국왕 부부의 기쁨이야 말할 나

루이 13세의 왕비 안 도트리슈와 두 아들

왼쪽은 훗날의 루이 14세, 오른쪽은 그의 두 살 아우인
훗날의 오를레앙 공작 필리프이다.

위 없었을 것이다. 부부는 보답으로 엄청난 선물을 했다. 조각가 자크 사라젱Jacques Sarrazin에게 주문하여 은으로 된 거대한 천사가 금으로 된 어린아이를 안고 있는 조각상을 만들어 1643년 3월에 로레토 성당에 전달했다. 이 조각상은 검은 성모상 앞에 세워졌다. 프랑스 왕실의 엄청난 선물은 감사의 표시이면서 동시에 이곳을 찾는 수많은 순례자들에게 프랑스의 위엄을 과시하는 증거물이기도 하다.

Part 4

중세의 마음

불안

그리고

구원에 대한 갈망

중세 말 유럽은 총체적인 위기에 직면했다. 위기는 흔히 전쟁·기근·질병의 양상으로 나타난다. 14~15세기 유럽은 백년전쟁과 페스트 그리고 대기근이 함께 들이닥친 고통의 시대였다. 인구가 급격하게 줄고 국가와 사회 질서가 흔들렸다. 여기에 엄청난 정신적 충격이 더해져 비정상적 사태들이 이어졌다. 페스트를 종교적 죄에 대한 신의 응징으로 해석한 사람들이 신의 분노를 풀겠다며 자기 몸을 스스로 채찍질하며 행진하는가 하면, 유대인이나 나병 환자와 같은 주변인을 공격하기도 했다. 이런 위태로운 상황을 반영하여 종말론이 퍼져나가고, 이단 움직임들이 확산했다.

이와 관련하여 특기할 일은 연옥煉獄, **purgatory** 교리의 정립이다. 경미한 죄를 지은 사람들이 사후에 지옥에 떨어지는 대신 연옥에 가서 생전에 지은 죄들을 닦고 천국으로 간다는 것이 연옥의 교리다. 불안의 시대에 구원에 대한 사람들의 간고한 갈망이 빚은 연옥의 교리는 중세인들의 정신세계에 엄청난 변화를 안겨주었다. 흥미로운 점은 연옥의 교리가 확립되면서 이승을 찾아오는 귀신 이야기가 크게 늘었다는 점이다. 죽은 혼령이 살아 있는 사람을 찾아온다는 이야기는 이전부터 존재했으나, 연옥에서 고통받는 기간을 줄이기 위해 이승의 지인들에게 찾아와 기도를 부탁하는 혼령 이야기가 부쩍 늘었다. 민중들의 심성과 기독교 교리가 이런 식으로 접합해 갔다.

하느님의 뜻을 물어 죄의 유무를 가리는 신명재판 또한 중세인들의 심성 세계를 알려주는 흥미로운 주제다. 하느님이 돕기에, 정의로운 자는 달군 쇠를 잡거나 끓는 물에 손을 넣어도 다치지 않는다는 식의 믿음이 이런 제도의 배경으로 작용한다. 그렇지만 이 제도의 문제점 또한 명백하므로 라테라노 공의회에서 신명재판 방식을 부정하게 되었고, 이후 근대적 사법제도가 발전하기 시작한다. 종교와 신학이 지대한 영향력을 행사한 경제 부문에서도 변화가 불가피했다. 원래 정당한 가격 이상으로 이익을 취하거나 이자를 수취하는 행위는 종교상의 죄였다. 그러나 이익과 이자를 인정하지 않으면 현실적으로 경제활동이 불가능하다. 신학자들은 현실에 맞추어 다양한 상업과 금융 행위를 합법화했는데, 이로써 고대·중세적 청빈의 가치에 대한 옹호로부터 부의 추구를 인정하는 방향으로 변해갔다.

위기는 사회가 총체적으로 무너지는 것을 의미하지 않는다. 역경 속에서 탈출구를 찾기 위해 새로운 변화와 발전을 모색하는 과정이라 할 수 있다. 이 시대를 경과하면서 유럽은 또 다른 차원으로 진화해 갔다.

카라반과 무역선을 통해 실려온 중세의 공포, 페스트

인류의 역사는 전염병과 함께 진행되었다고 해도 과언이 아니다. 역사상 세계를 공포에 떨게 만든 대유행병pandemic의 사례들이 많이 있다. 1918년에 창궐한 스페인독감의 희생자 수에 대해서는 연구자들의 견해가 엇갈리지만, 대체로 2,000만 명 이상이었을 거라고 추산한다.◆ 1817년에는 콜레라의 대유행이 시작되었다. 이 병은 인도에서 창궐한 후 동아시아 지역으로 확산되어 조선에까지 막대한 피해를 입혔다. 그 후 증기선의 발달로 전 세계적으로 대여섯 차례 콜레라가 유행하여 각지에서 엄청난 공포를 불러왔다. 19세기

◆ '제1차 세계대전이 끝난 해에 이 병이 유행했는데 세계대전으로 죽은 사람보다 이 병으로 인한 희생자가 더 많다'는 식으로 자주 이야기한다. 하지만 이 수치는 너무 빈약한 자료에 근거하여 추산한 것이어서 문자 그대로 믿을 수는 없다. 다음에 거론하는 사례들의 수치 역시 마찬가지다.

◀ 피터르 브뤼헐(Pieter Bruegel)의 1562년경 작품 〈죽음의 승리〉 부분

의 콜레라는 현재보다 훨씬 병세(탈수 증세)가 심해서, 심지어 감염되고 하루 만에 피부가 시커멓게 변하고 온몸이 쪼그라든 채 사망하는 수도 있었다. 시간을 더 거슬러 올라가면 1520년에 코르테스가 이끄는 소수의 에스파냐인 부대가 남아메리카대륙에 퍼뜨린 두창(천연두)을 들 수 있다. 이 병은 잠복기가 열흘 이상이어서 피해가 더 컸다. 한 마을에 병이 퍼지면 두려움에 사로잡힌 사람들이 이웃 마을로 피신해서 그곳에 병균을 퍼뜨리는 사태가 벌어졌기 때문이다. 의학사가들은 천연두로 인해 아메리카 주민 2,000만 명 이상이 숨지고 한 세기 동안 전 세계 인구 1억 명이 죽었으리라고 추산한다.

인류 역사에 가장 큰 공포를 각인한 전염병으로는 14세기에 유라시아대륙을 강타한 페스트를 들 수 있다. 페스트를 일으키는 박테리아**Yersinia pestis**는 1894년에 가서야 알렉상드르 예르생**Alexandre Emile Jean Yersin**이 정체를 밝혀냈다. 그렇지만 페스트·흑사병·괴질 등으로 불린 과거의 병들이 모두 이 병원균에 의한 것인지 정확히 말할 수는 없다. 분명 병원균 자체가 계속 변이를 일으키면서 질병도 변화했을 것이다. 사실 이 병은 14세기에 처음 나타난 것이 아니라 약 2만 년 전부터 인류가 알고 있던 오래된 질병이었다. 6~7세기에 유럽에서 크게 유행했을 때는 비잔티움제국의 유스티니아누스 황제가 이 병에 걸렸다가 살아났기 때문에 '유스티니아누스 페스트'라고도 부른다.

그렇다면 14세기의 페스트는 어디에서 유래했을까? 아마도 중국에서 처음 발생하지 않았을까 짐작한다. 당시 중국은 말로 형언하기 힘든 피해를 입었다. 학자들은 1331년부터 1393년까지 중

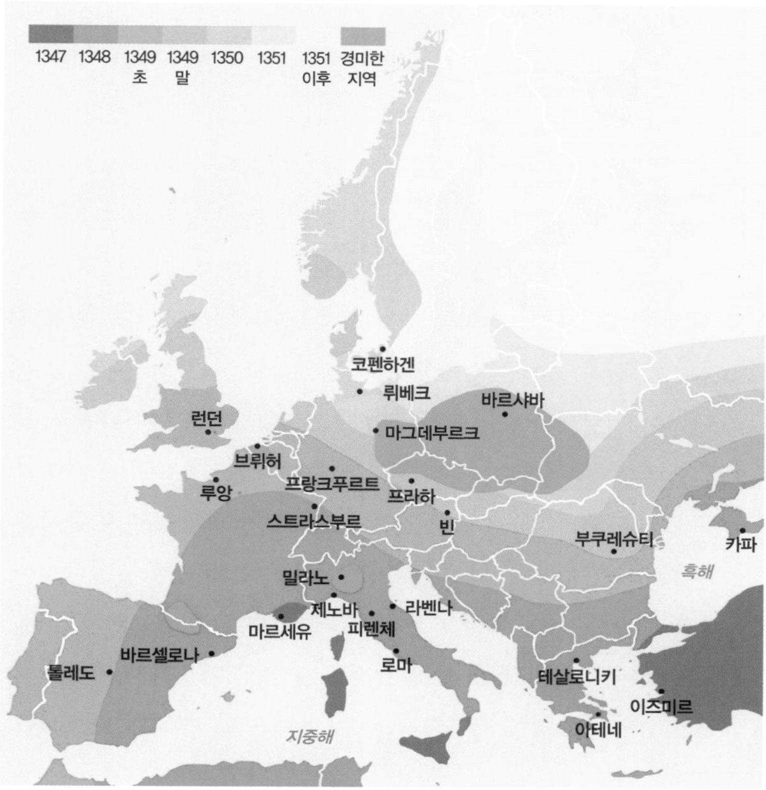

육해상 교역로를 따라 확산한 14세기 페스트

국 인구의 3분의 1 가까이 사망해서, 1억 2,500만 명이었던 인구가 9,000만 명으로 줄었을 것으로 추산한다.

이후 이 병은 중앙아시아의 교역로를 통해 서쪽으로 전파되었다. 페스트의 빠른 전파는 몽골제국 건설과 관련이 깊다. 몽골 전사들이 유라시아대륙의 광범위한 지역을 정복한 뒤 안정적인 국제 질서가 수립되어 원거리 교역 체계가 활성화되면서 이 병이 세계적으로 확산되었다. 페스트는 사람의 이동 경로를 따라서 사마르칸트 같은 카라반 중간 지점을 거쳐 1346년 흑해에 도착했다. 이때 전설적인 '세균전' 이야기가 나온다. 흑해 연안의 카파Caffa(오늘날 우크라이나의 페오도시야)는 이탈리아 제노바 상인들의 동방 무역 거점이었는데, 이해에 몽골군에 포위당해 있었다. 그런데 몽골군 내에 페스트 환자가 발병하여 더 이상 전투가 힘들어지자 투석기를 이용하여 페스트 환자 시체를 성안에 던져 넣었다고 한다. 데 무르시스de Mursis라는 이탈리아인 연대기 작가가 기록한 이 내용이 과연 사실인지는 불분명하다(암만해도 적을 더욱 사악하게 그리기 위해 만들어낸 허구일 가능성이 높다). 다만 이 시기 흑해 연안에 페스트가 창궐했고, 이탈리아 무역선들을 매개로 유럽에 이 병이 유입된 것은 분명해 보인다.

흑해 연안을 떠난 배들이 튀르키예와 그리스, 이집트의 항구들, 지중해의 여러 섬에 균을 뿌렸다. 공포에 싸인 제노바가 카파에서 출발한 선박의 입항을 거부하자, 이 선박들은 할 수 없이 마르세유를 향해 갔다. 1347년 11월에 이 도시는 입항을 허가했는데, 이 부주의한 행위의 결과는 참혹했다. 마르세유의 일부 지역은 주민 전원이 몰살했다. 남부 프랑스와 이탈리아 도시들을 황폐화한 다음 프랑스 중심부를 거쳐 영국, 아일랜드, 네덜란드, 급기야 스칸디나비아와 모스크바까지 병이 확산되었다. 교역로를 따라 맹렬하게 퍼져간 것이다. 그 피해는 실로 엄청났다. 실증 연구에 의하면 노르망디 지방에서는 1340~1460년 인구의 70퍼센트가 사라졌다. 독일 지역에서는 페스트 이전에 17만 개의 마을이 존재했지만 1500년에는

1349년 페스트 희생자를 묻고 있는 투르네 사람들

전 유럽을 강타한 페스트에 벨기에도 예외는 아니었다.
질 르 무이지(Gilles Le Muisit, 1272~1352)가 지은《플랑드르 연대기》에 수록된 그림이다.

13만 개만 남았다. 마을 전체가 통째로 사라지는 폐촌廢村 현상이 극심했던 것이다.

전염병은 사람의 신체뿐 아니라 정신까지 황폐화한다. 질병을 하느님의 징벌로 생각하고 신의 분노를 풀기 위해 자기 몸을 채찍질하며 행진하는 고행자들flagellant이 이탈리아와 독일에서 크게 늘어났다. 자신의 죄에 대한 회개는 차라리 낫다. 다른 사람에게서 신의 응징을 찾기 시작하면 문제가 더 심각해진다. 유대인, 이방인, 유랑 걸인, 순례자, 이교도, 나병 환자 등에 대한 공격이 급증했다. 특히 유대인들이 우물에 독을 풀어서 병이 퍼졌다는 유언비어가 퍼지면서 가혹한 유대인 학살 사건들이 일어났다. 1348년 스트라스

스트라스부르의 유대인 대학살

페스트로 고통받은 마을 주민들이 유대인이 그 병을 일으켰다고 의심해 그들을 화형에 처하는 모습이다. 질 르 무이지의 《플랑드르 연대기》에 실린 삽화다.

부르에서는 900명 가까운 유대인들을 살해하거나 산 채로 불태워 죽였다. "유대인 여인들은 자기 아이들에게 기독교 세례를 받게 하느니 차라리 불 속에 던져 넣었고, 그다음에는 자기 몸을 던져서 남편과 아이 뒤를 따랐다"고 당대 기록은 전한다.

카라반이 페스트를, 증기선이 콜레라를 전파하는 이상으로 현대 사회에서는 비행기 여행이 각종 전염병을 빠르게 퍼뜨릴 수 있다. 세계적 질병의 확산은 피할 수 없는 일이다. 신종 플루, 메르스, 사스 그리고 코로나19와 유사한 사태는 언제든 터질 수 있다. 이런 사태를 겪으면서 의학적으로나 사회적으로나 더욱 철저하게 준비하는 수밖에 없다.

페스트에 대한 처방

페스트의 발병 원인을 조사하라는 국왕 필리프 6세(재위 1328~1350)의 지시를 받은 파리대학 의대 교수들은 이렇게 답했다. "1345년 3월 20일 정오가 지나고 한 시간 후 세 개의 별이 물병자리에 들어갔다. 이것이 우리 주변의 공기를 치명적으로 오염시켜서 죽음을 초래했다. 목성은 습하면서 뜨거우므로 땅의 사악한 수증기를 불러일으키고, 화성은 극히 뜨겁고 건조하므로 이 수증기를 불태워서, 그 결과 번개가 치고 사악한 증기와 불이 공기 중에 가득하게 되었다." 당시 한 의학 논문에서는 "사람들이 하느님을 걸고 거짓 맹세를 많이 한 것이 원인"이라고도 주장했다.

병의 원인 분석이 이러니 올바른 대책이 나올 리 만무하다. 의사들은 "매일 공복 상태에서 토하고, 일주일에 최소 두 번씩 침대에서 이불을 덮고 따뜻한 음료수를 마셔 땀을 내라"고 처방했다. 분명 방의 환기를 막아서 역효과를 냈을 것이다. 교회 또한 막연하기 짝이 없는 대책을 내놓았다. "자신이 행한 죄에 대한 통렬한 혐오와 같은 양의 회개를 모아서 눈물로 잘 버무려 고약을 만든다. 꾸밈없이 정직한 고백을 토하면 죄의 치명적 독성으로부터 벗어나고 악덕의 종기가 녹아서 사라지리라." 방역 대책도 향기 좋은 나무를 태워서 공기를 정화하든지, 교회 종을 난타해서 성스러운 울림이 퍼져나가도록 하는 식이었다. 겁에 질린 사람들은 페스트 치료에 영험하다는 로크 성인Saint Roch의 성상을 찾아 기도하거나 성지순례를 떠났지만, 이것이 전염병 확산을 가져올 수 있다는 사실을 깨달은 교황청에서 만류하기에 이르렀다. 전염병에 대해 과학적 접근을 시작한 것은 19세기 말에 이르러서다.

PROPHETARVM LAVDABILIS NVMERVS

23

페스트가 몰고온 종말론 광풍, 마녀사냥이 시작되다

재앙은 홀로 오지 않는다. 지난 시대에 사회 전체를 뒤흔든 위기는 대개 전쟁·기근·질병의 모습으로 나타났다. 사실 그 세 가지는 내적으로 얽혀 있다. 전쟁은 농사의 기반을 파괴하여 기근을 낳고, 군대가 이동하여 전염병을 퍼뜨린다. 다른 한편 기근은 정치적 불안을 초래해 전쟁의 원인이 되는 동시에 사람들의 신체를 허약하게 만들어 병을 더 확산시키기 십상이다. 유럽 역사상 최대의 위기가 발생한 14세기 상황이 전형적이다. 이때는 백년전쟁(1337~1453), 대기근, 페스트가 함께 찾아왔다. 서유럽 중심부에서 전쟁으로 100년 넘게 대혼란이 지속되는 동안 선腺페스트는 병독성이 훨씬 더 강한 폐肺페스트로 변이를 일으켜 엄청난 피해를 입혔다. 이런 현상들 이면에 구조적인 농업 문제가 도사리고 있다. 오늘날과 달리 전통 시대 농업은 지속적인 생산성 증가가 불가능했다. 인구는 늘어나는데

◀ 루카 시뇨렐리(Luca Signorelli, 1441~1523)가 오르비에토 성당에 그린 〈최후의 심판〉

《뉘른베르크 연대기》에 실린 〈죽음의 무도〉

1493년 미하엘 볼게무트(Michael Wolgemut)가 그린 것으로
전쟁, 기근, 페스트로 혼란했던 사회상을 반영한다.

식량 생산이 지탱해주지 못하는 한계 상황에 이르면, 참혹한 대량 아사 사태를 피할 수 없다. 이 모든 일들이 한번에 터진 14세기에 유럽은 자칫 문명의 붕괴를 걱정할 정도로 큰 위기를 맞았다.

사회적 위기는 또한 정신적 위기를 동반한다. 이런 시대에 빈발하는 대표적 현상 중 하나가 종말론이다. 우리 시대의 고난은 이미 예견되어 있던 일이며, 조만간 말세가 찾아오고 세상이 뒤집히리라는 주장이다. 종말론 자체는 원래 기독교의 중요한 교리 중 하나다.

중세에는 〈요한계시록〉 20장을 근거로, 마지막 날들에 사탄이 일시 승리를 거두지만 그리스도가 그를 제압한 후 1,000년 동안 이 땅에서 그리스도가 통치하는 시대가 이어진다고 해석했다. 1,000년이 지난 후 사탄이 풀려나면 신에 대항하는 마지막 전투를 벌이다가 패배하고 그 후 최후의 심판이 일어난다. 이런 내용을 문자 그대로 받아들이면 소위 '천년왕국주의millenarianism'가 된다.

재앙의 시대에는 이런 교리를 기묘하고도 과격하게 해석하여 사회에 불을 지르는 사람들이 자주 등장한다. 대개는 기성 교회에서 떨어져 나와 홀로 망상에 가까운 교리에 집착하는 수도사 출신 인사들이기 십상이다. 기근에 빠진 농민이나 도시 빈민이 자신의 불행한 처지를 개선하기 위해 분출시키는 격렬한 욕구가, 모든 것을 일시에 해결해 주리라는 환상적 메시지와 만나면 때로 걷잡을 수 없는 폭력 사태가 벌어지기도 한다. 자신이 예언자이며 하느님의 전사戰士라고 자처하는 카리스마적인 인물은 순결하게 재생될 새로운 세계를 이루기 위해서는 이 세상의 하찮은 질서에 얽매일 필요가 없다고 주장한다. 자신은 이미 세속의 도덕을 초월했으며, 자신을 따르는 사람들을 타락 이전의 순결한 상태로 되돌리기 위해 오히려 성관계를 통해 처녀성을 회복시켜 준다는 야릇한 '아담 숭배' 의례를 만들어내기도 한다. 더 나아가서 예수의 재림 왕국을 더 빨리 맞이하기 위해 차라리 폭력을 휘둘러 현재의 사회를 파괴하자는 움직임도 나타난다.

이런 사람들의 특징 중 하나는 성경의 일부 구절을 문자 그대로 해석한다는 것이다. 예컨대 이 세상에서 구원받을 사람은 자기 교회의 신자 14만 4,000명이라고 주장하는 식이다. "내가 봉인된 자들의 수에 대하여 들었는데 이스라엘 자손의 모든 지파에서 봉인된 자가 십사만 사천이더라"(〈요한계시록〉 7:4) 하는 구절과 관련이 있을 텐데, 상징과 비유로 가득한 텍스트를 있는 그대로 받아들이면 그처럼 기이한 결론을 얻게 된다. 이 구절은 12의 제곱수(12×12=144)와 10의 세제곱수(10×10×10=1,000)를 곱한 것으로, 완벽함과 전체를 상징하는 두 수(10과 12)를 이용해서 믿는 사람 모두가 구원받을 것임을 표현한 것이라는 견해가 일반적이다.

종말론의 또 다른 양상은 근거 없는 전승을 이용해 기묘한 교리를 만든다는 것이다. 예컨대 중세 유럽에 널리 퍼진 전승 하나는 사탄이 하늘에서 추락할 때 모든 천사 중 10퍼센트가 함께 떨어져 악마가 되었다는 견해다. 이 주장은 천국에 들어간 사람 수와 천상에 남아 있는 90퍼센트의 천사 수가 같아질 때 종말이 온다는 특이한 주장으로 이어졌다. 이 이상한 아이디어는 중세 말부터 근대 초까지 과격한 이단 교리로 차용되었고, 동시에 교회와 세속 당국이 '마녀'들을 찾아내서 처형하는 근거로도 사용되었다. 그동안 천국에 들어간 사람들이 계속 있어 왔으므로, 이제 정해진 수가 거의 채워져서 말세까지 시간이 거의 남지 않았다는 것이다. 그렇다면 악마들은 자신이 지옥으로 떨어질 때가 가까워지니 무슨 수를 써서라도 천국에 들어가는 의인이 더 이상 늘지 못하도록 막으려 할 것이다. 악마는 아이들이 태어나자마자 죽게 만들어 세례를 받지 못하게 했다. 세례를 못 받으면 천국에 들어갈 수가 없기 때문이다. 그런 이유로 마녀들이 악마의 사주를 받아 임산부들을 돕는 척하면

마녀로 몰려 화형과 고문을 당하는 여자들

중세 말부터 근대 초까지 종말론 광풍 속에 무고한 여성들이 희생되었다.
《프랑스 대연대기》에 실린 삽화다.

서 신생아들을 죽였다는 주장이 기승을 부렸다. 이런 허무맹랑한 논리로 애꿎은 여성들 수만 명이 마녀로 몰려 죽임을 당했다. 위기가 닥쳤을 때 우리의 정신이 황폐해지면 사회 전체가 자칫 절망적으로 사악해질 수 있다.

'리옹의 빈자' 왈도

누군가를 이단이라 규정하고 비난하는 것은 매우 위험한 일이다. 실제로 정통과 이단의 차이는 생각보다 크지 않을 수 있다. 중세 유럽 사회를 뒤흔든 가장 심각한 이단 중 하나인 왈도파를 보자. 창시자 왈도Waldo(프랑스어로는 보데스Vaudès)는 리옹시에서 금융업으로 큰돈을 번 사람이다. 어느 날 그는 시장에서 음유시인의 이야기를 듣고 크게 감동했는데, 예수가 부유한 젊은이에게 "가진 것을 다 가난한 사람들에게 주고 나를 따르라(〈마태복음〉 19:21)"라고 했다는 내용이었다. 왈도는 이를 문자 그대로 실천했다. 두 딸을 수녀원에 보내고 전 재산을 빈민들에게 나누어 준 다음 걸식으로 연명하며 설교하고 다녔다. 곧 그를 따르는 무리들이 모여들어 제법 세가 커졌다.

왈도파처럼 극단적인 방식으로 성경을 있는 그대로 따르면 갈등을 피하기 힘들다. 예컨대 성경에서 맹세하지 말라고 한 이상 ("도무지 맹세하지 말지니"(〈마태복음〉 5:34)) 이들은 정말로 그런 행위를 하지 않으려 했다. 그런데 당시는 계약서를 쓰는 대신 서로 맹세하는 게 관례였다. 영주에게서 밭을 빌려 농사지으려면 충실히 일하고 지대를 잘 내겠다는 맹세를 해야 하고, 이 점에 대해서는 교회가 완벽하게 승인했다. 왈도파는 연옥이 성경에 안 나온다면서 이 또한 부정했다. 교회에서는 죽은 사람이 연옥에서 고통받는 기간을 줄여준다며 미사를 올려주었는데, 연옥 자체를 부정하면 고인을 위한 미사도 불가능하다. 성경에서 살인하지 말라고 했으니 전쟁과 사형에 반대한다고 하지만, 교회는 대의가 정당하면 전쟁도 가능하다는 '정의로운 전쟁just war' 개념을 만들었고 사형 제도 또한 현실적으로 교회와 적절히 결합해 있었다.

이런 식으로 성경을 전혀 '해석'하지 않고 문자 그대로 따르다 보면 결국 사회 및 교회와 충돌할 수밖에 없다. 1179년 왈도파가 교황청에 자신들을 수도회로 인정해 달라고 요청했으나 거부당하자 교황의 명령을 비난했다. 결국 이들은 1215년 라테라노 공의회에서 이단 판정을 받았다.

리옹 대성당의 왈도 석상
광인처럼 머리가 비어 있고 신 앞에 엎드리는 대신 하늘을 향해 설교하는 모습으로 묘사되어 있다.

왈도파 문제로 한바탕 홍역을 치른 뒤, 이번에는 프란치스코Saint Francis of Assisi라는 인물이 등장했다. 그 역시 부유한 상인이었으나 모든 재산을 버리고 스스로 걸인이 되어 설교하고 다니다가 교황청에 와서 수도회 설립 승인을 요청했다. 왈도와 판박이 아닌가. 처음엔 의심의 눈초리를 거두지 못하던 교황 인노켄티우스 3세는 결국 수도회칙을 승인했는데, 왈도파에 이어 또 다른 이단 문제가 터지지 않을까 하는 걱정도 작용했을 것이다. 그 후 프란치스코는 가톨릭교회에서 최고 반열의 성인으로 숭앙받았다.

거의 똑같은 내용을 주장하는 두 사람 중 한 명은 중세 최대의 이단 수괴로 낙인찍히고, 다른 한 명은 최고의 성인으로 추앙받는다. 성인과 이단의 차이는 어쩌면 종이 한 장 차이일지 모른다. 그런 만큼 이단 문제는 미묘하고도 어려운 일이다.

24

중세판 전설의 고향, 귀신 이야기

죽은 사람의 혼령이 살아 있는 사람에게 나타나는 이야기는 중세 초부터 많이 회자되었다. 예컨대 6세기 자료인 교황 그레고리우스 1세의 《대화》에도 귀신 이야기가 많이 나온다. 예를 들면 이런 식이다. 한 사제가 목욕탕에 갔을 때 도와주는 사람이 있었는데, 알고 보니 죽은 사람의 혼령이었다. 그는 원래 이 목욕탕의 주인이었는데 죽은 후 혼령이 되어서도 이 장소를 떠나지 못하고, 자신이 지은 죄를 완전히 닦을 때까지 그곳에 남아 있어야 했던 것이다. 불쌍한 혼령이 사제에게 자신을 위해 기도를 해달라고 부탁하고는 사라졌는데, 사제가 부탁을 들어주고 나서는 두 번 다시 보지 못했다.

중세인들의 생각에 세계는 악마와 혼령으로 가득한 곳이며, 사람들은 흔히 이런 존재들과 만나곤 한다. 그중 일부는 선하지만 대개는 사악한 것들이다. 위트레흐트의 한 귀족 기사 이야기를 보자.

◀ 독일 작센주에 있는 '악마의 다리' 라코츠브뤼케

그는 매우 담대해서 귀신이나 악마와도 거침없이 만나고 대화도 나누었다. 하루는 그가 여행을 떠났는데, 그날 밤 누군가가 돌아와 부인과 동침했다. 당연히 자기 남편인 줄 알았던 부인은 다음 날 진짜 남편이 돌아오자 깜짝 놀란다. 그러면 어제 나랑 동침한 건 누구란 말인가? 나중에 부인이 세 마리 괴물을 낳고 나서야 그것이 악마라는 것을 깨닫는다. 괴물 중 하나는 돼지 이빨을, 또 하나는 아주 긴 수염을, 마지막 것은 눈을 하나만 가지고 있었다. 이 여인은 곧 죽었는데, 몸이 너무 부풀어 관에 잘 들어가지 않을 정도였다. 귀족은 괴물들을 빨리 땅에 묻으라고 명령했다.

이런 식의 이야기에 나오는 악마와 혼령은 때로 강력하고 사악하지만 너무 무서워할 일은 아니다. 성사, 부적, 성수, 성호 긋기 같은 것으로 쫓아낼 수 있는 정도다. 심지어 네거리에서 만나면 소금을 뿌려서 쫓아버리기도 한다. 때로는 어리석은 악마를 사람들이 놀리고 이용해 먹기도 한다. 유럽 각지의 험준한 곳에 '악마의 다리'라고 불리는 돌다리가 많은데, 대개 악마가 꾀 많은 사람에게 속아서 하룻밤 만에 만든 것이라는 전설이 있다. 악마가 인류의 구원을 방해하는 가공할 적으로서 진정 위협적인 존재가 되는 것은 근대 이후의 일이다. 말하자면 악마와 혼령 또한 '근대화'되면서 더욱 강력해진 것이다. 중세에는 아직 그런 정도는 아니어서 많은 이야기들은 우리나라 '전설의 고향' 수준에 가깝다.

특기할 점은 죽은 혼령 이야기가 대체로 12세기 이후 급증한다는 것이다. 이는 프랑스 역사가 자크 르 고프**Jacques Le Goff**가 말하는 '연옥의 탄생'과 관련이 있다. 지옥에 갈 정도의 대죄를 짓지는 않았

단테와 세 왕국 '지옥-연옥-천국'

도메니코 디 미켈리노(Domenico di Michelino)의 1465년 그림으로
왼손에는《신곡》을 들고, 오른손으로는 지옥을 가리키고 있는 단테의 뒤로 연옥이 보인다.

으나 그렇다고 천국으로 직행할 정도로 완벽한 삶을 산 것도 아닌 사람들(쉽게 말해 대부분의 사람들)은 죽은 후 영혼이 연옥으로 가서 불로써 단련 받아 죄를 지운 후 천국에 들어간다는 것이 연옥의 교리다. 르 고프는 연옥의 교리가 오랜 준비 기간을 거쳐서 12세기에 완전한 교리로 '탄생'했다는 사실을 밝혔다. 연옥 교리의 발전은 이승과 저승 사이, 산 자와 죽은 자 간의 관계에 큰 영향을 미치지 않을 수 없다. 이전에 기독교 사후 세계가 천국과 지옥으로 구성된 2원 체계였다면, 12세기 이후부터는 천국-연옥-지옥이라는 3원 체계로 바뀌었다. 대부분 사람이 지옥으로 떨어지는 게 아니라 연옥을 거쳐 천국으로 가는 길을 확보했다는 점에서 연옥은 희망의 장소다. 문제는 이곳에서 겪는 고통이 지극히 클 뿐 아니라, 연옥에서 보낸 한 시간이 이승의 3년과 같다고 할 정도로 오랜 기간 지속된다는 점이다. 그런데 이승에 남은 지인들이 죽은 사람을 위해 기도하고 미사를 드려주면 연옥에서 보내는 시간을 줄일 수 있다. 극심한 고통을 겪는 혼령이 산 사람에게 나타나서 기도와 미사를 부탁하는 이유다.

그렇지만 기독교 교리상 죽은 혼령이 이승과 저승 사이를 무시로 드나드는 것은 있을 수 없는 일이다. 이승과 저승은 완전히 단절되어 있어서 죽은 사람의 영혼이 원한다고 해서 다시 이 세상에 오는 것은 불가능하다. 그런 일이 일어난다면 하느님의 특별한 은총 덕분이라고 할 수밖에 없다. 그렇지만 예컨대 돌아가신 아버지가 아들에게 나타나 도와달라고 하는 식의 이야기는 교리와는 별개로 인간의 자연스러운 감정의 발로였을 것이다. 결국 교회도 많은 사람들의 애달픈 소망을 저버리지 못하고 이승에 돌아온 영혼 이야기를 수용하고 오히려 널리 확산시키는 역할을 했다. 신자들이 자주 질문을 던지니 사제들이 대답을 준비하고 있어야 했던 것이다. 수도사 장 고비**Jean Gobi**가 예화로 쓸 이야기들을 모아 편집한 《하늘의 사다리**Scala cœli**》에 나오는 〈기**Guy** 혼령에 대하여**De spiritu Guidonis**〉가 유명한 사례다.

1323년 크리스마스에 알레스**Alès** 지방에서 있었던 일이다. 죽은

연옥의 문 앞에 서 있는 단테와 베르길리우스

천국을 향한 희망의 장소인 연옥의 문을 지키는 칼을 든 천사 앞에
고개를 숙인 단테와 베르길리우스가 보인다. 천사가 칼로 이마에 새겨주는
일곱 가지 대죄를 연옥의 일곱 층에서 각각 씻어내야 천국으로 향할 수 있다.
귀스타브 도레가 1885년판 《신곡》에 그린 삽화다.

남편 기 드 코르보Guy de Corvo의 혼령이 나타나 이상한 신음을 내서 한 여인이 대경실색했다. 사람들이 장 고비 수도사에게 이 일을 맡아서 처리해달라고 부탁했다. 수도사는 자신을 보호하기 위해 작은 함에 축성받은 면병麪餠(미사 때 사용하는 밀떡)을 넣어 옷 속에 숨겼다. 그리고 많은 수사들과 함께 공증인도 한 명 동반해서 혼령과 대화를 나누고 그 내용을 기록했다. 집 밖에는 주민 100여 명이 대기하고, 집 안에서는 나이 지긋한 여성이 부인을 지켰다. 한밤이 되니 빗자루로 마루를 쓰는 듯한 소리와 함께 혼령이 나타났다. "그가 왔어요!" 하고 부인이 소리를 질렀다. "당신이 정말로 죽은 남편 코르보가 맞느냐"고 물으니, 그렇다고 답할 뿐 아니라 옆에 있는 장 고비도 알아본다. 장 고비가 자신이 성스러운 것을 가지고 있는데 그것이 무엇인지 아느냐고 묻자, 혼령은 옷 속에 면병을 숨겼다는 사실도 귀신같이 맞추었다. 장 고비는 코르보의 혼령에게 이승에 온 이유를 물었다. 혼령은 자신이 연옥에서 너무나 큰 고통을 받고 있어서 그 고통을 줄일 수 있게 도와달라는 부탁을 하러 왔을 뿐 다른 사람을 괴롭히려는 의도가 없다고 답했다. 그리고 자신을 위해 미사 100번을 드려달라고 부탁한다.

이 이야기는 매우 유명해져서 아비뇽 교황청에서 교황 요한 22세(재위 1316~1334)와 여러 고위 성직자들 앞에서 기록을 읽었다. 교황은 성직자들을 알레스에 보내서 혼령을 직접 만나보라고 지시했다. 과연 그들 대부분이 혼령과 대화를 나누었다. 기이한 것은 각국에서 온 성직자들이 각자 자기 나라 말로 물었는데 코르보의 혼령은 그때마다 그 나라 말로 답했다는 것이다. 실로 외국어에 능통한 귀신이라 하지 않을 수 없다. 각각의 기록마다 약간씩 다른 내용이 더해져서, 혼령이 나올 때 큰 빛이 비쳤다고도 하고 비둘기와 같은 모습으로 나타났다고도 한다. 14세기 말에 이르면 코르보 혼령의 이야기는 신학 논문으로 정리된다.

아마도 이승에 돌아온 혼령 이야기는 원래 민간에 떠도는 이야기였을 것이다. 혼령이 인체나 동물 형상을 하고 있거나 대화를 나누고 심지어 결투를 벌이는 등 물질적·육체적인 면모를 띠고 있다는 점이 그런 사실과 관련이 있다. 그러던 중 연옥이라는 교리와 연결되면서 점차 기독교의 틀 속에 들어갔을 것이다. 중세의 대표적인 귀신 이야기 중 하나인 스노볼 이야기만 해도 이 시대에 일반 민중들의 심성과 기독교 교리가 만나 접합해 갔다는 사실을 짐작케 한다.

스노볼 이야기

잉글랜드 왕 리처드 2세(재위 1377~1399) 시절의 일이다. 스노볼Snowball이라는 재단사가 밤에 길을 가다가 까마귀 형상의 귀신을 만나 칼싸움을 벌였다. 곧 이 혼령은 사람 형상으로 변하여 말을 걸어왔다. "네가 오늘 미사를 드리지 않았기 때문에 내가 이렇게 너에게 나타나는 힘을 가질 수 있노라" 하고는 자신을 위해 미사를 드려달라고 부탁했다. 이 혼령은 불꽃처럼 보였는데, 그의 입을 통해 내장까지 볼 수 있고, 목소리 또한 입으로 말하는 게 아니라 내장에서 쥐어짜는 것 같았다. 이 혼령은 다른 귀신을 조심하라는 경고도 해준다. "지금 여기 귀신이 둘 더 있으니 조심해야 한다. 한 놈은 황소 모습인데 불러도 말을 못하고 다른 한 놈은 사냥꾼 모습이다. 둘 다 위험한 놈들이니 피해야 한다."

스노볼은 며칠 동안 크게 앓은 후, 사제에게 가서 혼령에 대한 용서를 문의했다. 사제는 죄를 사하는 증명서를 써주었다. 스노볼은 유명한 고해 신부를 찾아가 이 문서가 충분하고 합당한지 확인한 후 무덤에 묻어주었다. 그리고 혼령을 불러내는 의식을 행했다. 바닥에 큰 원을 그린 뒤 그 안에 십자가를 그리고, 원 안의 네 귀퉁이에 '나사렛의 예수' 같은 글귀들이 쓰인 메달을 놓았다. 잠시 후 혼령이 암염소 모습으로 나타나 원 주위를 돌며 아, 아, 아! 소리만 냈다. 스노볼이 초혼招魂, conjure을 하자 키 큰 사람의 형상으로 변했다. 혼령은 스노볼이 증명서를 묻을 때 자기가 뒤에 서 있었다면서, 이제 돌아오는 월요일에 서른 명의 다른 영혼과 함께 영원한 기쁨의 세계로 간다고 답했다.

혼령은 스노볼에게 몇 가지 중요한 사실을 알려주었다. 어떠어떠한 곳에 가서 큰 돌을 들어 올리면 그 밑에 사암이 있는데, 목욕 후 그것으로 온몸을 문지르면 병이 낫는다는 것이다. 앞서 이야기한 다른 두 혼령에 대해 묻자 이름은 말하지 않고 그들의 신분에 대해 이야기해 주었다. 한 명은 살아생전 난폭했던 사람으로 임산부를 살해했는데, 지금 황소 형상을 하고 있지만 눈·귀·입이 없어서 불러보아야 말할 수 없으며, 마지막 심판 때까지 그 모습으로 고통스럽게 지내야 한다. 다른 한 명은 사제 출신인데 뿔피리 부는 사냥꾼 모습을 하고 있다. 스노볼이 자신의 상태는 어떠냐고 묻자, 혼령이 십자군원정을 떠난 친구의 옷과 모자를 훔쳤던 일을 말하면서 그것을 돌려주지 않으면 비싼 대가를 치른다고 하지 않는가. 두려움에 싸인 스노볼이 친구가 어디 사는지 모른다고 하자 주소까지 알려준다! 그리고 "어떤 곳에 가면 부자가 될 테고 다른 곳으로 가면 가난해지리라. 현재 네가 있는 곳에는 원수가 몇 명 있노라" 하고 말하더니, "이제 더는 너와 함께 있을 시간이 없도다" 하면서 사라졌다.

스노볼이 돌아가는데 과연 눈·귀·입이 없는 황소 형상의 혼령이 나타나서 마을까지 그를 쫓아왔지만 말을 하지 못했다. 앞에서 말한 그 살인자임에 틀림없었다. 이때 또 다른 혼령이 나타나 그에게 일러주기를 효력이 강한 부적을 머리 위에 올려놓고 자야 하며 "최소한 오늘 밤에는 땅만 보고, 사람이 피운 불은 절대 보지 말라"고 일러준다. 스노볼은 그 후 며칠 아주 심하게 앓았다. 뒷이야기는 알려지지 않았으나, 이후 스노볼이 늘 경건한 마음가짐으로 살아갔으리라는 것은 짐작할 수 있다.

신명재판,
신의 뜻을 물어 죄를 가리다

1077년 12월, 노르망디의 대귀족 로제 2세의 성에 괴한들이 침입해 부인 마빌 드 벨렘Mabile de Bellême을 무참히 살해하는 사건이 벌어졌다. 공모 혐의를 받던 기사 기욤 팡톨Guillaume Pantol은 로제의 부하들에게서 살해 위협을 받자 수도원으로 도주했다. 팡톨이 계속 무죄를 탄원하자 잉글랜드 국왕이자 노르망디 공작인 윌리엄은 신명재판神明裁判을 열기로 결정했다.

“팡톨이 빨갛게 달궈진 쇠를 맨손으로 잡았지만 하느님의 뜻에 따라 전혀 화상을 입지 않았다. 현장에 있던 성직자들과 군중들이 소리 높여 하느님을 찬양했다.”

달군 쇠를 붙잡았는데 전혀 상처가 나지 않았다는 사실도 의심스럽지만, 왜 그것이 무죄의 증거가 되는지 우리로서는 수긍하기 어렵다. 중세인의 사고방식으로는 무고한 사람은 반드시 하느님이

◀ 디르크 바우츠(Dirk Bouts, 1400?~1475)의 〈황제 오토 3세의 정의: 무고한 백작의 참수와 불의 신명재판〉

지켜주신다고 믿었기에 이런 재판이 가능했다. 이처럼 고통스러운 행위를 통해 하느님의 뜻을 확인하는 제도를 신명재판이라 한다. 영어로는 'ordeal'이라 하는데 독일어 'Urteil(판결)'과 어원이 같다. 신명재판이 많이 이루어진 곳은 라인강과 루아르강 사이 지역, 다시 말해서 카롤링거왕조의 영향력이 강한 곳이니, 이교 시대 게르만족의 제도가 기독교의 외피를 두르고 지속된 것으로 보인다.

신명재판에는 여러 방식이 있으며, 나름대로 정해진 절차가 있다. 원래 달군 쇠를 잡는 방식은 그 상태로 몇 걸음을 걷든지 찬송가를 한 곡 부르게 한 뒤, 붕대로 손을 싸맸다가 사흘 후에 풀어서 상처의 정도를 확인하는 것이다. 상처가 심하면 유죄, 그렇지 않으면 무죄다. 펄펄 끓는 물이 가득 찬 솥에 손을 집어넣어 동전을 집어내도록 하는 재판도 비슷하다. 피고의 손발을 묶은 다음 강이나 못에 던져 넣는 방식도 있다. 이때 피고가 물속에 가라앉으면 무죄, 둥둥 뜨면 유죄다(그런데 놀랍게도 일부 지역에서는 반대로 물 위로 떠야 무죄가 된다). 축성을 한 물은 성질이 순수해서 깨끗한 사람이 들어오면 품고 더러운 죄인이 들어오면 뱉으려 하기 때문이다. 빵과 치즈를 이용한 신명재판에서는 피고에게 축성한 빵과 치즈 덩어리를 먹게 하는데, 죄지은 인간이라면 빵 덩어리를 삼키지 못하고 목이 막혀 말을 하지 못한다. 원고와 피고가 십자가를 향해 손을 옆으로 들고 있다가 먼저 손을 내리는 쪽이 유죄가 되는 십자가 신명재판도 있다.

결투도 원리로 보면 신명재판의 한 종류다. 서로 자신이 옳다고 주장하는 사람끼리 싸우도록 해서 이기는 편을 무죄로 선언한다.

다양한 고통의 방식으로 진행된 신명재판

신명재판은 고통스러운 행위를 통해 하느님의 뜻을 확인하는 제도다.
왼쪽 위부터 시계 방향으로 불, 끓는 물, 결투, 투강 방식의 신명재판이다.
왼쪽은 12세기 람바흐 수도원 장서에 실린 그림이고,
오른쪽은 신성로마제국 시기 편찬된 법률서《작센슈피겔》에 실린 그림이다.

설령 약한 사람이라도 진정 무고하다면 하느님이 도와주기 때문에 반드시 승리하게 마련이라는 논리다. 아무리 그렇다고 해도 어린아이나 여성이 싸움에 나설 수는 없는 법, 이때는 대신 싸워줄 기사를 내세울 수 있다. 이렇게 약자를 위해 결투에 나선 사람을 '챔피언 champion'이라고 불렀다. 950년, 오토 1세의 딸이 코농Conon이라는 자에게서 중상모략을 당했을 때 부샤르Bouchard 백작이 챔피언으로 나섰다. 그가 성인의 유골에 손을 얹고 코농이 거짓말을 한다고 맹세하자, 상대방 역시 유골에 손을 얹고 부샤르 백작이야말로 거짓말을 한다고 주장했다. 그런데 결투를 하려 하자 코농의 손에서 힘이 빠져 무기를 들 수 없게 되었다고 기록은 전한다.

중세사 연구자들에 의하면 시간이 갈수록 물에 던져 넣는 방식이 늘어났다. 이 방식의 장점은 현장에서 바로 결과를 확인할 수 있다는 것이다. 시험에 든 피고 중 60퍼센트 정도는 물속에 가라앉아 목숨을 구했지만, 나머지 40퍼센트의 불행한 사람들은 참화를 면하지 못했다. 1114년 수아송Soissons 지역에 이단이 만연했을 때, 클레망Clément이라는 농민 형제가 조사를 받았다. 미사를 드리고 악마가 끼어드는 것을 막기 위해 구마의식exorcism을 한 후 클레망 형제 중 한 명에게 물속에 들어가라고 명령했다. 그가 나무토막처럼 물위로 떠오르는 것을 본 군중들은 그 자리에서 클레망 형제를 태워 죽였다! 1170년 잉글랜드에서 에일워드Ailward라는 자도 절도죄에 몰려 신명재판을 받았는데 그만 물 위에 동동 뜨고 말았다. 그는 현장에서 눈이 뽑히고 고환이 잘리는 처벌을 받았다. 다행히 에일워드는 후일 간절한 기도를 통해 잃었던 신체 부위들을 되찾았다(다만 눈이 다소 침침하고 고환은 오리지널보다 사이즈가 작아졌다고 기록에 전한다). 대략 이 시기에 잉글랜드 국왕 헨리 2세(재위 1154~1189)는 신명재판에서 유죄로 확정된 자는 발 하나와 오른손을 자르도록 규정한 법률을 제정했다.

현재 우리가 보기에는 이 제도가 말도 안 되는 것 같지만, 당시에는 그 나름의 기능이 있었다. 분쟁 중인 당사자들이 한도 끝도 없이 계속 싸우려 하면 신명재판으로 소송을 끝낼 수 있었다. '계속 고집 피우다가는 펄펄 끓는 물에 손을 넣어야 할 거야.' 재판관이 이런 식으로 은근히 협박해서 자백을 받거나 화해를 유도할 수 있다. 한쪽에서 기꺼이 달군 쇠를 잡겠다고 하면 다른 편이 수긍하는 수도 있다. 저렇게까지 나오는 걸 보면 정말 자신이 있나 보다 하는 생각이 들지 않겠는가.

그렇지만 능히 짐작할 수 있듯이 신명재판은 많은 문제점을 안고 있다. 무엇보다 유·무죄의 기준이 너무 모호하다. 손바닥 상처가 어느 정도면 유죄이고 어느 정도면 무죄인가? 물속에 완전히 가라앉지도 않고 완전히 뜨지도 않은 상태에서 첨벙대고 있으면 유죄인가 무죄인가? 많은 경우 명확한 기준보다는 모여든 군중들의 함성에 따라 판결이 나곤 한다. 사람들이 큰소리로 하느님을 찬미하며 무죄라고 선언하기도 하고, 반대로 유죄라고 목소리를 높인 후 곧바로 달려들어 처형하기도 한다. 한 편은 무죄라고 소리 지르고 다른 편은 유죄라고 소리 지르는 경우도 기록에 나온다. 여기에 노골적인 부정행위도 더해진다. 달군 쇠를 잡기 전에 손바닥에 미리 고약을 바르거나, 물속에서 숨을 참고 오래 견디는 기술을 연마한 사례도 있다. 재판을 집행하는 사람이 피고를 무죄로 만들고 싶으면 쇠를 적당한 온도로 달구기도 한다. 기적이 아니라 사기가 재판을 결정한다는 말이 나오는 이유다.

점차 신명재판에 대한 비판이 제기되었다. 신학자들은 하느님에게 기적을 강요하는 것이 타당하지 않다고 주장한다. 어느 날 갑자기 사람이 요구한다고 하느님이 꼭 기적을 보여야 할 이유가 없지 않은가. 만일 실제로 기적이 일어났다면 악마의 농간이 아니라고 누가 보장한단 말인가. 이런 이유로 12세기 파리의 신학자 피에르 르 샹트르Pierre le Chantre는 신명재판이 '악마적'인 행위라고 주장했다. 법학자들 역시 이런 재판은 합리성이 결여되었다고 비판했다. 무고한 사람이 살인자로 몰릴 수도 있고, 죄지은 사람이 풀려날 수도 있다. 이런 배경에서 1215년 4차 라테라노 공의회에서 사제들의 신명재판 참여를 금지했다. 그럼에도 불구하고 신명재판은 근대적 사법 체제가 자리 잡기까지 오랜 기간 지속되었다.

세계의 신명재판

신명재판은 유럽뿐 아니라 세계 여러 문명권에서 찾아볼 수 있다. 인도차이나 지역에 자리 잡고 있던 고대 국가 푸난扶南에 관한 중국 기록을 보자.

“이 나라에는 감옥이 없다. 만약 송사가 생기면 달걀만 한 금가락지를 끓는 물에 넣고 그것을 꺼내게 하든가, 쇳덩어리를 붉게 달구어 손 위에 올려놓고 일곱 보를 가게 한다. 그러면 죄 있는 자는 손이 타고 죄 없는 자는 상하지 않는다. 또 물속에 들어가게 해 보면 옳은 자는 가라앉지 아니하고 그른 자는 즉시 가라앉는다.”(최병욱, 《동남아시아사》)

중세 유럽에서 행하던 방식과 놀라울 정도로 유사하지만, 유럽과 달리 물속에 가라앉으면 유죄, 뜨면 무죄라는 점이 흥미롭다. 아프리카 토고에서는 피고에게 끓는 기름 속에서 물건을 꺼내도록 하는데, 이를 거부하면 유죄가 된다. 마다가스카르에서는 19세기까지도 독성이 있는 탄제나tangena 열매를 먹게 하고 이를 견뎌내면 무죄로 판결했는데, 이로 인해 매년 수천 명이 목숨을 잃었다. 합리적인 사법 체제가 갖추어지면서 이런 구시대적 제도는 점차 사라져갔다.

19세기 마다가스카르의 탄제나 열매로 하는 신명재판을 묘사한 그림

26

신성한 가난에서 깨끗한 부로, 자본주의의 문을 연 스콜라철학

부富와 빈貧. 어느 것이 더 높은 가치인가?

오늘날 대부분의 사람들은 당연히 빈보다 부를 높이 칠 테지만, 과거에는 그렇지 않았다. 오히려 가난이 긍정적 가치, 더 나아가서 신성한 가치이고, 부는 지극히 부정적 가치였다. 부자가 하느님의 나라에 들어가는 것은 낙타가 바늘귀로 들어가는 것보다 어렵다고 한 반면, 빈민은 "가난한 자는 복이 있나니 하느님의 나라가 너희 것"이라는 위로를 받았다. 예수와 성인들은 이 세상에 있을 때 하나같이 가난한 걸인들이었다. 투르의 마르탱 성인**Saint Martin of Tours**(316~397)의 일화를 보자. 헝가리 출신의 마르탱은 로마 군인이 되어 프랑스의 아미앵 지역에서 근무하게 되었다. 어느 추운 겨울날, 벌거벗고 덜덜 떠는 걸인을 본 마르탱은 군복 외투의 반을 잘라 그에게 주었다. 그날 밤 꿈에 예수가 나타나 천사들에게 이렇게 말

◀ 반 다이크(Anthony van Dyck)의 1621년작 〈망토를 나눠주는 투르의 마르탱 성인〉

했다. 보라, 마르탱이 나에게 이 옷을 입혀주었노라.

대저 고대와 중세 종교는 빈자의 종교다. 교회는 부자들에게 죄의 위험에 노출되어 있으니 각별히 조심하라고 가르쳤다. 돈을 버는 행위는 위험한 일이다. 11세기에 어느 수도사가 신학자 페트루스 다미아누스Petrus Damianus에게 어떻게 해야 구원을 얻는지 물었을 때 그의 답은 "무엇보다 먼저 돈을 버려라"였다. "돈에 대한 사랑이 모든 악의 근원"(〈디모데전서〉 6:10)이기 때문이다.

만일 이런 태도가 지속되었다면 근대 사회는 열리지 못했을 것이다. 상인, 금융업자, 기업인 등은 모두 지옥에서 영원히 고통받으리라고 비난한다면 어떻게 자본주의가 발전하겠는가. 가난한 걸인이 찬양받는다면 어떻게 노동계급이 등장할 수 있겠는가. 분명 중세 말과 근대 초 사이에 부와 빈을 보는 시각, 인간과 재물 간의 관계에 근본적인 변화가 일어났다. 어떤 과정을 거쳐 청빈이 이상인 사회에서 부를 적극적으로 추구하는 사회로 진화해 갔을까?

우선 빈민과 걸인에 대한 태도가 바뀌어 갔다. 성스러운 빈곤이란 단지 영적인 덕목일 뿐, 현실의 빈민은 경멸을 피하지 못했다. 사지가 멀쩡한데 일하지 않고 노는 '사악한 빈민'들은 결코 성스럽지 않으니, 이런 사람들에게 자선을 베풀면 받은 사람뿐 아니라 베푼 사람도 죄인이 된다. 몸이 성치 않아 일하기 힘든 '정직한 빈민'만 도움을 받을 자격이 있다. 부자들은 이처럼 선별된 사람들에게 도움을 줌으로써 죄를 면할 수 있다. 다시 말해, '정당한 빈민'만이 자선을 받을 수 있다고 규정한 다음, 부자들이 그런 사람들에 대해 '정당한 자선'을 행하면 그동안 부를 쌓으며 저지른 죄를 씻게 된다.

빈민은 물질적 도움을 받고, 부자는 자선을 통해 죄를 갚는 일종의 계약 행위인 셈이다. 이렇게 하여 부자들에게 구원의 가능성이 열리기 시작했다.

여기에서 한 걸음 더 나아가 부를 추구하는 행위가 정당하다는 신학적 해석이 필요하다. 상인들이 어떤 물품을 원래 가치보다 더 비싸게 파는 것이 합당한가? 아퀴나스Thomas Aquinas(1225?~1274)는 이렇게 답한다. '정당한 가격just price'보다 비싸게 파는 것은 전적으로 죄에 해당한다. 이웃을 속여 해를 끼치는 일이기 때문이다. 만일 이 원칙을 곧이곧대로 적용한다면 이 세상에 상인은 한 명도 없을 것이다. 물건을 산 가격 그대로 되팔아야 하며, 이윤을 남기면 이웃을 해치는 죄인이 된다고 하면 도대체 누가 장사를 하겠는가?

그렇지만 아퀴나스는 곧이어 상인들에 대한 비난을 완화하는 논리를 제시한다. 우선 자기 가족의 생계를 위해 작은 이윤을 추구하는 것은 가능하다. 또 자기 나라에 필요한 물품이 부족하지 않도록 함으로써 공공의 이익을 창출하면서 이윤을 추구하는 행위도 합당하다. 흉년이 들어 사람들이 굶어 죽는 지경에 이르렀을 때 이웃 나라에서 곡물을 들여오는 사람이 어떻게 죄인인가? 결국 아퀴나스는 원론적으로는 이윤을 남기는 상업 행위가 죄라고 선언했지만, 각론에 들어가서는 상업 행위가 '효용'을 지니며 공공선에 이바지하므로 상인이 사회에 필요한 존재라는 지극히 상식적인 사실을 인정한 셈이다. 그에 따르면 부에 대한 모든 욕망이 죄가 되는 게 아니라 부에 대한 '부적절한' 욕망이 죄가 된다. 다시 말해 합당한 정도의 욕망은 지옥에 떨어질 죄악이 아니다.

성 토마스 아퀴나스

토마스 아퀴나스는 신학자이자 대표적인 스콜라 철학자다.
그림에서 왼손에는 성경, 오른손에는 교회를 들고 있다.
1476년 카를로 크리벨리(Carlo Crivelli)가 그렸다.

상품 거래보다 훨씬 정당화하기 어려운 것은 고리대금업, 오늘날로 치면 금융업이다. 고리대금을 비난하는 대표적인 논리는 돈 자체가 생산력이 없다는 것이다. 돈은 돈을 낳지 않는다**Nummus non parit nummos**. 그런데 무슨 근거로 돈을 빌려준 다음 이자를 받는가?

고리대금업자가 급전이 필요한 사람에게 돈을 빌려준 것은 결국 시간적 여유를 갖도록 해준 것이다. 그렇다면 돈을 빌려준 시점과 이자를 붙여서 되돌려 받는 시점 사이에 시간이 흘러간 점 말고는 돈놀이꾼은 아무것도 한 것이 없다. 결국 고리대금업자는 시간을 팔아먹은 셈이다. 오직 하느님에게만 속한 시간을 팔아먹은 고리대금업자는 하느님의 재산을 훔친 것이다. 그렇기에 개념적으로 고리대금업자는 도둑이다.

만일 이런 논리가 극단적으로 적용되면 금융업이라는 게 발전할 수 없다. 이자를 부정하고 그 결과 돈이 돌지 않으면 경제가 망하리라는 것은 자명하다. 이럴 때 다시 신학자의 정당화가 필요하다. 아퀴나스는 대금업이 적법하지는 않으나 실제로는 유용하기 때문에 받아들이지 않을 수 없다는 사실을 우선 솔직히 인정한다. 다만 이자 수취가 과하지 않아야 한다. 중세 유럽 각국에서는 대체로 연 33.5퍼센트의 이자율이 허용된 최대치다. 이 이하의 이자율을 적용하면 최소한 고리대금업자라는 오명은 면한다. 그렇다고 해도 어쨌든 이자를 받으면 하느님의 시간을 훔쳐 팔아먹은 죄인이라고 하지 않았던가? 이자를 받는 행위가 죄가 되지 않는다는 정당성이 필요하다.

중세 스콜라 철학에서는 몇 가지 근거를 댄다. 빌려준 돈으로 더 유리한 투자를 했다면 벌어들일 수 있었을 합법적인 이득을 포기했다는 점**lucrum cessans**(곧 기회비용을 가리킨다), 빌려준 돈은 과거에 힘들게 번 결과물이므로 이자는 그때의 노동에 대한 보수라는 점**stipendium laboris**, 위험을 안고 불확실성을 헤쳐나가는 복잡한 계산을 하는

대부업자와 그의 부인

돈을 세는 대부업자와 성경을 넘기면서 돈을 바라보는 아내의 모습이다.
돈과 신앙이 공존할 수 있음을 보여준다. 그런데 아래의 작은 거울에는 창 너머로
도둑이 들여다보는 모습을 그려서, 지상의 재산은 결국 허망하다는 교훈을
함께 전한다. 상업이 발달한 네덜란드 회화의 중심에 있었던
퀸텐 마시스(Quinten Massys)의 1514년작이다.

행위가 아무나 할 수 없는 힘든 일이라는 점**ratio incertitudinis** 등이 그런 것들이다. 이렇게 해서 고리대금업자에게도 구원의 길이 열렸으니, 부의 추구는 확실한 승인을 받은 셈이다.

신학자의 해석은 현실의 변화를 반영한다. 근대 초 경제 성장 과

정에서 부자들은 더욱 부유해지고 빈민은 더 심한 가난에 쪼들렸다. 고향에서 땅을 빼앗긴 농민들이 유랑민이 되어 도시로 몰려왔다. 감당할 수 없을 정도로 극심한 사회 문제에 직면한 상황에서 '빈자와 걸인은 하느님이 보낸 사자'라는 식의 고상한 담론은 설 자리를 잃었고, 반대로 부는 정당화되었다.

어쩌면 우리나라는 그와 같은 장기적 흐름의 정점에 서 있는지도 모른다. 선진 17개국 시민을 대상으로 삶을 의미 있게 만드는 요소가 무엇인지 물어본 미국 퓨리서치센터의 2021년 설문조사 결과는 뜻밖이다. 다른 나라들은 대개 '가족'과 '직업'을 먼저 꼽은 반면, '물질적 풍요'를 1순위로 꼽은 나라는 한국이 유일하다. 'K-낙타'는 능히 바늘귀를 뚫고 천국에 오를 기세다.

이제 와서 중세에 그러했듯 가난을 신성한 가치로 높이 살 수는 없다. 프랑스의 무정부주의 사상가 프루동처럼 '모든 재산은 도둑질한 물건'이라고 주장하는 것도 사리에 안 맞아 보인다. 차라리 당당하고 깨끗한 경제적 노력을 인정하고, 부자들이 가난한 사람들에게 따뜻한 도움의 손을 내미는 자세를 갖도록 방향을 잡아가는 게 온당해 보인다.

가난에 대한 억압

'신성한 가난'이라는 종교적 이념을 벗어던진 후 근대 서구 사회는 빈민들을 가혹하게 대했다. 17세기 네덜란드에는 빈민과 유랑민을 구금하여 노역을 시키는 라습하위스rasphuis라는 기관이 만들어졌다. 이곳에서는 재소자들에게 브라질나무brazilwood를 대패로 깎는 일을 시켰다. 선명한 붉은색 염료의 재료가 되는 이 나무는 재질이 너무 단단해서 극심한 중노동인 대패질을 아무도 하지 않으려 했다. 결국 라습하위스에 수용된 빈민들에게 이 일이 돌아갔다. 이곳에서는 하루 종일 톱질과 대패질을 시킨 다음 저녁에 결과물의 양을 재서 기준량을 채운 사람에게는 식사를 주고 그렇지 못한 사람에게는 식사량을 줄이든지 아예 밥을 주지 않았다. 붉은 먼지가 몸에 붙어 마치 온몸에서 피가 나는 듯한 모습을 한 채, 재소자들은 오직 저녁 한 끼 얻어먹기 위해 하루 종일 중노동을 해야 했다.

이런 기관에서 교정이 안 되는 빈민은 물이 차오르는 지하 감옥으로 보냈다. 감옥에 갇힌 사람은 간단한 펌프 하나를 받아서, 익사하지 않으려면 끊임없이 펌프질을 해야 했다. 잠시 눈을 붙였다가도 다시 일어나 펌프를 움직여야 한다. 게을러서 가난해졌으니 노동의 소중함을 가르친다는 것이 이 감옥의 명분이었다. 근대 초입에 빈민은 성인聖人은커녕 구금과 강제 노동을 강요당하는 일종의 범죄자 취급을 받았다.

라습하위스에서 노동하는 빈민들

멜키오르 포켄스(Melchior Fokkens)가 1662년 상업도시 암스테르담에 관해 쓴 소책자에 실린 삽화다. 17세기 네덜란드의 빈민과 유랑민 수용소 라습하위스에서 목질이 단단한 브라질나무를 대패로 깎는 등 종일 중노동에 시달리던 재소자의 모습을 담았다.

27

기독교 세계관으로 그린 세계, 마파문디

세계지도는 그것을 제작한 사회나 문명권이 세상을 어떻게 파악하는지 보여주는 흥미로운 자료다. 중세 유럽에는 마파문디Mappa Mundi라고 부르는 독특한 유형의 세계지도가 있었다. 세계mundi를 그린 도표mappa라는 의미다. 콜럼버스가 아메리카대륙을 발견하기 전이므로 중세 유럽인들이 생각한 인간 거주 지역은 아시아, 아프리카, 유럽 세 대륙이다. 지도의 위쪽에 아시아, 아래 왼쪽에 유럽, 아래 오른쪽에 아프리카를 배치했다. 따라서 현재 우리에게 익숙한 방위와는 다르게 위가 동쪽이고, 아래가 서쪽, 오른쪽이 남쪽, 왼쪽이 북쪽이 된다. 이처럼 동방Orient을 어디에 두느냐가 오리엔테이션orientation의 원뜻인데, 중세 지도는 위를 동쪽으로 삼았다(반면 이슬람권의 지도는 흔히 남쪽을 위에 두었다).

마파문디에서는 큰 물길 셋이 대륙을 가른다. 아시아와 유럽 사

◀ 엡스토르프 지도

단순한 형태의 T-O 지도

623년 세비야의 이시도르(Isidore of Seville)가 그린 오래된 T-O 지도로,
12세기에 인쇄된 책에 실린 것이다.

이를 흐르는 돈강과 아시아와 아프리카 사이를 흐르는 나일강이 만나 유럽과 아프리카 사이의 지중해로 흘러 들어가는 것으로 묘사했다. 이렇게 세 물길이 T 자를 이루고, 이 전체를 거대한 대양 **Ocean**이 O자 모양으로 둘러싸고 있어서 이런 지도를 'T-O 지도'라고 부르기도 하고, 전체 모습이 바퀴 모양이라고 하여 '바퀴 지도 **Wheel Map**'라고 부르기도 한다. 세 대륙에는 기독교적 신화가 덧칠되었다. 노아의 세 아들 셈, 함, 야벳이 각각 아시아, 아프리카, 유럽에

살게 되었고, 오늘날 이 대륙의 주민들이 그 후손이라는 것이다.

마파문디는 1,000점 이상 남아 있는 것으로 알려졌는데, 대부분은 서책 내의 삽화 형태고, 독자적 지도 형태는 200여 점이다. 그 가운데 대표적 명품으로 엡스토르프 지도Ebstorf map가 있다.

이 지도는 13세기에 만들어졌다는 게 정설이나 더 후대에 만들어졌다는 주장도 제기되고 있다. 1830년경 니더작센주의 엡스토르프 수도원에서 발견되어 이곳 이름을 따서 엡스토르프 지도라고 부른다. 왜 이런 명품 지도를 수도원 내부에 꽁꽁 숨겨 두었는지는 잘 모르겠지만, 아마도 종교개혁 이후 그전 가톨릭의 산물이 눈에 띄지 않도록 조치한 게 아닌가 추측한다. 발견 당시 일부는 쥐가 쏠아 없어졌고 일부는 지워진 상태였으나 이후 기술적으로 잘 복원되었다. 불행하게도 제2차 세계대전 중인 1943년 10월 연합군의 하노버 폭격 당시 불에 타서 원본은 사라졌다. 이전에 세밀한 팩시밀리 사본을 마련해 둔 게 불행 중 다행이다. 이 지도는 가로, 세로 3.6미터의 사각형 안에 원형으로 그려진 대형 작품으로서 다른 마파문디에 비해 매우 크고, 그 안에 1,500개의 문장과 845개의 그림(건물 500동, 강·호수·바다 160곳, 섬 60곳, 45개 민족, 동물 60종 등)이 있어서 당시 사람들의 세계관을 상세히 보여주는 장점이 있다.

지도의 제일 위쪽, 즉 동쪽 끝에 예수의 얼굴, 왼쪽과 오른쪽(북쪽과 남쪽)에 예수의 손, 아래 서쪽에 예수의 발이 그려져 있고, 중심부의 약간 오른쪽 아래에 위치한 시칠리아는 예수의 심장 모양이다. 이는 이 세상이 그리스도의 일부이며 그리스도가 세계를 온전히 유지하는 근간이라는 뜻이다. 지도는 단순히 산과 강, 건물과 도시

엡스토르프 지도의 중심부에
그려진 예루살렘

가 어디에 위치해 있는가 하는 객관적 지리 정보를 나타내는 게 아니라, 하느님의 뜻이 구현되는, 의미로 충만한 곳임을 나타낸다. 그런 관점에서 중요한 사실은 지구의 중심omphalos(배꼽) 부분에 예루살렘이 있다는 것이다. 지도상의 텍스트가 설명하듯이 예루살렘은 세계를 굽어보는 최상의 도시이며, 그 안에는 부활한 예수 모습이 그려져 있다. 다시 말해 인류 역사의 중심 사건이 일어난 곳임을 나타낸다.

지도 곳곳에는 성경의 모티브들이 있다. 제일 상단에 예수의 얼굴이 있고, 바로 옆에는 에덴동산이 있어서 여기에 아담과 이브, 선악과와 뱀이 그려져 있다. 지도에 에덴동산을 그리는 게 과연 옳은가? 현재 우리는 에덴동산이 지상 어딘가에 실제 존재하는 현실의 '장소'라고 생각하지 않는다. 그렇지만 성경을 문자 그대로 믿던 당시에는 "여호와 하느님이 동방의 에덴에 동산을 창설하시고 그 지으신 사람을 거기 두시니라"(〈창세기〉 2:8)라고 성경에 쓰여 있는 만큼, 아시아 동쪽 끝에 에덴동산을 실제로 그릴 수밖에 없었다. 네 강(나일, 갠지스, 티그리스, 유프라테스)의 원류가 에덴동산에서 흘러나왔다가 땅 밑으로 들어가 복류伏流한 다음 각각의 강의 근원에서 다시 모습을

엡스토르프 지도 상단에 그려진 예수의 얼굴과 에덴동산

지도를 제작할 당시만 해도 성경을 문자 그대로 믿었기 때문에
에덴동산을 아시아 동쪽 끝에 실제로 그려 넣었다.

드러내는 것으로 이해했다. 이런 방식으로 에덴동산은 우리가 사는 이 땅과 관련을 맺는다.

그 외에도 노아의 방주, 홍해를 건너는 이스라엘인, 시나이산, 바벨탑 같은 구약의 내용과 베들레헴, 나사렛, 가나, 겟세마네 같은 신약상의 장소들도 표현되어 있다. 그다음으로는 알렉산드로스 대왕의 원정이나 십자군 관련 장소들, 카르타고와 같은 주요 역사 사건이 일어난 도시들이 차례로 나타난다. 이어서 유럽 지역을 보면 파리, 사라고사, 로마, 아테네, 뤼네부르크 같은 현실 도시들이 그려져 있다.

이 지도를 위에서 아래 방향으로 읽어 내려가면, 지상낙원에서 출발하여 구약과 신약의 중요한 내용들, 이어서 역사상 주요 사건을 차례로 볼 수 있고(이슬람 관련 사건들은 의도적으로 배제되어 있다), 도달점에는 당시 유럽의 국가와 도시 들이 등장한다. 그러므로 이 지도는 단순히 이 세상 모습을 평면 위에 나타낸 게 아니라 인류의 탄생 이후 현재까지 이어져 온 인류사의 흐름을 표현하고 있으니, 말하자면 세계의 '공간'을 표현한 게 아니라 종교적으로 해석한 세계사의 '시공간'을 시각화한 셈이다. 이런 점에서 지도 위가 동쪽 방향이라는 것이 의미가 없지 않다. 위쪽 방향은 종교적, 도덕적 우월성의 표현이다. 예수의 얼굴과 에덴동산이 위치해 있는 숭고한 곳에서 인류가 아래로 흘러내려 왔다는 것은 역으로 우리가 언젠가는 다시 저 위쪽에 있는 낙원으로 돌아가야 한다는 염원을 나타내고 있기도 하다.

지도상에는 또한 수많은 동물과 괴물 형상도 그려져 있다. 각지에 코끼리, 기린, 곰, 사자, 말, 사슴, 뱀, 악어, 앵무새, 개미 등 다양한 동물이 등장한다. 때로 동물에 대한 설명 중에도 종교적 상징을 띠는 것이 있다. "펠리컨은 이집트의 새인데, 어린 새끼들을 죽이고는 사흘 동안 애통해하다가 자신의 피로 부활시킨다." 다시 말해 펠리컨은 예수의 상징이다.

반면 흉측한 모양을 한 신화상 인간과 괴물도 있다. 용 같은 상상동물 그리고 아마조네스의 인간들, 혹은 '동굴 거주인trogodytes'이나 '뱀 먹는 사람들ophiophagi' 같은 저급한 존재들도 보인다. 사람이나 동물의 이런 '괴물성'은 아시아와 아프리카 일부 지역을 장식한다. 유럽처럼 신앙을 제대로 지키지 않은 곳에서는 원래의 자연스럽고 아름다운 성격이나 온전한 인간성을 상실한 모습을 띤다는 의미로 해석할 수 있을 것이다.

이처럼 세계를 자신의 사상에 따라 해석하는 것은 꼭 유럽만의 일은 아니다. 조선이나 중국에서 제작한 사해도四海圖나 천하도天下圖 역시 자국 문명의 중심성을 보여준다. 문제는 이런 전통적 인식이 언제까지나 그대로 지켜질 수는 없다는 점이다. 아랍 세계에서 발전한 지리 지식이 들어오고, 유럽인이 여행이나 십자군전쟁 등을 통해 세계를 직접 관찰한 결과가 쌓이면서 기존 세계관이 언제까지나 유지될 수는 없었다. 유럽인들이 세계 각지로 확산해 가기 시작한 중세 말기에 이르면, 세계에 대한 인식이 바뀌면서 새로운 방식, 새로운 내용의 세계지도가 등장한다.

조선이 만든 세계지도, 천하도

조선 후기의 천하도

조선 후기 제작된 작자 미상의 필사본 천하도로. 가로 16.3센티미터·세로 27.5센티미터 크기이다. 지도 외곽에는 팔괘를 상징하는 팔각형이 그려져 있다.

17세기 이후 조선에서 다양한 천하도가 제작되었다. 아마도 중국을 통해 접한 서양의 지리 지식과 지도가 조선 지식인의 세계 인식에 충격을 준 결과가 아닐까 생각한다. 천하도는 내대륙–내해–외대륙–외해의 구조로 이루어진 원형 세계를 그린다. 내대륙에는 중국, 조선, 안남安南, 인도 등 실재하는 나라들이 있다. 내해에는 일본국, 유구국琉球國 같은 실재하는 나라들과 함께 얼굴 한가운데 눈이 하나만 있는 사람들이 사는 일목국一目國, 머리가 셋인 사람들의 나라 삼수국三首國, 사람들 모두 가슴에 구멍이 나 있는 관흉국貫胸國 등 중국 고전 《산해경》에 나오는 가상 국가가 혼재해 있다. 외대륙에는 또 다른 가상의 나라들이 있고, 그 너머 외해에는 일월이 뜨는 곳의 부상扶桑, 일월이 지는 곳의 반격송盤格松 같은 신목神木이 그려져 있다.

조선 후기에 이르러 기존 세계 인식 체계로는 파악할 수 없는 새로운 지리 지식과 정보를 접하게 되자, 전통적 사고와 낯선 지리 개념을 융합한 새로운 '세계의 이미지imago mundi'를 창안해 낸 듯하다.

Part 5

근대를 향한 여정

냉혹한 권력과

예술의 향기

우리의 중세 유럽 여행은 교과서적 의미의 중세를 넘어 르네상스 시대까지 확장하기로 한다. 르네상스 시대는 극단적인 대조를 보인다. 한편으로는 피비린내 나는 권력 쟁탈전이나 광기 어린 전제정치, 냉혹한 정치 공작을 통해 근대국가가 형성되지만, 다른 한편으로는 셰익스피어나 미켈란젤로 같은 천재적인 예술가들이 지극히 아름다운 문학과 예술 작품들을 창조하여 우리에게 전해주었다.

백년전쟁이 마무리되자마자 영국에서는 장미전쟁이라는 지옥 같은 전쟁 상태가 재연되었다. 세상은 죽고 죽이는 치열한 싸움 끝에 권력을 쟁취하는 막장의 무대로 변했다. 리처드 3세는 가장 악마 같은 싸움꾼으로 기억되는데, 셰익스피어가 제시한 '악마의 무대의 광대'라는 이미지가 적지 않은 영향을 미쳤다. 피렌체는 가장 치열한 정치 투쟁 무대 중 하나로서, 특히 피도 눈물도 없는 체사레 보르자의 가혹한 행적은 오히려 마키아벨리의 찬탄을 불러왔다. 메디치 가문이나 신성로마제국 황실 사이에 벌어진 암살 사건들은 실로 교묘하여 500년이나 어둠에 파묻혀 있다가 최근에야 진실이 밝혀지기도 했다. 멀리 떨어진 러시아는 서유럽과는 결이 다른 역사의 흐름을 보이지만, 이곳에서도 이반 뇌제의 사례에서 보듯 극도로 잔혹한 전제정치가 발전해 갔다.

이처럼 끔찍한 정치적 현실 속에서 지극히 숭고하고 아름다운 예술이 어떻게 동시에 꽃필 수 있는지 언뜻 이해가 가지 않는다. 특히 피렌체의 창의적 천재들은 인류 역사상 최고의 경지에 오른 작품들을 선보인다. 미켈란젤로의 피에타 작품들은 인간의 예술이 도달한 최고 수준이라 할 수 있을 것이다.

중세와 르네상스 유럽은 내적으로 계속 발전해 왔다. 유럽은 이제 내부를 넘어 바깥의 드넓은 세계를 조망하는 단계로 진입했다. 이런 변화를 보여주는 흥미로운 자료 중 하나가 세계의 형상을 표현하는 세계지도, 곧 마파문디이다. 지난 시대의 마파문디가 막연한 신화적 세계관을 나타냈다면 이 시대에 만들어진 프라 마우로의 마파문디는 정확한 정보와 지식을 담아 비교적 정확한 세계의 모습을 제공한다. 이 지도에서 읽을 수 있는 것은 유럽의 선두 주자들은 이제 곧 인도양으로 진입하여 아시아 세계와의 교역과 교류를 목표로 하고 있다는 점이다. 세계를 향해 항해해 나가려면 물질적으로나 정신적으로나 문명적 준비가 필요하다. 근대의 문턱에 와 있는 유럽은 오랜 기간의 준비를 마치고 새로운 시대를 맞이하고 있다.

RICARDVS · III · ANG · REX ·

28

리처드 3세,
지옥의 싸움판에 핀 흰 장미

장미전쟁(1455~1485)은 이름만큼 그렇게 낭만적인 사건이 아니다. 백년전쟁이 끝난 후 프랑스에서 잉글랜드로 돌아온 전사 귀족들이 왕권을 놓고 다시 치열하게 죽고 죽이는 싸움을 벌이다 자멸한 말세의 전쟁이라는 평가가 실상에 가깝다. 그중에서도 특히 리처드 3세(재위 1483~1485)는 지옥 같은 막장 정치판에서 악마의 광대 노릇을 하다가 처참하게 몰락한 인물이다.

왕권 쟁탈전의 단초를 제공한 인물은 랭커스터 가문 출신 국왕 헨리 6세(재위 1422~1461, 1470~1471)다. 백년전쟁이 끝난 1453년, 국왕의 정신병이 크게 악화했다. 통치가 불가능해지자 국왕의 조카뻘 되는 요크 공작이 국왕을 보호하는 척하다가 그 자신이 왕위를 탐하면서 랭커스터 가문(붉은 장미)과 요크 가문(흰 장미) 간 전쟁이 시작되었다. 사실 30년 내내 전투가 지속된 건 아니고 수천 명의 군인들

◀ 16세기 후반에 그려진 작자 미상의 리처드 3세 초상

잉글랜드 주요 가문의 문장들

왼쪽의 붉은 장미는 랭커스터 가문, 가운데의 흰 장미는 요크 가문의 문장이다.
오른쪽은 튜더 가문의 문장으로, 랭커스터 가문의 붉은 장미와
요크 가문의 흰 장미를 결합시켜 만들었다.

이 짧은 기간 무모하게 살육전을 벌이는 식이었다. 귀족들은 명예롭게 싸운다며 칼과 도끼를 들고 장궁長弓 사수를 향해 용맹하게 돌진하곤 했다. 이런 무지한 행태 덕분에(!) 백년전쟁에서 살아남은 소수의 귀족들마저 사라져가는 결과를 낳았다.

요크 가문이 승리를 거두었으나 요크 공작 자신도 사망했기에 그의 아들이 에드워드 4세(재위 1461~1470, 1471~1483)라는 이름으로 왕위에 올랐다. 10년 후 제정신을 찾은 헨리 6세가 왕권을 되찾기 위해 도전해 왔으나 다시 패배하여 런던탑에 갇혔다가 사망했다. 그의 아들마저 전사하여 랭커스터 가문의 직계는 단절되었고, 요크 가문의 지배가 탄탄하게 굳어지는 것처럼 보였다. 그러나 이 가문 내에서 내분이 일어나 다시 문제가 생겼다. 1483년 에드워드 4세가 죽었을 때 그가 남긴 두 아들은 열두 살과 아홉 살 어린아이였다. 이 중 장남이 에드워드 5세라는 이름으로 왕위를 물려받았으나, 대관식도 치르지 못한 상태에서 두 달 후 런던탑에 갇혔다가 동생과

함께 죽임을 당했다. 왕위는 선왕 에드워드 4세의 동생 리처드가 차지했다. 숙부가 어린 조카를 살해하고 왕위를 빼앗는 것은 역사에서 흔히 벌어지는 일. 이번 경우에도 리처드가 어린 왕 에드워드 5세를 죽였을까? 역사가들은 정황상 그랬을 가능성이 높다고 판단하지만, 결정적인 사료가 없으므로 단정할 수는 없다.

때로는 중요한 문서가 뒤늦게 발견되기도 한다. 이탈리아 출신의 학자이자 수도사인 도메니코 만치니Domenico Mancini가 1482~1483년 잉글랜드를 방문하여 궁정에서 벌어진 사태를 직접 목도한 후 기록을 남겼다. 이 문서는 오랫동안 프랑스의 릴Lille 도서관에 묻혀 있다가 1934년에 가서야 발견되었는데, 역시나 리처드의 행적에 대해 부정적인 판단을 내리고 있다.

선왕의 장례식 후 왕실과 대귀족들은 보좌위원회를 만들어 공동으로 어린 왕을 보필하자는 의견이었으나, 리처드는 홀로 섭정Lord Protector이 되어 권력을 장악했다. 곧 반대파 인사들을 체포하여 살해하더니, 어린 국왕과 그의 동생을 런던탑에 유폐시켰다. 그러고는 현왕의 정통성을 부인했다. 선왕 에드워드 4세가 다른 여성과 이미 결혼한 상태에서 왕비와 결혼했기 때문에 거기에서 태어난 현왕은 서자라서 정통성이 없으며, 결국 자신이 정당한 왕위 계승자라는 것이다. 그가 대관식을 치르고 리처드 3세라는 이름으로 왕위를 차지한 이후 어린 것들이 더 이상 보이지 않았으니, 아마도 이 시기에 살해되었을 가능성이 높다. 곧 국왕이 살해되었다는 소문이 돌고, 사방에서 리처드에 대항하는 봉기가 일어났다. 봉기 주도자 버킹엄 공은 프랑스에 망명해 있던 헨리 튜더에게 귀국하여 왕위

1485년 보스워스 전투

보스워스 벌판에서 튜더 가문의 헨리와 리처드 3세가 맞섰고,
결국 리처드 3세는 전사했다. 루더부르(Philip James de Loutherbourg)가
1804년에 그린 그림을 1857년에 판화로 옮긴 것이다.

를 물려받으라고 제안했다.

튜더 가문의 헨리는 혈통상으로 랭커스터 왕실에 제일 가까운 인물이다. 일찍이 프랑스에 피신해 있던 그는 무명의 존재였고 전투 경험도 없었으나, 프랑스의 지지를 받는다는 강점을 가지고 있었다. 강력한 프랑스 전사들을 앞세우고 바다를 건너 잉글랜드에 상륙한 헨리는 보스워스 벌판에서 리처드 3세의 군과 최후 결전을 벌였다. 귀족들의 지지를 잃은 리처드는 마지막 전투에서 용감하게 싸웠으나 결국 전사했다(영국사에서 마지막으로 전사한 국왕이다). 일설에 의하면, 리처드는 왕관을 머리에 쓰고 전투에 나가 싸웠는데, 그가 죽었을 때 관목 숲에 떨어진 왕관을 부하들이 찾아서 헨리 튜더에게 전해주었다고 한다. 승리를 거둔 튜더는 요크 가문의 엘리자베스와 결혼하여 원수 가문 간의 갈등을 봉합하는 모양새를 갖추면서 새 왕조를 열었다. 이것이 영국사에서 통상 근대의 시작을 알리는 튜더왕조의 시작이다.

리처드 3세가 그토록 왕관을 차지하려 한 데에는 물론 개인의 야심이 발동한 면이 있겠으나, 어느 누구보다도 훨씬 더 통치를 잘 할 수 있으리라는 자신감도 작용했던 것 같다. 사실 짧은 재위 기간이기는 하나 그의 통치 행위를 보면 분명 능력이 뛰어난 인물이었던 것으로 보인다. 1484년 그의 치세에 유일하게 열린 의회에서 리처드는 평민들을 보호하는 정책들을 내놓았다. 범죄 행위로 체포된 사람에게 보석을 허가하고, 판결이 나오기 전까지 재산 몰수를 금지했으며, 토지 관련 혹은 직물 교역에 관한 법 조항들을 정비하고, 지방의 불합리한 재판소들을 개혁하고자 했다. 그는 분명 합리적 개혁을 시도하려 했던 것 같다. 역사상의 가정은 부질없는 일이지만, 만일 보스워스 전투에서 승리했다면 그는 유능한 영국 국왕의 반열에 올랐을 수도 있다.

물론 실제 일어난 일로 평가하면, 리처드 3세는 당대에 이미 폭군 소리를 들었다. 특히 다음 왕조에서 활약한 셰익스피어(1564~1616)에 의해 최악의 인간 말종으로 묘사되었다. 《리처드 3세》에 그려진 리

셰익스피어의 리처드 3세를 연기하는 18세기 영국 배우

리처드 3세 역할로 명성을 얻은 영국의 배우이자 극작가 데이비드 개릭(David Garrick, 1717~1779)이 보스워스 전투 직전 자신이 살해한 사람들의 유령에 시달리는 리처드 3세를 연기하는 장면이다. 윌리엄 호가스(William Hogarth)의 1745년작이다.

처드는 발을 심하게 저는 꼽추로서, 친형 클래런스 경을 모함하여 런던탑에 가두고 부하들을 시켜 포도주 통에 밀어 넣어 익사시킨 것을 비롯해 수많은 정적들을 무참하게 죽인 악인이다. 육체적으로나 정신적으로나 악의 극단을 치달은 인물인 것이다. 이 점에 대해서는 셰익스피어가 리처드를 지나치게 악마화한 게 아닌가 하는 의심이 들기도 한다. 마치 조선시대 문인이 고려시대 마지막 왕을 사악하게 그리는 것처럼, 튜더왕조의 정통성을 확보하기 위해 이전

시대 최후의 왕을 나쁘게 그렸을 가능성이 있기 때문이다. '리처드 3세 우호협회Society of Friends of King Richard III' 같은 모임이 지나친 역사 왜곡을 교정하겠다며 오랜 기간 노력해 온 것에서 알 수 있듯이, 이 문제에 대한 논란은 여전히 남아 있다.

아무리 그렇다 한들 문학과 예술이 갖는 강력한 영향력을 이기기는 힘들다. 사람들의 뇌리에 또렷이 박힌 이미지는 셰익스피어가 만들어낸 것이다. 셰익스피어 작품 중에서도 가장 많이 공연되는 작품 중 하나인 《리처드 3세》에서 주인공은 지옥 같은 세상에서 정적들과 싸우며, 최후의 권력을 잡기 위해 기꺼이 모략을 일삼는 악마의 배우 역할을 한다. 악이 횡행하는 어둠의 세계에서 절름거리는 몸짓으로 몸부림치며 권력을 향해 돌진하는 그의 모습은 실로 처참하다.

"양심이란 비겁한 놈들의 변명이야! 평화와 정의란 가진 놈들이 못 가진 자를 위협하기 위해 꾸며낸 말이야. 이 팔뚝의 힘이야말로 양심이고 칼이 곧 우리의 법이다. 닥치는 대로 해치워라! 천국에 못 갈 바에야 손에 손을 잡고 모두 지옥으로 가는 거다."

영국의 대배우 로렌스 올리비에 경이 연기하는 리처드 3세를 DVD로 보니 차라리 젠틀한 인상을 받는다. 최근 우리나라 무대에서 열연한 황정민 씨의 'K-리처드 3세'가 훨씬 처참하고 잔혹하고 독하다. 연극은 현실을 반영하는 법. 혹시 우리나라 정치판이 장미전쟁 시기 잉글랜드보다 더 악하게 싸움을 벌여서 그런가.

왕의 유골

최근 역사학계의 놀라운 사건 중 하나는 그동안 잃어버렸던 리처드 3세의 유골이 발견된 일이다. 2012년 역사학자와 고고학자 들은 런던에서 북쪽으로 160킬로미터 떨어진 레스터Leicester시의 시내 주차장 바닥을 조사하여 유골을 찾아냈고, 방사성 탄소 연대 측정과 DNA 테스트를 통해 이 유골이 리처드의 것임을 확인했다. 그가 전사한 후 묻힌 교회가 무너지는 바람에 왕의 유골도 땅속으로 사라졌을 것이다.

유골을 살펴본 결과, 전체적으로 셰익스피어의 묘사가 사실과 크게 다르지 않다는 것을 확인했다. 왕은 척추측만증으로 몸통이 크게 휘어 있었고, 두개골을 스캐닝해서 재현한 얼굴은 런던 국립초상화미술관에 있는 사악한 모습의 초상화와 꽤 닮았다는 평을 듣는다. 무엇보다 그의 두개골에 나 있는 11곳의 칼자국, 특히 후두부의 두개골 일부를 깨뜨릴 정도의 강력한 칼자국은 마지막에 그가 죽을 때 주변 사람들의 존경과 사랑을 전혀 받지 못했다는 방증이라 할 수 있다.

어쨌거나 관도 없이 묻혔다가 유골마저 유실되었던 이 불행한 국왕은 500년이 지나서 다시 정중하게 재매장되었다. 영국 성공회의 수장인 저스틴 웰비 캔터베리 대주교가 집전하여 레스터 대성당에 시신이 다시 묻힐 때, 유명 배우 베네딕트 컴버배치가 영국 계관시인 캐럴 앤 더피의 시를 낭독했다. “이 유골을 축복하라. 끊어진 끈을 다시 잇고/ 내 죽었을 때 잘려 나간 표상 십자가를/ 거기에 다시 꿰는 것을 상상하라. …” 영국 역사학자들은 시를 낭독한 컴버배치가 리처드 3세의 먼 후손이라는 사실도 밝혀냈다.

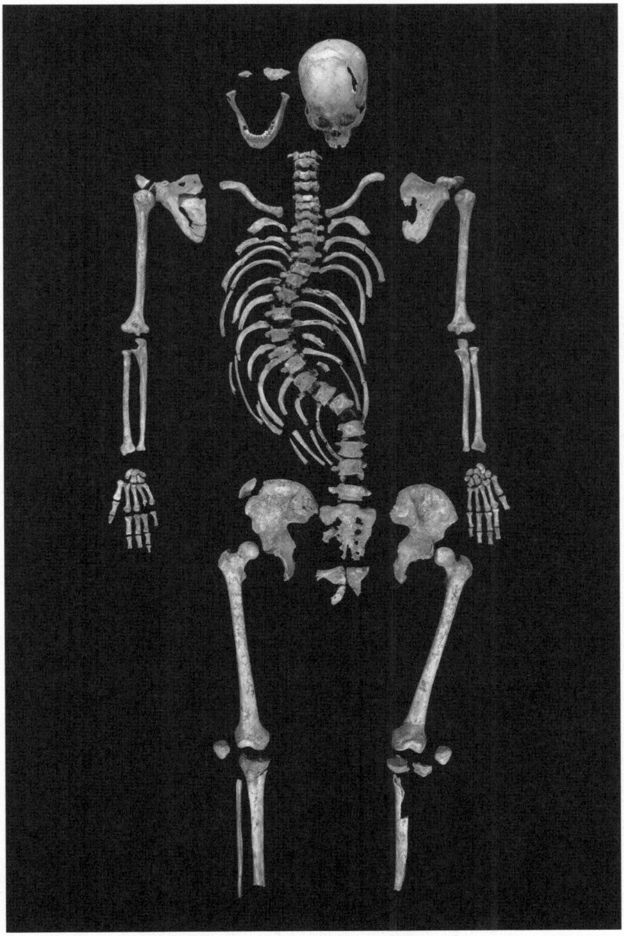

잉글랜드 요크 가문 최후의 국왕 리처드 3세의 유골

2012년 레스터에서 발견된 리처드의 두개골 유골에 남겨진
수많은 칼자국은 그의 처참한 죽음을 말해준다.

29

체사레와 루크레치아의 르네상스 시대 막장드라마

르네상스 시기 이탈리아는 찬란한 문화 발전을 이루었으나 정치적으로는 혼란스럽기 그지없었다. 특히 15세기 말 로마는 '신성함도 법도 없고 오직 금과 폭력이 넘쳐나는 비너스의 제국'이라는 말이 돌았다. 흔히 타락한 교황의 대명사로 통하는 알렉산데르 6세(재위 1492~1503)와 그의 아들 체사레Cesare Borgia 그리고 딸 루크레치아Lucrezia Borgia는 이 시대 혼돈의 극단을 증언하는 사례다.

알렉산데르 6세는 원래 에스파냐의 발렌시아 출신으로 본명은 로드리고 보르자Rodrigo de Borgia다. 일찍이 교계와 속계 양면에서 탁월한 능력을 발휘하다가 삼촌이 교황이 되자(칼리스투스 3세) 로마에서 승승장구했다. 그렇지만 그는 신심이 깊은 인간은 결코 아니어서, 추기경 직책을 수행할 때 카타네이Vannozza Cattanei라는 여인을 애첩으로 두었다. 두 사람은 조반니와 체사레 두 아들을 낳았고, 이

◀ 바티칸 보르자 아파트의 벽화인 일 핀투리치오(Il Pinturicchio)의 1492년 프레스코화에 묘사된 루크레치아

어서 1480년 세 번째 아이인 딸 루크레치아를 얻었다. 딸마저 권력 추구의 도구로 삼은 로드리고는 고작 열한 살이던 루크레치아를 두 명의 에스파냐 귀족과 차례로 약혼시켰다. 상대방이 양다리를 걸친 상태라는 사실을 까맣게 모르고 있던 두 약혼자는 크게 분개했다. 다음 해인 1492년, 문제의 보르자 추기경이 교황 알렉산데르 6세가 되면서 상황이 급변한다. 교황은 이탈리아 북부의 강국 밀라노와 정치적 동맹을 강화하기 위해 루크레치아의 이전 약혼을 모두 파기하고 딸을 밀라노 공작의 조카 조반니 스포르차Giovanni Sforza와 결혼시켰다. 열네 살 연상인 남편과의 정략결혼이 행복할 리 없다. 1493년, '교황님 댁 혼사'라는 이상한 성격의 결혼식을 성대하게 치르기는 했으나 신혼부부는 전혀 애정이 없어 보였다. 첫날밤도 아무 일 없이 지나간 것으로 보인다.

다음 해 나폴리왕국의 왕위 계승 문제로 교황과 밀라노 공작 사이에 갈등이 벌어지면서 상황이 이상한 방향으로 흘렀다. 밀라노 공작은 프랑스 국왕과 결탁하여 나폴리로 공격해 들어가려 했고 교황은 이를 저지하려 했다. 루크레치아의 남편 조반니는 삼촌(밀라노 공작)과 장인(교황) 사이에서 이러지도 저러지도 못하고 중립을 지키려 할 뿐이었다. 결국 프랑스군이 로마로 공격해 들어와서 산탄젤로성에 피신해 있던 교황이 항복하고, 프랑스군이 나폴리까지 쳐들어갔다가 되돌아가는 사태가 벌어졌다.

이 난리를 겪는 동안 사위 조반니가 아무런 도움도 주지 않은 데다가 루크레치아에게 계속 냉랭한 태도를 보이자, 교황은 두 사람의 결혼을 무효화하기로 결정했다. 이혼이라는 게 불가능했던 시대

이므로(결혼을 종교적 성사聖事가 아니라 계약 행위로 규정하고, 따라서 계약을 해소하는 이혼도 법적으로 가능해진 것은 프랑스혁명의 결과다), 결혼이 원천 무효라고 선언하는 수밖에 없었다. 그래서 두 사람이 성적 결합이 없었으며 그 원인은 조반니가 성적 무능력자이기 때문이라고 선언했다. 공개적으로 성적 무능력자 낙인이 찍힌 조반니는 악성 루머를 퍼뜨려서 보복했다. 교황이 자기 딸과 근친상간 관계이기 때문에 자신에게서 루크레치아를 빼앗아갔다고 주장하며 돌아다닌 것이다.

자신의 의사와 상관없이 결혼했다가 다시 결혼 무효 처분을 당해 충격을 받은 루크레치아는 수녀원에 들어가서 아예 나오려 하지 않았다. 교황은 딸을 설득하기 위해 자신의 시종 페드로 칼데스 Pedro Caldes, 일명 페로토Perotto를 보냈다. 22세의 젊은 남성 시종이 18세의 이혼녀와 자주 만나 인생 상담을 하다 보니 뜻하지 않게 두 사람의 관계가 뜨거워졌고, 루크레치아는 임신했다. 그녀에게는 아마도 페로토가 첫사랑이었을 것이다. 이런 상황에서 가족 내 살인이라는 끔찍한 일까지 벌어졌다. 작은오빠 체사레가 큰오빠 조반니를 암살하여 시체를 테베레강에 던져버린 것이다. 이처럼 포악한 성격의 체사레가 여동생의 임신 사실을 눈치채고 말았으니, 이제 그녀의 애인 페로토의 목숨도 경각에 달렸다. 페로토가 목숨을 구하기 위해 교황에게 달려갔으나, 체사레는 단도를 쥐고 바티칸 궁을 가로질러 그를 추격하여 교황이 보는 앞에서 그를 찔렀다. 그가 죽었는지 살아남았는지는 불분명하여 설이 엇갈리지만, 어쨌거나 루크레치아가 두 번 다시 페로토를 볼 수 없게 된 건 분명하다.

이런 막장의 상황에서 교황과 체사레는 다시 루크레치아를 나폴리 왕의 서자인 아라곤의 알폰소와 결혼시켰다. 다행히 두 사람은 서로 사랑했고 행복한 삶을 이어갔다. 그러나 이번에도 오빠 체사레가 문제를 일으켰다. 그는 프랑스 국왕 루이 12세(재위 1498~1515)와 결탁하여 밀라노를 지배하고 더 나아가서 나폴리왕국까지 차지하려는 욕심을 품었다. 그러자니 매제의 출신 국가인 아라곤과 관계가 악화되었다(나폴리왕국과 아라곤은 가까운 관계였다). 체사레가 무슨 짓이라도 서슴지 않고 벌인다는 사실을 잘 아는 알폰소는 두려움을 느낀 나머지 로마에서 도주했다. 교황은 딸의 안위를 위해 루크레치아를 소도시 스폴레토로 보냈고, 도망갔던 남편도 이곳으로 찾아와 두 사람이 다시 함께 살았다. 부부는 이곳에서 안정된 삶을 살 수 있을까? 자신의 정치적 계획에 방해가 되는 인물은 누가 되었든 가차 없이 처치해 버리는 체사레가 있는 한 그런 일은 불가능하다. 1500년 7월 15일, 다섯 명의 자객이 길거리에서 알폰소를 공격했다. 루크레치아는 중상을 입은 남편을 간호하면서, 혹시 오빠가 또 공격해오지 않을까 두려워하여 방 앞에 호위병 16명을 배치했다. 그러나 체사레 앞에서는 이런 정도는 무용지물이다. 마치 마피아 영화에서 그러하듯, 사흘 뒤 알폰소는 어느 틈엔가 누군가에 의해 목 졸려 죽은 상태로 발견되었다.

겨우 스무 살의 나이에 루크레치아는 큰오빠, 애인, 남편이 모두 작은오빠 체사레에 의해 살해당하는 꼴을 당했다. 그러자 세간에는 이상한 소문이 돌았다. 체사레가 여동생과 근친상간 관계여서 주변의 남자들을 질투한 나머지 모두 죽였다는 것이다. 소설과 영화, 오페라는 그런 식의 흑색 전설을 따르는 경향이 있으나, 그보다는 체사레의 정치적 야망이 주요 동인이었을 가능성이 더 크다.

이런 상황에서 교황 가문은 루크레치아의 세 번째 결혼을 주선했다. 상대는 장래 페라라 공작이 되는 에스테의 알폰소였다. 루크레치아로서는 어떻게든 로마의 친정집 식구들로부터 멀리 떨어지고 싶은 심정이었으리라. 특히 걸핏하면 칼부림을 해대는 친정 오빠 체사레가 징그럽지 않았을까. 1502년 1월, 마침내 루크레치아는 이탈리아 북부의 도시 페라라로 떠났다. 아버지와 오빠 그리고 로마의 악덕에서 벗어난 그녀는 마침내 행복한 삶을 되찾았다. 두 사람의 사랑의 결실로 아이도 여럿 낳았다.

1503년 교황 알렉산데르가 사망했고, 체사레 역시 1507년 전투에서 사망했다. 루크레치아는 아마도 슬픔과 동시에 안도감을 느꼈을 법하다. 이후 그녀는 여인으로, 어머니로 그리고 예술 후원자로 평온한 삶을 살다가 1519년 39세의 나이로 열한 번째 아이를 낳던 도중 사망했다. 후대의 문학 작품과 영화, 드라마는 루크레치아를 타락한 모략가, 살인을 행하는 요부, 근친상간녀 등 악마적인 캐릭터로 각색하는 경향이 강하지만 실상은 오히려 잔혹한 운명의 희생자에 가깝다.

르네상스 시대의 찬란한 예술 작품들을 보노라면 이런 문화를 탄생시킨 당대 사회가 매우 덕성스러운 곳이 아니었을까 생각할지 모르지만, 실상은 전혀 그렇지 않다. 안타까운 일이지만 정치와 문화가 같은 수준으로 발전하지는 않는 듯하다.

마키아벨리가 찬미한 체사레

마키아벨리는 《군주론》에서 체사레 보르자를 매우 훌륭한 통치 행위를 수행한 인물로 제시한 바 있다.

"로마냐 지방을 점령한 공작(체사레)은 그 지역이 예전부터 무질서가 난무하는 곳임을 알게 되었다. 이곳을 평정하기 위해 라미로 도르코Ramiro d'Orco, 혹은 Ramiro de Lorca라는 잔인하지만 유능한 인물을 파견하면서 전권을 위임했다. 그는 단기간에 질서와 평화를 회복했으며 사람들은 그를 두려워했다. 시민들의 반감이 높아졌다는 것을 눈치챈 공작은 분위기를 무마하고자 했다. 이제껏 행해진 잔인한 조치는 자신의 잘못이 아니라 대리인인 라미로의 난폭한 성격 때문이라는 점을 보여주고자 했다. 그리고 적절한 기회를 이용하여 어느 날 아침 공작은 두 토막이 난 라미로의 시체와 형구들, 피 묻은 칼을 광장에 전시했다. 참혹한 광경을 본 시민들은 한편으로 만족감을 느끼면서도 경악을 금치 못했다."

군주는 사랑을 받는 것이 바람직한가, 두려움을 받는 것이 바람직한가? 마키아벨리의 의견은 이러하다. 사랑도 받고 두려움도 받는 것이 바람직하지만 둘 다 동시에 얻는 것이 어렵기 때문에 굳이 하나를 선택해야 한다면 두려움을 받는 것이 훨씬 안전하다. 왜 그런가? 인간은 은혜를 모르고 변덕스러우며 위선자인 데다가 기만에 능하며 위험을 피하려 하고 이득에 눈이 어둡기 때문이다. 사람은 두려움을 불러일으키는 자보다는 사랑을 받는 자에게 더 기꺼이 해를 끼치게 마련이다.

마키아벨리와 함께 앉아 있는 체사레 보르자

마키아벨리는 체사레 보르자를 매우 이상적인 통치자로 평가했다.
1898년경 페데리코 파루피니(Federico Faruffini)가 그린 것으로,
왼쪽이 체사레 보르자이다.

500년 만에 밝혀진 메디치가 청부 살인 사건의 비밀

1548년 2월 26일 아침, 베네치아에서 망명 생활을 하던 피렌체 귀족 로렌치노 데 메디치**Lorenzino de' Medici**가 삼촌과 함께 산 폴로**San Polo** 교회 문을 나섰다. 두 사람이 무심히 길을 가던 중 갑자기 괴한 둘의 습격을 받았다. 삼촌은 재빨리 도주하여 겨우 화를 면했으나, 단도로 머리를 가격당한 로렌치노는 땅에 쓰러져 결국 목숨을 잃었다. 무슨 일이 있었던 걸까?

로렌치노는 평범한 인물이 아니다. 그 자신이 과거 피렌체에서 있었던 암살 사건의 범인이었다. 11년 전인 1537년, 같은 메디치 가문 내 사촌 형제이며 피렌체의 지배자였던 알레산드로**Alessandro** 공작을 자기 집으로 유인한 후 하인과 함께 칼로 공격하여 살해한 것이다. 두 사촌 형제는 매우 친한 사이인 척을 했으나 사실 재산 상속 문제로 다투던 중이어서 이것이 살해 원인으로 보인다. 그렇

◀ 주세페 베추올리(Giuseppe Bezzuoli)가 1840년에 그린 〈로렌치노의 죽음〉 부분

바티칸 미술관의 메디치가 문장

지만 로렌치노는 자신이 암살 사건을 일으킨 것은 독재자로부터 피렌체를 구하기 위해서라고 주장했다. 중세 피렌체는 정치적으로 자유롭고 경제적으로 번영하는 가운데 르네상스 문화를 활짝 꽃피운 공화국이었으나, 16세기에 들어와서 메디치 가문의 세습 체제가 확립되어 공화정은 종말을 맞았다. 로렌치노는 마치 고대 로마 공화정을 지키기 위해 독재자 카이사르를 암살한 브루투스라도 된 양 정의로운 척을 했으나 실제 의도가 그렇게 고상한 것 같지는 않다. 암살 후 그는 피렌체 출신 망명객들이 많이 거주하고 있던 베네치아로 도피했다.

알레산드로 공작의 죽음으로 메디치 가문의 직계는 단절되었다. 공작 작위를 물려받은 사람은 가문의 방계로서 당시 17세였던 코시모 1세Cosimo I de' Medici였다. 그는 권력을 장악한 후 도주한 암살범 로렌치노를 붙잡아 처형하겠다고 공개적으로 선언했다. 그렇다면 1548년 베네치아에서 벌어진 로렌치노 암살 사건은 코시모가 10년 이상 기다린 끝에 복수를 행한 것일까? 여러 증거로 보건대 그렇게 추론하는 것이 결코 이상한 게 아니었다. 우선 코시모는 암살 사건이 일어나기 전에 두 킬러를 직접 면담했고, 사건 완수 후에 다시 만나 거액의 보수를 주었다. 게다가 그 시기에 코시모의 측근 인사들이 베네치아에 가 있었는데, 이들이 모종의 암살 계획을 추진 중이었다는 정황이 뚜렷하다. 이 이상 무슨 증거가 더 필요하겠는가? 역사책들과 이 사건을 다룬 예술 작품들은 모두 로렌치노 암살은 코시모의 복수였다고 판단해 왔다.

19세의 코시모 1세 초상

그런데 500년 세월이 흐른 후 새로운 증거들이 나오면서 지금까지 진실이라고 믿었던 것에 대해 의심하게 되었다. 우선 메디치 궁에서 오간 암호화된 편지들이 새롭게 조명되었다. 피렌체 문서보관소에 보존되어 있는 이 서한들을 분석해 보면, 코시모는 암살 사건과 무관하지는 않으나 그가 직접 암살을 지시하지는 않았다는 점이 분명하다. 베네치아에 가 있던 그의 수하 로티니라는 인물은 여태 역사가들이 믿던 바와는 달리 로렌치노 암살을 준비한 게 아니라 다른 정적을 노리고 있었다. 실제 로렌치노를 목표로 하던 조직은 따로 있었으나 복잡한 사유로 전혀 일을 진행시키지 못하고 있었다. 다시 말해 코시모는 로렌치노 암살과는 직접 관련이 없었다.

그렇다면 암살을 지시한 범인은 누구란 말인가? 놀랍게도 신성로마제국 황제 카를 5세임이 밝혀졌다(황제는 명목상 유럽의 최고 지배자이지만, 실제로는 당시 독일과 동부 유럽 지역, 에스파냐를 통치하고 있었다). 살해 동기

신성로마제국 황제 카를 5세의 초상

는 쉽게 추론 가능하다. 1537년 로렌치노에게 암살당한 알레산드로가 그의 사위였기 때문이다. 황제의 사생아 딸 파르마의 마가레트는 그 전 해에 알레산드로와 결혼했는데, 1년도 되지 않아 14세의 나이에 과부가 되고 말았다. 이후 그녀는 편지를 쓸 때마다 '슬픈 마가레트'라고 서명했고, 남편을 죽인 살인범 로렌치노에 대한 복수를 갈구하여 그의 머리에 상금을 걸었다. 그리고 그의 부친인 황제에게도 복수를 요청했다.

카를 5세는 사위의 죽음에 대해 분노를 느끼고 복수를 원했으나, 그렇다고 이탈리아 문제에 직접 개입하기는 쉽지 않았다. 당시 황제는 프랑스 국왕 프랑수아 1세와 치열하게 패권 경쟁을 벌이는 중이었고, 다른 한편 가톨릭 군주로서 루터의 종교개혁 이후 들불같이 번져나가던 개신교의 확산을 막는 문제에 완전히 붙들려 있었다. 그래서 외교 경로를 통해 코시모 공작에게 로렌치노를 붙잡아 처형하라고 압박을 가하는 것에 만족해야 했는데, 그러다가 기회가 닿자 직접 행동에 나선 것이다. 그렇지만 심증만으로는 안 되고 황제가 암살을 직접 지시했다는 스모킹건**smoking gun**(움직일 수 없는 증거)

에스파냐의 시망카스 문서보관소

로렌치노 암살은 뜻밖에도 사위를 잃은 신성로마제국 카를 5세의 지시로 이루어졌다. 이탈리아가 아니라 에스파냐에서 암살의 증거가 나온 것은 이 때문이다.

이 필요하다. 그 증거는 이탈리아에서 멀리 떨어진 에스파냐의 시망카스Simancas 문서보관소에서 나왔다. 지금까지 역사가들이 진실을 파악하지 못한 이유는 메디치 가문 내 살인 사건의 내막을 파헤치겠다며 이탈리아 문서만 보았기 때문이다. 실제 사건은 훨씬 더 큰 맥락에서 벌어지고 있었으니, 증거 자료도 국제적으로 살펴보았어야 했다.

시망카스에는 카를 5세 궁정에서 주고받은 암호화된 문서들이 있다. 이 문서들을 보면 실제 암살 사건의 집행인은 놀랍게도 밀라노 공작 페란테 곤차가Ferrante Gonzaga였다. 황제의 충직한 수하인 그는 피렌체 공작 코시모 측과 접촉하여 로렌치노의 머리에 걸린 상금을 실제 지불할 수 있는지 물어보고 확약을 받았다. 그러니까 지금까지 진범으로 여겨졌던 코시모 공작은 이전에 약속했던 돈을 지불한 정도로만 사건에 간여했다. 이제 밀라노 공작 곤차가는 킬러 두 명을 고용하여 암살을 지시했고, 이런 사실을 황제에게 보고했다. 킬러들은 피렌체를 거쳐 베네치아로 가서 작업을 준비했다. 베네치아에서는 황제 대사인 멘도사라는 인물이 이들을 돕는 역할을 맡았다. 그는 줄곧 로렌치노의 행적을 추적해 오고 있었다. 황제는 멘도사에게 로렌치노를 비밀리에 살해해야 한다는 내용의 편지를 보냈고, 멘도사는 에스파냐인 암살범을 고용하면 쉽게 눈에 띄므로 이탈리아인들을 써야 한다는 내용의 편지를 보냈다. 최종적으로 1548년 1월 11일, 황제는 로렌치노 살해 계획을 실행에 옮기라고 지시하는 편지를 보냈다. 이제 킬러들이 행동에 돌입하여 2월 26일 암살에 성공했다. 그 후 베네치아 주재 제국 대사관에서 킬러들을 비밀리에 보호했고, 이들을 피렌체 인근의 피사까지 안전하게 데리고 와서 약속한 보수를 받도록 조치했다.

황제는 왜 10년이 넘게 지난 이 시기에 암살을 거행했을까? 암살 계획을 본격화한 1547년 시점을 주목해 보자. 이해에 황제의 평생 라이벌인 프랑스 국왕 프랑수아 1세가 사망했고, 황제군이 독일 내 개신교 영주들을 군사적으로 제압했다. 지금까지 자신을 짓누르던 문제들이 어느 정도 해결되었다고 판단한 황제는 이탈리아 문제로 눈을 돌릴 수 있었던 것이다. 1547~1548년에는 황제의 다른 정적들이 살해당하거나 처형당했다. 로렌치노의 암살 또한 이 같은 정치 공작의 큰 틀 내에서 벌어진 일련의 사건 중 하나였다.

지금까지 학자들은 로렌치노 암살을 메디치 가문 내에서 벌어진 복수 사건으로만 간주했고, 당연히 이탈리아 내부에서 실마리를 찾으려 했다. 실제로는 훨씬 더 큰 국제적 맥락에서 일어난 사건이기 때문에 실상을 파악하는 데 어려움이 컸던 것이다. 그렇지만 진실은 아무리 감추려 해도 끝내 숨길 수 없는 법. 깊은 어둠에 묻힌 사건일지라도 심지어 500년 세월이 흐른 후에 밝혀지기도 한다.

메디치 가문의 또 다른 미제 사건

1587년 10월, 메디치 공작 프란체스코 1세와 동생 페르디난도는 형제 간 다툼을 멈추고 화해하는 뜻에서 성대한 연회를 열었다. 그런데 연회를 마치고 나오는 중에 프란체스코와 부인이 갑자기 쓰러졌다. 부부는 열흘간 극심한 고통에 시달리다가 같은 날 사망했다. 동생 페르디난도가 부검을 지시하고 서둘러 발표를 했는데, 미리 짜 맞춘 결론을 내린다는 인상을 주기에 충분했다. 사람들은 부부가 말라리아에 걸려 죽었다는 공식 발표 내용을 믿지 않았다. 암만해도 동생이 형을 독살한 것이 아닐까 의심이 갔으나 그 점을 입증할 증거가 없었다.

당시 메디치 가문의 장례 관습대로 사체의 장기를 네 개의 단지에 넣어 산타마리아 성당 지하에 두었다. 이 장기 조각들을 분석하여 미스터리를 풀려는 시도가 여러 차례 행해졌다. 2004년 도나텔라 리피Donatella Lippi라는 의학사 연구팀은 사체에 대한 과학적 조사 끝에 비소를 검출했다. 조사 결과에 따르면 형을 질투한 동생이 독살했을 가능성이 높아 보였다. 그런데 이 결과는 다시 뒤집어졌다. 2010년 재조사 때 말라리아를 감염시키는 기생충Plasmodium falciparum을 발견한 것이다. 결국 말라리아로 사망했다는 원래의 공식 발표가 맞을 수도 있게 되었다.

독살인가, 병사인가, 어느 편이 진실인지는 아직 단정할 수 없다. 우아하면서도 잔혹한 메디치 가문에 관해서는 아직 밝혀야 할 미스터리가 많이 남아 있다.

비앙카 카펠로의 죽음

토스카나 대공 프란체스코와 부인 비앙카 카펠로의 죽음을 묘사한
아모스 카시올리(Amos Cassioli, 1832~1891)의 그림이다.
두 사람은 프란체스코의 동생 페르디난도가 연 연회에 참석했다가 열흘 뒤 사망했다.

이반 뇌제,
무자비한 폭력으로 신성한 국가를 만들다

차르 이반 4세(재위 1533~1584)의 별칭은 뇌제雷帝, **Ива́н Гро́зный, Ivan the Terrible**다. 벼락 치듯 끔찍하고 무시무시한 위엄으로 공포를 불러일으키는 지배자라는 뜻이다. 그런데 러시아에서는 '그로즈니'라는 이 말이 꼭 나쁜 의미만은 아니어서, 대국을 통치하는 지배자라면 의당 갖추어야 할 자질로 친다. 다른 나라에서는 독재자 취급을 당하는 푸틴 대통령이 국내에서 의외로 인기가 높은 것도 비슷한 맥락일 것이다.

이반은 모스크바의 궁정에서 자라며 자연스럽게 '그로즈니'한 자질을 습득했다. 부친 바실리 3세가 사망했을 때 이반은 고작 세 살이었다. 섭정을 맡았던 어머니도 몇 년 후 사망했다. 귀족들이 독살했을 가능성이 없지 않다. 당시 모스크바 궁정은 독살과 칼부림이 난무하는 살벌한 암투의 현장이었다. 이런 상황에서 이반은 어떻게

◀ 1897년 빅토르 바스네초프(Viktor Vasnetsov)가 그린 이반 4세의 초상

권력을 행사해야 하는지 스스로 터득해 갔다. 그는 15세에 자신의 말을 거역하는 자들의 혀를 뽑고 목을 베면서 처음으로 '통치 행위'를 시작했다고 후일 회고한 바 있다.

1547년 17세의 나이에 이반은 차르라는 이름으로 대관식을 거행했다. 그의 할아버지와 아버지도 가끔 차르라 불린 적이 있지만, 차르로서 대관식을 한 것은 이반이 처음이다. 로마제국 황제 '카이사르'에서 유래한 이 용어는 원래 비잔티움제국 황제나 몽골의 칸을 가리킬 때 쓰던 말이다. 공식적으로 차르를 선언함으로써 이반은 자신이 지상신국地上神國을 통치하는 황제라고 주장한 것이다.

사실 그의 통치 전반기는 광기에 찬 폭정이라기보다는 오히려 현명하고 효율적인 국정 운영을 한 것으로 평가받는다. 관료제를 정비하고 서구 국가들의 신분의회에 해당하는 젬스키 소보르를 소집한 데다가 군대 조직도 훌륭하게 재편했기 때문이다. 이렇게 강화된 행정력과 군사력을 이용하여 카잔과 아스트라한 등 몽골 세력의 마지막 보루들을 점령하여 볼가강의 접근로를 확보했다. 이는 유라시아대륙 전체 역사에서 봤을 때 실로 중요한 의미를 띤다. 아시아 내륙의 유목민족이 밀고 들어오는 도상의 핵심 지점들을 장악하여 그들을 통제하고, 더 나아가서 러시아가 오히려 유목민족 지역 심층부로 세력을 확대하는 계기를 만든 것이다. 이제 이 나라는 모스크바공국이 아니라 러시아라고 불리며 주변 지역들을 정복하면서 본격적으로 팽창하기 시작했다.

그러나 통치 후반기에 이반은 광기 어린 잔혹한 전제군주로 바뀌어 갔다. 사랑하던 황후 아나스타샤의 죽음, 그리고 자신이 위중

카잔 성벽 아래의 이반 4세

이반은 동쪽으로 진격해 몽골 세력을 굴복시키며 러시아를 확장했다.
1552년 카잔을 정복한 이반 4세의 모습을 담은 그림으로
표트르 코로빈(Pyotr Korovin)의 1890년 작품이다.

한 병에 걸려 죽음 직전까지 갔을 때 신하들이 보인 불충의 자세 등이 중요한 계기로 작용한 것 같다. 많은 측근들이 무자비하게 죽임을 당했다. 차르는 갈수록 종잡을 수 없는 행태를 보이기 시작했다.

1564년, 이반은 돌연 모스크바를 떠나 100킬로미터 떨어진 알렉산드로프의 수도원으로 들어가서 추종자들과 함께 검은 수도사 옷을 입고 지냈다. 이곳에서 보인 이반의 행태는 그야말로 기이하기 짝이 없었다. 부하들과 함께 술을 마시고 광대와 춤을 추고 살인을 서슴지 않는 '악마의 향연'을 벌였다. 그러더니 양위하겠다는 내용의 편지를 총주교에게 보냈다. 귀족과 시민들이 돌아와 달라고 읍소하자 이반은 두 가지 사항을 약속받고 모스크바로 귀환했다. 첫째는 국토를 둘로 나누어 그중 한 구역을 자신이 마음대로 통치하겠다는 것이고, 둘째는 악당과 반역자에 대해 자신이 원하는 방식으로 처벌하겠다는 것이다. 두 가지 다 상식적으로 받아들이기 힘든 이상한 조건이 아닐 수 없다. 국가를 두 개의 권역으로 나누어 그중 하나를 완전히 새로운 방식으로 직접 통치하려 한 의도가 무엇인지 역사가들은 아직도 정확히 파악하지 못하고 있다. 다만 이 이상한 조치를 통해 귀족들의 기반을 흔들고 차르의 권력을 강화한 것은 분명해 보인다.

이때 만든 강력한 기구가 '오프리치니키'라는 러시아 최초의 비밀경찰 조직이다. 처음에 1,000명으로 출범했다가 나중에 6,000명으로 늘어난 이 기구는 차르의 적을 잡아 파멸시키는 것이 목적이었다. 이들은 검은색 옷을 입고 개 대가리와 빗자루를 매단 검은 말을 타고 다녔다. 차르의 적을 개처럼 물어뜯고 쓸어버린다는 의미다. 본격적인 공포정치가 시작되었다. 많은 사람들이 체포되었고, 그들의 가족, 친척, 친구, 하인도 함께 사라졌다. 체포된 인사의 재산은 몰수되거나 아예 불태워졌다. 차르의 심기를 심하게 건드린

반역 혐의로 체포된 한 귀족의 최후

이반 4세와 오프리치니키는 반역자를 조롱하기 위해 황제의 옷을 입히고
황제의 자리에 앉힌 뒤 처형했다.
1870년대에 니콜라이 네브레프(Nikolai Nevrev)가 그렸다.

곳은 지역 전체가 끔찍한 응징을 당했다. 1570년에 배반죄로 정죄된 노브고로드가 대표적인 사례다. 리투아니아와 전쟁 중이던 당시, 노브고로드 귀족들이 도주하여 이곳이 적의 수중에 들어가도록 음모를 꾸몄다는 가짜 보고가 차르에게 올라갔다. 이반은 오프리치니키를 보내 '피와 불의 진압'을 지시했다. 가혹한 고문과 살상이 이어졌다. 시민들을 숯불 그릴에 구우며 심문했고, 대주교는 곰 가죽을 입힌 다음 사냥개들을 풀어 쫓도록 했다. 오프리치니키는 많은

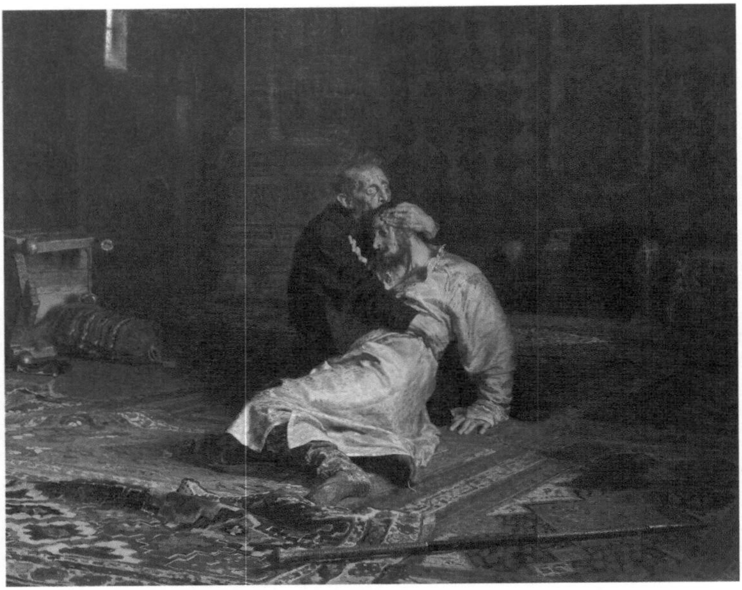

1581년 11월 16일 이반 뇌제와 그의 아들 이반

아들 이반을 죽인 이반 4세가 넋이 나간 채 죽은 아들을 껴안고 있다.
피 묻은 쇠망치와 구겨진 카펫을 통해 살해 당시의 상황을 짐작할 수 있다.
1885년 일리야 레핀(Ilya Repin)이 그렸다.

사람들을 썰매에 묶어 얼어붙은 강물에 던져 넣고는 보트를 타고 돌아다니면서 물 위로 떠오르는 사람들을 갈고리나 몽둥이로 물속에 도로 밀어 넣었다. 노브고로드는 이때 완전히 파괴된 뒤로는 예전과 같은 지위를 영영 되찾지 못했다.

이후에도 이반의 광기는 가라앉지 않았다. 분노가 폭발할 때마다 반역자들을 색출하여 잔인하게 고문하고 처형했다. 사지 절단, 십자가형, 가죽 벗기기, 솥에 넣고 삶기, 화약통 위에 앉히고 폭발시키기 등 말로 다 할 수 없는 악행들을 저질렀다. 그러다가도 갑자기 관대하고 자애로운 면모를 보이곤 했다. 사실 이렇게 언제든지 죽일 수 있고 언제든지 사랑할 수 있다는 것이야말로 '그로즈니'한 독재자의 끔찍한 면모다. 통치 말기에 이반은 그동안 자신이 저지른 살인에 대한 참회의 행위로 살해한 사람들의 이름을 전부 부르며 그들의 영혼을 위해 기도를 올렸다. 공식적으로 확인된 희생자만 4,095명에 이르렀으니, 기도 시간이 꽤 길었을 것이다!

이반의 희생자 중에는 친아들도 포함되어 있다. 임신한 며느리의 옷이 단정하지 않다고 꾸짖고 있는데 아들이 끼어들자 쇠몽둥이로 쳐서 죽였다. 제일 든든한 후계자를 스스로 없애버린 것이다. 1584년 이반은 54세에 갑자기 사망했다. 그 역시 독살되었다는 설이 제기되었지만 확실하지는 않다. 병약하거나 천치 상태인 아들들이 차르 지위를 물려받았으나 오래 못 가 류리크왕조는 단절되고, 1613년 로마노프왕조가 들어섰다. 로마노프 시대는 20세기 러시아 혁명 시기까지 300년 넘게 지속된다.

상크트바실리 대성당

모스크바 붉은 광장 남쪽에 있는 상크트바실리 대성당은 이반 4세 시대에 카잔과 아스트라한 정복을 기념하여 건축했다. 중심부의 교회 건물을 8개의 작은 교회 건물이 둘러싸고, 여기에 더해 바실리 성인(1468~1552 또는 1557)의 묘 위에 열 번째 교회 건물을 지었다.

'예수에 빠진 바보'로 불리는 바실리 성인은 여자들 사이에서 벌거벗고 돌아다니거나 교회에 돌을 던지는 식의 기행을 서슴지 않았다. 그런 행동의 의미는 겉으로 드러난 모습과는 정반대로 사람들의 성적 타락을 비난하고 '신의 집'에 접근하는 악마를 쫓는 것이라고 한다. 이런 인물들은 이성이 아니라 전적으로 신앙에만 근거하여 진리에 도달했다고 주장한다. 이들의 기행은 세속의 법을 초월하는 신의 언어의 표현이다. 이반은 바실리 성인에게 깊은 감화를 받아, 바실리 성인이 죽었을 때 직접 관을 들어 옮길 정도였다.

상크트바실리 대성당의 성 바실리 성화

이반의 정치 행위 또한 '예수에 빠진 바보'와 통하는 방식이다. 이성이 아니라 신앙을 지고의 위치에 놓고 신의 뜻을 받아 통치한다는 주장이다. 이 논리에 따르면 그의 기이한 통치 방식은 표면적으로는 미친 행위로 보이지만, 더 높은 차원에서는 이 세상에서 신의

모스크바 상크트바실리 대성당

이반 4세가 카잔과 아스트라한 정복을 기념하여 지은 것으로 1555년 건축을 시작해 1561년 완성하였다. 이때에는 9개의 소성당 건물로 이루어져 있었으나, 1588년 바실리 성인의 묘소 위에 따로 열 번째 소성당을 지었다. 화려한 색과 독특한 돔이 눈길을 사로잡는 대성당은 러시아 전통 양식과 비잔티움 양식이 어우러진 러시아 목조 건축의 절정이라 평가된다.

질서를 구현하는 합리적 지배다. 이처럼 초월적인 신성성을 근거로 정치권력을 행사함으로써 러시아는 서구 국가와는 다른 성격을 띠게 되었다. 도스토예프스키는 러시아인만이 세상에서 유일하게 신을 가슴에 품고 사는 민족이라고 주장했다. 그에 걸맞게 러시아는 차르가 신의 뜻을 구현하며 통치하는 신성한 전제국가를 표방했다.

활력 넘치는 천재들의 도시 피렌체

인류 역사를 보면 어느 시대의 한 도시에 최고의 창의적 천재들이 연이어 등장하는 현상을 볼 수 있다. 고대 그리스의 아테네가 그렇다. 소크라테스, 플라톤, 아리스토텔레스를 비롯한 철학자, 소포클레스와 에우리피데스 같은 문인, 피디아스와 폴리클레이토스 같은 조각가 등 역사상 두 번 다시 찾아보기 힘든 높은 수준의 거장들이 활약하며 그야말로 서구 문명의 기초를 만들어냈다. 아바스왕조의 바그다드 또한 유사한 사례다. 칼리프 알만수르(재위 754~775)는 '지혜의 전당'이라는 기관을 설립하여 그리스, 페르시아, 인도 고전 문명의 찬란한 문화유산들을 아랍어로 번역했다. 예컨대 프톨레마이오스의 천문학서 《알마게스트》, 유클리드의 수학서 《원론》, 플라톤의 철학서 《티마이오스》, 인도학자 브라마굽타의 천문학·수학서 《브라마시단타》 같은 고전들을 번역한 다음 일급 학자들이 주해注解하

◀ 피렌체를 대표하는 화가 보티첼리(Sandro Botticelli)의 1480년경 작품 〈프리마베라〉 부분

고 심층 연구를 했다. 아랍 문명의 이런 성과를 물려받지 않았다면 르네상스 이후 근대 서구 문명의 발전은 크게 지체되었을 것이다.

13세기 말부터 17세기 초까지 대략 3세기 동안의 피렌체 또한 유사한 사례다. 보카치오부터 브루넬레스키까지, 토리첼리부터 갈릴레이까지, 조토부터 미켈란젤로까지, 단테부터 마키아벨리까지 회화, 조각, 건축, 문학, 과학, 정치학 등 광범위한 부문에서 천재들이 나타나 인간 활동의 모든 영역에서 신기원을 이루는 놀라운 성과를 거두었다. 이런 천재들의 활동 무대는 실로 매우 좁은 공간이다. 서쪽의 산타마리아노벨라 교회부터 동쪽의 산타크로체 교회까지 그리고 북쪽의 산마르코 수도원부터 남쪽의 로마나 성문까지 피렌체 구도심은 동서 간 1.5킬로미터, 남북 간 1.5킬로미터에 불과하다. 이 협소한 공간에서 그처럼 위대한 인재들이 북적거리며 살았다는 게 흥미롭다. 성격 까칠한 젊은 미켈란젤로가 골목길에서 나이 지긋한 다빈치를 만나 시비를 걸면 점잖은 선배 예술가가 무심히 웃고 지나가는 식의 일들이 일상적으로 일어난 것이다.

매 세대마다 위대한 예술가와 학자 들이 계속 등장하는 일이 어떻게 가능했을까? 물론 한마디로 쉽게 설명할 수는 없다. 막연한 말이지만, 오랜 숙성 끝에 높은 경지에 도달한 도시-국가의 문화 환경 자체가 인재를 키워내는 흐름을 이어갔다고 할 수밖에 없다. 어떤 배경에서 그런 선순환의 흐름이 만들어졌을까?

피렌체는 여러 장점이 있다. 가장 기본적으로는 밀, 올리브, 포도주를 제공하는 풍요로운 주변 농촌을 들 수 있다. 우선 먹고살 만한 안정적인 물질적 기반을 갖추어야 문화 역량의 발전을 기할 수 있

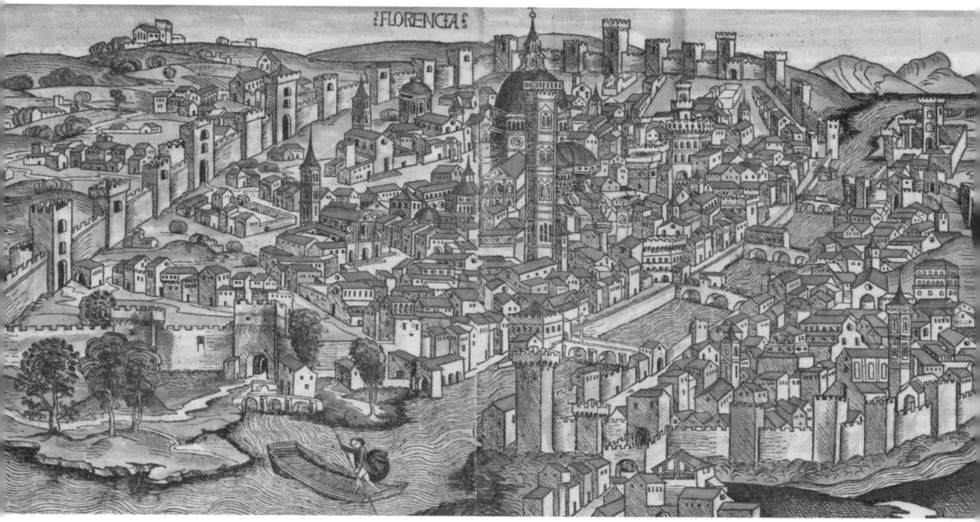

1493년 출간된 《뉘른베르크 연대기》에 실린 피렌체 지도

아르노강을 따라 많은 다리들이 놓여 있다. 성벽과 포탑이 둘러싼 도시는 강의 양쪽에 위치해 있고 중심에는 거대한 두오모 성당과 조토의 캄파닐레(대성당의 종탑)가 있다.

다. 그런데 사실 이런 조건을 갖춘 곳이야 널려 있으니 이것이 결정적 요인은 분명 아니다. 그보다는 상업과 공업, 은행업이 더 중요한 요소다. 직물업을 통해 점차 큰돈을 벌고, 전 유럽의 대상인과 군주 및 귀족 들을 대상으로 금융 거래를 하여 큰 부를 쌓아갔다. 14세기에 이르면 피렌체는 이탈리아에서 가장 활력 있는 대도시로 성장한다. 이런 과정에서 부유한 대가문들이 성장했고, 일부 가문이 쇠락하면 다른 대가문이 치고 나오곤 했다. 스피니, 프레스코발디 같은 1세대 가문에 이어 바르디, 페루치 같은 2세대 가문들이 성장하고, 이들이 쇠락하면 다시 메디치, 스트로치 같은 3세대 가문들이 융성했다. 이 도시귀족 가문들이 경제적으로 그리고 문화·예술적으로 피렌체를 빛낸 주역들이다.

다만 특정 가문의 권력 독점을 막기 위해 제도적 정비를 했다. 예컨대 강력한 행정장관에게 사법행정을 맡기되 의도적으로 피렌체 외부 가문 사람을 임명했다. 또 유럽 국제 정치 무대에서 피렌체가 곤경에 빠지지 않도록 각별히 노력했다. 로마, 밀라노, 신성로마제국 등 주변의 막강한 정치 세력에 휘둘리지 않도록 균형을 추구하는 데 외교의 주안점을 두었고, 강력한 군사 집단의 권력 농단 사태를 예방하기 위해 외국인 용병을 고용했다(다만 이것이 후일 피렌체의 약점으로 작용한다).

이 사회에 아무런 문제가 없는 것은 아니다. 교황당과 황제당이라는 파당들 간 싸움, 치옴피의 난(1378)이라 일컬어지는 노동자 봉기를 야기한 극심한 계급 갈등 등 심각한 문제들이 있었지만 국가가 붕괴에 이를 정도로 방치하지는 않았다. 페스트의 위기 또한 잘 극복했다. 위기를 이겨내는 과정에서 피렌체 시민의 정체성이 새로운 형태를 띠게 되었고 독특한 문화가 생겨났다. 예컨대 1430년대에 건축가 레온 바티스타 알베르티**Leon Battista Alberti**는 "돈이 모든 것의 뿌리"라고 주장했다. 프랑스의 저명한 역사가 브로델은 이를 두고 이 시대 사람들의 사고에 이전과는 다른 새로운 의식, 곧 절약이나 시간의 가치를 강조하는 근대 부르주아 문화 요소가 생성되었다고 보았다. 모든 것을 신에게 의탁하는 게 아니라 인간의 힘과 능력**virtù**이 운명을 통제할 수 있다는 사고가 발전한 것이다.

르네상스 예술은 이런 복합적인 분위기에서 꽃피었다. 이제 시민들의 삶과 예술이 함께 어우러지며 발전해 갔다. 무엇보다 피렌체는 모뉴먼트, 궁정, 교회, 수도원 건물 등 장대하고 아름다운 건물로 스스로를 장식했다. 가장 극적인 사례는 다름 아닌 두오모**Duomo** 성당의 재건축이다. 원래 산타 레파라타**Santa Reparata**라 불리는 작은 규모의 성당이 시내 한복판에 있었는데, 1294년 이 성당을 크게 재건축하기로 결정했다. 당시 시 조례를 보면 "다른 그 누구도 더 이상 장대하고 화려하게 지을 수 없도록 최대한 웅장하게 만들어야 한다"고 규정하고 있다. 현대인 같으면 상상하기 힘든 일이지만, 100년 이상 끈질기게 수작업 방식으로 돌을 다듬어 거대한 성당을 지어나갔고, 한 세기 반이 지나서 필리포 브루넬레스키**Filippo Brunelleschi**가 거대한 이중 구조의 돔을 올리는 난공사를 맡았으며, 마지막으로 1469년 베로키오**Andrea del Verrocchio**와 그의 제자 다빈치가 돔 위에 거대한 황금색 구球와 십자가를 얹음으로써 마침내 '꽃의 성모'라고도 불리는 성당을 완공했다. 1489년에 시는 일반 시민들도 아름다운 건축물을 짓도록 장려하기 위해 대가문들이 5년 내에 웅장한 저택을 지으면 40년 동안 조세 특혜를 주기로 결정했다.

이 시기에 이르면 이제 피렌체는 예술과 과학, 철학에서 최고의 정점을 찍는 단계로 들어간다. 부호들은 예술가들의 메세나가 되어 자신의 가문을 찬미하는 작품을 만들도록 했고, 길드는 능력 있는 예술가를 고용하여 자기 단체의 수호성인을 그렸다. 안젤리코는 산마르코 수도원의 수사들이 거주하는 방마다 성스러운 그림들을 그려주었고, 보티첼리는 신비로운 이교 신들의 축제를 표현했으며, 도나텔로는 걸작 다비드상을 완성했다. 철학자들은 플라톤 아카데

두오모 성당 전경

1294년 문화와 예술의 창조성이 폭발하던 피렌체는 당대의 역량을 집결해 이 도시의 상징이 될 두오모 성당의 재건축을 결정했다.

미에서 고대 철학을 연구하고 기독교와 고대 이교 문명의 융합이라는 고난도의 이상을 추구했다.

한 가지 생각할 점이 있다. 피렌체에서 문화가 가장 난만하게 꽃핀 때는 경제가 하강기에 들어선 시대다. 경제적 번영이 정점을 지나 쇠락할 때 문화 부문에서 마지막으로 빛을 발하여 보상을 받기라도 하는 듯 말이다.

피렌체에서 활동해야 하는 이유

피에트로 페루지노의 자화상

화가 피에트로 페루지노Pietro Perugino(1450?~1523)가 어디에서 활동해야 탁월한 화가가 될 수 있냐고 묻자, 그의 스승은 다름 아닌 피렌체라고 답하면서 세 가지 이유를 들었다. 첫째, 비판 정신이다. 이 도시의 공기는 사람들의 정신을 자유롭게 만들어서 결코 평범한 작품에 만족하지 않으며, 작가의 이름에 대한 존경보다는 선善과 미美를 기준으로 판단한다. 둘째, 이 도시에 살면 부지런해진다. 늘 자신의 지성과 판단력을 발휘하고 자기 일을 하는 데 잘 준비하고 흐트러짐이 없게 되며, 돈 버는 법을 알게 된다. 이 나라는 적은 돈으로도 충분히 잘 살 수 있는 곳이 아니기 때문이다. 셋째, 영광과 명예에 대한 갈망이다. 이곳의 분위기는 주변 사람들에 비해 열등하거나 심지어 동등한 수준에 있어도 만족하도록 내버려두지 않는다. 그런 사람들은 곧 뒤처지고 만다. 이런 충고에 따라 페루지노는 피렌체에 와서 안드레아 델 베로키오의 지도를 받았고, 몇 년 후 큰 명성을 얻었다. 그래서 이탈리아 전역에 그의 작품이 넘쳐나게 되었다.

33

고통 속에서 빛을 명상하는 미켈란젤로의 세 피에타

피렌체의 두오모 오페라 박물관Museo dell'Opera del Duomo에서 역사상 처음으로 미켈란젤로의 피에타 세 작품을 한 공간에 전시한 적이 있다. 피에타Pièta란 십자가에서 내린 그리스도의 시신을 두고 성모가 애도하는 주제의 작품을 말한다. 24세에 완성한 바티칸 피에타, 75세에 이르러 자신의 묘소에 설치하려고 만든 반디니Bandini 피에타, 그리고 미켈란젤로 최후의 작품 론다니니Rondanini 피에타를 함께 볼 수 있는 정말로 흔치 않은 기회였다(다만 바티칸 피에타와 론다니니 피에타는 원본은 아니고 정교하게 복제한 캐스트 작품이었다). 세 작품을 보면 거장 미켈란젤로의 예술적, 영적 성숙 과정을 짐작하게 된다.

미켈란젤로Michelangelo di Lodovico Buonarroti Simoni는 1475년 3월 6일 피렌체 인근의 카프레세Caprese에서 태어났다. 여섯 살에 어머니가 사망하여 4년 동안 유모에게 맡겨져서 자랐다. 마침 유모의 남편이

◀ 바티칸 대성당에 있는 미켈란젤로의 바티칸 피에타

석공이라서 어린 미켈란젤로는 돌 만지는 데 관심을 두었다고 한다. 어린 나이에 어머니를 여윈 애달픈 심정과 차가운 돌에서 새로운 생명을 창조해 내는 평생의 업이 운명처럼 엮인 것이다.

부친은 미켈란젤로가 자신처럼 공직에 나아가기를 희망했으나 그의 강렬한 예술적 열정을 꺾을 수는 없었다. 미켈란젤로는 13세에 기를란다요 공방에 도제로 들어가서 각종 기예를 익혔다. 곧 당대 최고 권력자인 로렌초 데 메디치**Lorenzo de' Medici**의 눈에 들어 그의 후원을 받으며 일취월장으로 성장한다. 그러나 1492년 후원자 로렌초가 사망한 후 피렌체와 이탈리아의 역사는 격동기로 들어가고, 젊은 예술가 또한 굴곡진 삶을 살았다. 때로 박해를 피해 이웃 도시로 피신하거나 혹은 권력자 눈에 띄지 않기 위해 숨어 살아야 했다. 미켈란젤로가 피렌체의 산 로렌초 대성당 지하 공간에 은거하는 동안 벽에 그린 스케치 자료가 최근 발견되기도 했다.

이런 가운데서도 그는 최상의 작품들을 생산해 냈다. 특히 그의 명성을 확고하게 만들어준 작품이 바티칸 피에타다. 로마 주재 프랑스 대사인 장 빌레르**Jean Bilhères de Lagraulas** 추기경이 프랑스 국왕 샤를 8세의 묘소를 장식할 작품을 주문한 것이다. 완성한 작품은 그야말로 경탄을 불러일으킨다. 그리스도 몸의 근육과 핏줄, 물결치는 듯한 성모 옷의 주름까지 어떻게 이토록 완벽하고도 아름답게 묘사할 수 있단 말인가. 그런데 사실 너무 아름답게 묘사해 오히려 문제가 되었다. '십자가에서 내린 그리스도를 무릎에 올려놓은 성모'라는 조각상은 거의 볼 수 없는 구도로서, 이전 시기 독일에서 목재로 만든 작품이 소수 있을 뿐이다. 그 작품들은 모두 극단의 슬픔에 잠긴 성모를 나타낸다. 죽은 아들을 무릎 위에 얹고 내려다보는 어머니의 슬픔이 어찌 극적이지 않겠는가. 그런데 미켈란젤로의 피에타는 완벽한 피라미드 구도이고, 그리스도는 고대 그리스 신상神像에서 볼 수 있는 멋진 육체를 가지고 있으며, 성모는 앳돼 보이는 얼굴에 고요한 표정을 짓고 있다. 슬픔과 고뇌보다는 고상한 젊은 남녀의 아름다움을 형상화한 것처럼 보인다. 미켈란젤로는 성모자聖母子의 아름다움은 육체적인 게 아니고 순결과 성스러움에서 오는 영적인 아름다움이라고 해명했지만, 역시나 젊은 예술가이기 때문에 그렇게 만들었으리라는 느낌을 지울 수 없다.

그가 다시 피에타 작품을 만든 것은 50년이 흐른 뒤다. 그의 나이 75세에 죽음이 멀지 않다는 것을 느끼고, 이제 다른 사람이 아니라 자신을 위한 예술을 수행한 것이다. 당시 그의 젊은 제자 체키노 브라치Cecchino Bracci가 일찍 세상을 뜨고, 이어서 미켈란젤로의 뮤즈였던 여류 시인 비토리아 콜론나Vittoria Colonna도 사망하여 충격을 받았을 터이다. 그는 자신의 묘소를 장식할 작품으로 반디니 피에타를 제작했다. 미완 상태로 남아 있던 이 작품은 후일 조수 칼가니Tiberio Calgani가 완성했고, 오랫동안 몬테카발로Montecavallo의 반디니 빌라에 있던 것을 메디치 3세가 구입하여 피렌체로 가지고 왔다.

네 인물로 구성된 이 작품은 대리석 조각 하나로 만들었다는 게 믿기지 않을 정도로 복잡하고 거대한 규모다. 작품 분위기는 이전 피에타와는 완전히 달라서 깊은 비애감을 자아낸다. 그리스도는 더 이상 완벽한 육체가 아니라 축 처져 있으며, 성모의 몸짓과 표정은 크나큰 고통을 드러내고, 마리아 막달레나는 그리스도의 죽음을 차

반디니 피에타

마 믿지 못하겠다는 듯 다른 곳을 보고 있다. 이 세 인물을 마치 품에 안듯이 위에서 굽어보는 니코데모는 미켈란젤로 자신의 얼굴을 하고 있다. 바리새파 지도층 인사였던 니코데모는 밤에 예수를 찾아와서 '누구든지 다시 태어나지 않으면 하느님의 나라를 볼 수 없다'는 이야기를 듣는 인물로 성경에 나온다.

미켈란젤로는 누군가가 이 작품을 보는 것을 극도로 꺼렸다. 그런데 어느 날 저녁 궁금증을 참지 못한 바사리(동시대의 화가이자 예술가들의 전기를 쓴 작가)가 문 너머로 들여다보는 것을 알아챘다. 미켈란젤로는 램프를 땅에 떨어뜨리며 이렇게 말했다고 한다. "나 역시 이 램프처럼 곧 쓰러지고 내 빛도 사라질 거요."

마지막 작품 론다니니 피에타는 미켈란젤로의 오랜 예술적 여정의 도달점이라 할 만하다. 그는 1552년경 작업을 시작하여 죽기 사흘 전까지 이 작품을 다듬었다고 한다. 환영幻影같이 가늘고 긴 모습의 그리스도와 성모는 거의 땅에서 떨어져 나와 공중에 떠 있는 듯하다. 이들의 헐벗은 신체는 이목구비가 거의 없고, 형상을 잃은 듯 추상화되어 있으며, 고통과 슬픔의 분위기가 물씬 난다. 발이 꺾여 불안정하기 짝이 없는 상태로 가까스로 서 있는 그리스도의 모습을 보노라면 참으로 묘한 느낌이 든다. 성모가 죽은 그리스도의 몸을 지탱하고 있는 걸까(논리상으로는 그래야 할 것이다), 아니면 그리스도가 성모를 업고 있는 걸까? 그리스도가 자신의 어깨에 얹혀 있는 성모의 손을 느끼며 대화를 나누는 것은 아닐까? 그렇다면 이미 삶과 죽음의 경계는 허물어진 걸까? 해석은 다양할 수밖에 없다. 현대 조각가 헨리 무어Henry Moore는 이 피에타야말로 가장 감동적인 작품이며, 미켈란젤로 89년의 삶이 온전히 녹아 있다고 말했다.

노년의 피에타 작품들은 스물네 살 청년 시기에서 한참 멀어졌다. 완벽하게 아름다운 작품을 만들고 누군가의 오해에 발끈하여

론다니니 피에타

성모의 옷깃에 자기 이름을 새겨 넣던 미켈란젤로가 아니다. 후기의 작품들은 의도적으로 미완non finito 상태로 두었다. 돌에서 형상을 완전히 꺼내지 않아서 일부가 아직 돌 속에 묻혀 있는 상태다. 이는 플라톤 철학 혹은 당대 신플라톤주의 철학과 관련이 있다. 플라톤은 이 세상의 그 어느 예술품도 이데아의 세계에 있는 본질적 대응물counterpart과 완전히 같을 수 없다고 말했다. 결과적으로는 죽은 돌에서 생명이 움트고 있는 듯한 강렬한 느낌을 받게 된다.

유럽 도시 100곳의 시장과 주교 들이 모여 평화를 기원하는 대회를 기념하는 이 전시회는 단테의 《신곡》 중 천국 편 29장의 구절 '사람들은 하느님의 말씀이 세상에 뿌리내리기까지 얼마나 많은 피를 흘리는지 생각하지 않는다'를 모토로 제시했다. 미켈란젤로 자신이 피에타를 제작하며 이 말을 했다고 하지만, 동시에 질병과 전쟁의 피해를 본 세상의 어머니들과 아이들에 대한 위로의 말이라고도 한다. 피에타는 고통의 어둠 속에서 빛에 대해 명상하는 작품이다.

'바티칸 피에타'를 둘러싼 논란

바티칸 피에타는 작품 완성 직후부터 논란을 일으켰다. 이처럼 아름다운 작품을 애송이 조각가가 만들었을 리가 없으며 다른 작가의 작품이라는 소문이 돌자, 미켈란젤로는 분개하여 성모의 옷깃 부분에 자기 이름을 새겨 넣었다. 미켈란젤로가 서명을 남긴 유일한 사례인데, 그는 곧 이렇게 한 것을 깊이 후회했다고 한다.

그리스도가 33세에 죽었으니 성모 또한 최소한 40대 이상의 나이여야 하는데 왜 그렇게 젊고 아름다운 소녀 얼굴을 하고 있는가? 또 아들이 비참하게 죽었는데 성모는 왜 그렇게 평온한 표정인가? 사실 이 작품에서 나타내고자 한 것은 육체적 아름다움이 아닐 것이다. 미켈란젤로는 성모의 육체적 아름다움이 아니라 영적 아름다움을 나타냈다고 해명했다. 그리스도는 사흘 후에 부활할 터이므로 영원히 죽은 게 아니라 일시적으로 잠자는 상태이고, 이 사실을 이미 알고 있는 성모 또한 잠든 어린아이를 내려다보는 어머니 같은 표정이다.

1972년 한 광인이 이 작품을 망치로 쳐서 코가 깨지고 팔이 부러지는 참사를 겪은 후, 이제는 방탄유리로 보호하고 있어 바티칸에서 차분히 감상하기는 어렵다. 이번 기회에 피렌체에서 아주 가깝게 보았을 때 내 눈에 들어온 것은 죽은 그리스도의 손이 '엄마 치맛자락'을 살짝 잡고 있는 부분이었다.

바티칸 피에타 성모의 옷깃에 새겨진 미켈란젤로의 서명

ETHYOPIA OC
AFRICA
NVBA
ASIA
DESERTO
PERSIA
DELI
INDIA PRIMA
CHREMANIA
LOR
MEDIA
CIRENA
LIBIA
EGYPTO
SIRIA
PARTHIA
BANGALA
TARTARIA
EVROPA
ROSSIA ROSSA
ROSSIA NEGRA
ROSSIA
AMAÇONIA
PRAXAN
ORGANÇA
ROSSIA BIANCHA
ASIA
CIMARCHIA INFERIOR

34

프라 마우로 지도,
아시아 항해를 예고하다

중세 유럽의 세계지도(마파문디)는 기독교적 시각에서 세계를 파악하여 그렸다. 단순히 객관적 지리 정보를 제시하는 게 아니라, 우리가 살아가는 이 땅 자체가 하느님의 뜻이 구현되는 무대라는 의미를 담고 있다. 그렇지만 언제까지 이런 꿈 같은 세계상을 고집할 수는 없다. 대항해시대의 서막이 열리는 15세기 중엽이 되면 새로운 세계 인식을 담아내는 혁신적인 지도들이 등장하기 시작한다. 베네치아의 수사 프라 마우로Fra Mauro가 제작한 지도가 대표적이다.

1450년경 베네치아에서 제작된 이 명품 지도는 한 변 223센티미터의 정사각형 안에 지름 196센티미터의 원형 세계지도를 그려 넣었고, 이 안에 3,000개가 넘는 캡션과 100여 개의 그림으로 풍부한 정보를 담아냈다. 도시, 사원, 도로, 국경, 특산물, 항해, 교역 등 중요한 사항들이 지도 전면에 빼곡히 적혀 있다.

◀ '프라 마우로 지도' 부분

1450년경 제작된 프라 마우로 지도

탐험과 원정의 시대를 이끌던 포르투갈의 아폰수 5세의 의뢰를 받아 제작했다.
당대 가장 풍부하고 정확한 지도로 평가되며, 대항해 시대를 여는 데 일조했다.

이 지도는 기존 지도와는 여러 측면에서 다른 면모를 보인다. 우선 이전의 마파문디에서는 에덴동산이 아시아 동쪽 끝에 실재하는 지역인 양 그렸지만, 여기에서는 세계지도 바깥 부분에 따로 그려서 배치했다. 에덴동산이 이 세상과 '영적'으로 연결되기는 하지만 정말로 이 땅 어딘가에 존재한다는 '실재성'은 완화시킨 것이다. 예루살렘의 위치도 변경했다. 기존 지도에는 예루살렘이 세계의 중심이라는 점을 보이기 위해 지도 정중앙에 그렸으나 마우로는 세계 각 대륙의 실제 비중을 정확히 나타내기 위해 예루살렘의 위치를 약간 서쪽으로 옮겼다. "위도상으로 보면 예루살렘은 세상의 중심에 있다. 그러나 경도상으로 보면 더 서쪽에 위치한다. 다만 유럽의 인구가 조밀하기 때문에, 지리적 공간뿐 아니라 인구수를 고려하면 예루살렘은 경도상으로도 중심에 있다고 할 수 있다." 이런 캡션 내용을 통해 종교적 의미를 살리면서도 아시아대륙의 실제 크기를 충실히 표현했다.

연구자들의 분석에 따르면 아시아에 관한 정보는 주로 마르코 폴로의 책에서 얻은 것이다. 예컨대 중국 관련 정보의 90퍼센트 정도가 폴로의 책에 나오는 내용이고, 여기에 더해 니콜로 데 콘티, 오도리코 다포르데노네 등 다른 저자들을 부차적으로 인용하고 있다. 예컨대 일본이 '심팡구 섬Ixola de Cimpangu'으로 표기되었는데, 마르코 폴로가 시팡구Cipangu 혹은 지팡구Zipangu로 표기한 것을 옮긴 것으로 보인다. 이것은 일본이 유럽의 지도에 처음 등장한 사례다(한반도는 아직 명확하게 표시되지 않았다).

주목할 점은 고전 저작의 내용을 그대로 옮기기만 하는 게 아니라 자신이 판단하기에 맞지 않아 보이는 것들은 과감하게 수정하고 있다는 점이다. 특히 지난 시대의 여행기나 지지地誌에 많이 나오는 기이한 사항들에 대해 매우 비판적 태도를 취했다. "어떤 사람들은 인도에 여러 종류의 괴물 인간 혹은 괴이한 동물들이 있다고 하지만, 이를 믿는 사람이 많지 않으므로 나는 그것들을 기록하지 않겠다.” 이런 식의 언급이 자주 보인다. 물론 그 역시 고전 자료에 빈번히 등장하는 괴이한 사항들을 전적으로 무시할 수만은 없었는지 일부 사례를 소개한다. 예컨대 금광을 지키는 ‘개만큼 큰 개미’ 이야기는 여러 자료에 등장하므로 그 역시 적기는 하되, “아마 이것은 개미 비슷하게 생긴 다른 동물일 수 있다”는 식으로 그 나름의 합리적 추론을 더하고 있다.

한 가지 예를 들어보자. “많은 사람들이 말하기를 안다만의 한 섬에 호수가 하나 있는데 이 호수의 물을 쇠에 부으면 금으로 바뀐다고 한다. 내가 이 말을 하는 이유는 단지 여러 사람들이 증언을 하므로 그들을 공정하게 대하기 위해서이다.” 비슷한 사례로 아일랜드의 어느 섬에 나무를 쇠와 돌로 바꾸는 호수가 있다는 이야기가 있는데, 마우로는 이런 말을 덧붙인다. “만일 이 이야기를 믿는다면 안다만섬 이야기도 믿어야 할 것이다.” 그는 신비로운 일들을 완전히 배제하는 건 아니지만 최소한 맹신하거나 먼저 경탄하는 태도를 보이지는 않는다. 이전의 마파문디가 보여준 것과 달리 이 세상은 놀랍고 신비로운 일들이 그득한 경이의 세계가 아니다.

마우로의 강조점은 다른 데 있다. 아시아는 괴물이나 꼬리 달린 인간이 사는 기이한 세계가 아니라 놀라울 정도로 풍요롭고 잘사는 지역이며, 교역과 교류가 발달했다는 것이다. 인도양에 대해서는 사람들이 수행하는 다양한 교역 활동들을 중점적으로 기록한다. “공간이 부족해서 다 표시하지 못했지만, 이 바다에는 매우 많은 섬이 존재하며, 모두 사람이 살고 향신료를 비롯한 상품들이 많이 나는 기름진 곳들이다. 금, 은, 다양한 종류의 보석들도 많다”는 식이다. 중세 말과 근대 초 유럽인들의 꿈은 금과 향신료가 많이 나는 아시아로 가는 일이었다. 그렇지만 육로를 통해 아시아로 가는 길은 너무 멀고 험하다. 그렇다면 바닷길로 그곳에 갈 수 있는지를 탐색하지 않을 수 없다. 사실 이 지도의 요체는 인도양 항해의 가능성에 대한 탐구라 할 수 있다.

이전의 많은 문헌과 지도는 유럽에서 인도양까지 가는 항해가 원천적으로 불가능하다고 보았다. 남쪽에는 바다가 끓어오를 정도로 더워서 통과가 거의 불가능한 열대지역Torrid zone이 있을 뿐 아니라, 혹시 그곳을 지나간다 해도 미지의 대륙terra incognita이 막고 있어서 아시아의 바다로 항해해 갈 수는 없다는 주장이다. 중세의 여러 지리학자들은 아프리카의 남쪽 끝이 거대한 대륙과 연결되어 있으며, 이 대륙은 동쪽으로 길게 뻗어 아시아의 동쪽 지역과 맞닿아 있어서, 말하자면 인도양은 땅으로 둘러싸인 내해內海라고 보았다. 결국 아프리카를 돌아 아시아로 가는 항해는 아예 불가능하다는 말이 된다.

그러나 프라 마우로는 이와 다른 새로운 주장을 내놓는다. 인도양이 더 큰 대양에 열려 있어서 그곳으로 항해해 가는 게 가능하며, 언젠가 아라비아해에서 향신료를 실은 배 두 척이 실제 유럽까지 온 적이 있다는 기록을 과거 문헌 중에서 찾아 제시한다. 그보다 더 중요한 근거는 이 지도를 제작하기 수십 년 전인 1420년경 실제로 인도양에서 대서양으로 항해해 온 선박에 관한 정보다. "나는 믿을 만한 사람과 이야기한 적이 있는데, 그는 인도 배를 타고 가다가 인도양에서 40일 동안 거친 폭풍우로 인해 소팔라 곶과 '녹색섬'에서

아프라키 남단이 그려진 '프라 마우로 지도' 상단 부분

아프리카 남단의 디아브(DIAB)를 돌면 아시아로 항해할 수 있음을 보여준다.
프라 마우로는 수십 년 뒤에 벌어질 대양 항해를 예측한 셈이다.

인도양을 넘어 서남서 방향으로 밀려갔다. 이들은 2,000마일이나 항해했다가 왔던 길로 되돌아갔다."

이것이 사실이라면 실로 중요한 사건이라 하지 않을 수 없다. 인도양에서 희망봉을 넘어 대서양으로 항해해 왔다가 되돌아간 일이 실제 일어났다면, 마찬가지로 대서양에서 항해하여 인도양으로 들어가는 것이 가능하다는 말이 된다. 만일 이 항로가 열리면 힘겨운 육로 운송 대신 해로를 이용해 더 빨리 아시아로 갈 수 있다. 지중해-대서양에서 출항한 배가 아덴, 호르무즈, 그리고 더 멀리 자바, 일본 혹은 중국까지도 갔다 올 수 있지 않겠는가. 이 지도는 바르톨

로메우 디아스나 바스쿠 다가마가 실제로 수행하게 될 대양 항해를 수십 년 전에 예측한 셈이다.

프라 마우로 지도는 아시아가 풍요롭고 활기찬 교역이 행해지는 곳이며, 온 세계가 바다로 연결되어 있어서 인도양까지 항해해 가는 것이 가능하다는 점을 보여주고 있다. 이 지도는 단순히 세계를 묘사하는 것이 아니라 세계를 향해 나아가야 한다는 목표를 제시한다. 유럽이 세계의 바다로 팽창해 나가기 위해서는 문명적 준비가 필요했다. 무엇보다도 세계를 정확히 이해하려는 정신적 자세와 먼 세계로 직접 탐험해 가고자 하는 용기가 필수적인 요인이다.

혼일강리역대국도지도

프라 마우로 지도가 제작되기 약 50년 전인 1402년 조선에서 세계 최고 수준의 세계지도가 만들어졌다. 조선 전기의 문신 김사형·이무·이회가 제작한 '혼일강리역대국도지도'는 아시아·유럽·아프리카를 포함하여 당대 알려진 세계 지리를 탁월하게 그리고 있다.

당대 세계지도의 정확도를 파악하는 한 가지 기준은 아프리카를 어떻게 그리느냐인데, 이 지도는 아프리카 남단을 상당히 정확한 모양으로 나타냈고, 또 인도양과 대서양이 연결되어 있는 것으로 그렸다. 아마도 중국의 고지도와 일본에서 가지고 온 일본 지도를 더하고 여기에 우리나라 지도 내용을 넣어 편집했을 것이다.

또한 여기에는 당시 세계 최고 수준으로 발전해 있던 아랍의 지리 지식이 우리나라에 들어와 활용되었을 가능성이 크다. 15세기에는 유라시아대륙 전반에 걸쳐 수준 높은 지식과 정보가 유통되었고, 이를 바탕으로 유럽의 일각과 조선에서 걸작이 만들어진 것이다. 당대 세계는 실제 만나기 이전에 정신적으로 소통하고 있었다.

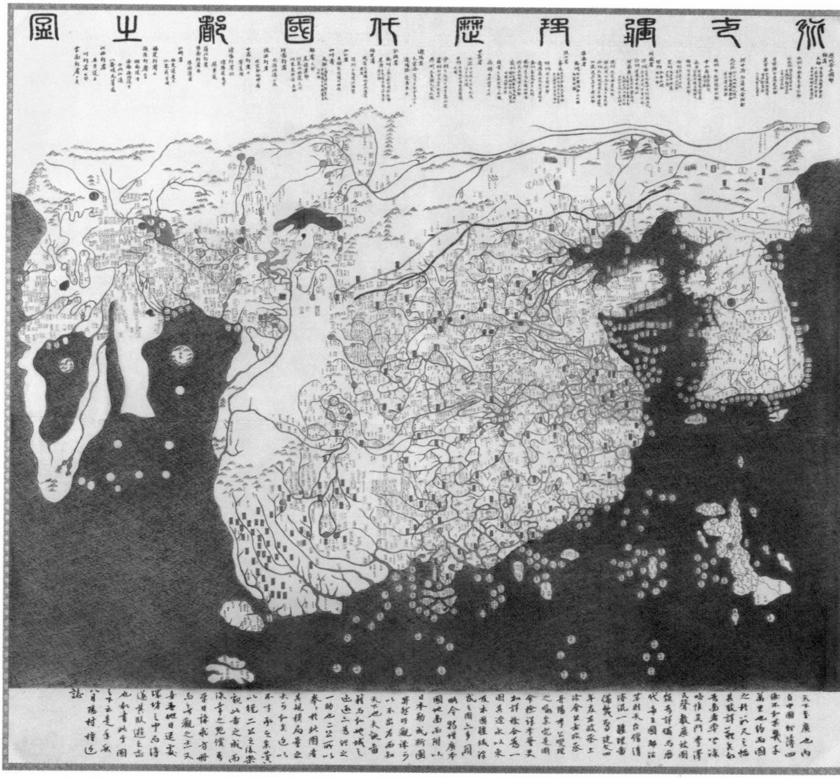

혼일강리역대국도지도

조선 태종 2년(1402)에 제작된 우리나라 최초의 세계지도로 알려져 있다.
지도의 이름 '混一疆理歷代國都之圖'는
온 세상의 영토와 역대 왕조의 수도를 한데 그려 넣었다는 뜻이다.

참고문헌

1. 바이킹, 중세 유럽의 역사를 확대하다

주경철, 《바다 인류: 인류의 위대한 여정, 글로벌 해양사》 (휴머니스트, 2022).

Williams, Garethe, *Vikings, Life and Legend* (The British Museum, 2014).

Blomkvist, Nils, "The Vikings and their Age: a good deal more than plunder", in C. Buchet et al., *The Sea in History*, vol. 2 (Boydel & Brewer, 2017).

Christensen Jr, Arne Emil, "The Viking Ships", in C. Buchet et al., *The Sea in History*, vol. 2 (Boydel & Brewer, 2017).

2. 바이킹의 동진, 러시아와 비잔티움 제국 너머의 세계로

랴자놉스키, 니콜라스 V.·스타인버그, 마크 D., 조호연 역, 《러시아의 역사》 상·하 (까치, 2011).

주경철, 《문화로 읽는 세계사》 (사계절출판사, 2005).

Graham-Campbell, James ed., *Cultural Atlas of the Viking World* (New York: Facts on File, 1994).

Jesch, Judith, *The Viking Diaspora* (Oxford: Routledge, 2015).

3. 콜럼버스보다 500년 앞서 아메리카에 상륙하다

재레드 다이아몬드, 강주헌 역, 《문명의 붕괴》 (김영사, 2005).

Jones, Gwyn, *Erik the Red, and Other Icelandic Sagas* (Oxford University Press, 1980).

Tulnius, Torfi, "Les sagas: histoire ou fiction?", *L'Histoire*, no. 442 (décembre, 2017).

Fitzhugh, William W. & Ward, Elisabeth I., *Vikings: The North Atlantic Saga* (Washington: Smithsonian Institution Press, 2000).

4. 전사에서 귀족의 땅으로, 노르망디의 탄생

Jouet, Roger & Quétell, Claude, *Histoire de la Normandie, des Origines à nos jours* (OREP Editions, 2018).

Thomas, H., *The English and the Normans. Ethnic Hostility, Assimilation, and Identity, 1066 – c. 1220* (Oxford University Press, 2003).

Charline, Olivier, *La Normandie, Un destin entre terre et mer* (Gallimard, 2010).

5. 노르만 정복, 영국사의 새로운 시작

Neveux, François, *La Normandie, des Origines à nos jours* (Editions Ouest-France, 2010).

De Decker, Michel, *Petites et Grandes Histoires de Normandie* (OREP Editions, 2015).

Clanchy, M. T., *England and its Rulers: 1066-1307. Blackwell Classic Histories of England* (Oxford: Blackwell, 2006).

Huscroft, Richard, *The Norman Conquest: A New Introduction* (New York: Longman, 2009).

Bates, David et al., *La Tapisserie de Bayeux* (Paris: Citadelles & Mazenod, 2019).

6. 잔혹한 정복에서 관대한 융합으로 나아간 노르만왕조

모루아, 앙드레, 《영국사》(김영사, 2013).

Bridbury, A. R., "Domesday Book: a re-interpretation", *English Historical Review*, 105 (1990).

Delabastita, Vincent & Maes, Sebastiaan, "The Feudal Origins of Manorial Prosperity: Social Interactions in Eleventh-Century England", *The Journal of Economic History* (2023).

Daniell, Christopher, *From Norman Conquest to Magna Carta: England, 1066-1215* (London: Routledge, 2023).

7. 노르만 용병, 시칠리아왕국을 세우다

Jouet, Roger & Quétel, Claude, *Histoire de la Normandie, des Origines à nos jours* (OREP Editions 2018).

Martin, Jean-Marie, "Qu'est-ce que les Normands allaient faire en Italie?", *L'Histoire*, no. 189 (juin, 1995).

Marin, Jean-Yves, "Les Normands, rois de Sicile", *L'Histoire*, no. 226 (novembre, 1998).
Britt, Karen C., "Roger II of Sicily: Rex, Basileus, and Khalif? Identity, Politics and Propaganda in the Cappella Palatina", *Mediterranean Studies*, vol. 16 (2007).

8. 코르도바의 모스크-성당, 두 문명이 공존하는 '세계의 보석'

캐틀러스, 브라이언, 김원중 역,《스페인의 역사: 8세기부터 17세기까지 신앙의 왕국들》(도서출판 길, 2022).
Cuen, Leigh, "Islamic Poet of Love", *History Today*, Volume 65 Issue 3 (March, 2015).
Perez, Joseph, "Chrétiens, Juifs et Musulmans en Espagne: le mythe de la tolérance religieuse (VIIIe-XVe siècle)", *L'Histoire*, no. 137 (octobre, 1990).
Abitbol, Michel, "Mille ans de cohabitation", *L'Histoire*, no. 243 (Mai, 2000).
Irene Cox-Carstairs, "Fit for High Positions: The Life of Wallada bint al-Mustakfi", https://www.medievalists.net/2022/04/wallada-bint-al-mustakfi

9. 엘시드, 재정복운동의 허구적 영웅

카, 레이몬드 외, 김원중·황보영조 역,《스페인사》(까치, 2006).
작가 미상, 이강국 역,《엘 시드의 노래》(서울: 한국외국어대학교 출판부, 2009).
Henriet, Patrick, "La véritable histoire du Cid", *L'Histoire*, collections 31 (avril-juin 2006).
Henriet, Patrick, "Le Cid, sans masque", *L'Histoire*, collections 79 (avril-juin 2018).
Collins, Roger, *Early Medieval Spain* (New York: St. Martin's Press, 1983).

10. '새사냥꾼' 하인리히, 제국의 길을 열다

클라크, 크리스토퍼, 박병화 역,《강철 왕국 프로이센》(마티, 2020).
Winder, Simon, *Germania* (Picador, 2010).
Bachrach, David S., "Restructuring the Eastern Frontier: Henry I of Germany, 924–936", *Journal of Military History* (Jan, 2014).
Frischauer, Willi, *Himmler, the Evil Genius of the Third Reich* (Odhams, 1953).
Janssen, Karl-Heinz, "Himmlers Heinrich", *Die Zeit online* (2000. 10. 19).

11. 카노사의 굴욕, 황제의 석고대죄와 복수

Monnet, Pierre, "Canossa, 1077. L'art du compromis" *L'Histoire*, no. 411 (Mai 2015).

Parisse, Michel, "La Jeanne d'Arc italienne", *L'Histoire*, no. 137 (avril, 1990).

Jordan, William Chester, *Europe in the High Middle Ages. Penguin History of Europe* (Viking, 2003).

Rosé, I., *Le Mariage des prêtres, une hérésie? Genèse du nicolaïsme* (Paris: PUF, 2023).

12. 교황혁명, 법의 힘으로 근대 세계를 예비하다

버만, 해롤드, 김철 역, 《법과 혁명 1: 서양법 전통의 형성》 (한국학술정보, 2013).

버만, 해롤드, 김철 역, 《법과 혁명 2: 그리스도교가 서양법 전통에 미친 영향(前)》 (한국학술정보, 2016).

Boucaud, P. & Giraud, C. & Gorochov, N., *Histoire culturelle du Moyen Age en Occident* (Hachette, 2019).

Chandelier, Joël, "Un renouveau culturel en Occident", *L'Histoire*, no. 507 (Mai, 2023).

13. 십자군운동의 신호탄 "기독교도 창자 끝을 말뚝에 묶고…"

박용진, 〈1099년 7월 15일 신이 원하신 일〉, 《프랑스사연구》 42호 (2020).

작자미상, 김준한 역, 《롤랑의 노래》 (휴머니스트, 2022).

Phillips, Jonathan, "The Call of the Crusades", *History Today*, Volume 59, Issue 11 (November, 2009).

Morton, Nicholas, "Was the First Crusade really a war against Islam?", *History Today*, Volume 67, Issue 3 (March, 2017).

14. 소년 십자군, 종말론적 세계의 기이한 현상

Flori, Jean, "La croisade des enfants a bien lieu", *L'Histoire*, no. 373 (mars, 2012).

Raedts, P., "The Childrens Crusade of 1212," *The Journal of Medieval History*, no. 3 (1977).

Fabien Paquet, "Godefroy de Bouillon, le colonisateur?", *L'Histoire*, no. 435 (Mai, 1990).

15. 아키텐의 알리에노르, 왕국 건설과 궁정풍 사랑을 열어가다

유희수, 〈12세기 궁정식 사랑의 메타포와 사회 현실: 크레티앵 드 트루아의 《죄수 마차를 탄 기사 란슬롯》을 중심으로〉, 《프랑스사연구》 18호 (2008).

Moulinier-Brogi, Laurence, "La passion. Mourir d'amour", *L'Histoire*, no. 409 (mars, 1990).

Aurell, Martin, "Les sept vies d'Aliénor", *L'Histoire*, collections 59 (avril-juin, 2013).

Flori, Jean, "Les 《cours d'amour》 d'Aliénor d'Aquitaine", *L'Histoire*, no. 288 (juin, 2004).

16. 유럽 최강 국왕 헨리 2세와 플랜태저넷제국의 말로

유희수, 《낯선 중세: 잃어버린 세계, 그 다채로운 풍경을 거닐다》 (문학과지성사, 2018).

Gazeau, Véronique, "Thomas Becket: meurtre dans la cathédrale", *L'Histoire*, collections 59 (avril-juin, 2013).

Cavendish, Richard, "Eleanor of Aquitaine marries Henry of Anjou", *History Today*, Volume 52 Issue 5 (May, 2002).

Vincent, Nicholas, "The Legacy of Henry Plantagenet", *History Today*, Volume 54 Issue 12 (December, 2004).

17. 국왕은 21세기에도 신성한가

블로크, 마르크, 박용진 역, 《기적을 행하는 왕》 (한길사, 2015).

홍용진, 〈중세 프랑스 왕권 의식(儀式)과 정치 공간의 형성〉, 《도시연구》 8호 (2012).

Brogan, Stephen, "The Royal Touch", *History Today* (February 2011).

Rose, Tessa, *The Coronation Ceremony of the Kings and Queens of England and the Crown Jewels* (London: HMSO, 1992).

Sir Roy Strong, Coronation: *A History of Kingship and the British Monarchy* (London: HarperCollins, 2005).

18. 신성하지만 가혹했던 성왕 루이 9세의 치세

Bell, Adrian & Dale, Richard, 'Rich Pickings from Medieval Pilgrims', *History Today* (January, 2013).

MacGregor, Neill, *A History of the World in 100 Objects* (Penguin, 2012).

Webb, Diana, *Pilgrimage in Medieval England* (Hambledon, 2000).

Theis, Laurent, "La deuxième vie de Saint Louis", *L'Histoire*, no. 447 (mai, 2018).

Dejoux, Marie, "Saint Louis, les juifs et l'usure", *L'Histoire*, no. 431 (janvier, 2017).

19. 고딕 성당, 국왕이 인도하는 신성한 공간

주경철,《도시 여행자를 위한 파리×역사》(휴머니스트, 2019).

드 보통, 앨랭, 정영목 역,《행복의 건축》(청미래 2011).

게이브리얼, 매슈·페리, 데이비드 M., 박수철 역,《빛의 시대, 중세: 폭력과 아름다움, 문명과 종교가 교차하던 중세 이야기》(까치, 2023).

Theis, Laurent, "Saint-Denis, le livre de pierre des rois de France", *L'Histoire*, collections 44 (juillet-septembre, 2009).

20. 파리 노트르담 대성당, 800년 된 돌집이 만들어내는 황홀한 빛과 소리

주경철,《도시 여행자를 위한 파리 역사》(휴머니스트, 2019).

Wells, Jez & Potter, John "The Lost Voice of Notre-Dame", *History Today* (June, 2019).

Leniaud, Jean-Michel, "Viollet-le-Duc remet le Moyen Age à la mode", *L'Histoire*, no. 419 (janvier, 2016).

Poisson, Georges & Poisson, Olivier, *Eugène Viollet-le-Duc* (Paris: Picard, 2014).

21. 로레토의 산타 카사, 자유와 해방을 지켜주는 성당

Hutchison, William Antony, *Loreto and Nazareth: Two Lectures, Containing the Results of Personal Investigation of the Two Sanctuaries* (London: E. Dillon, 1863).

Vélez, Karin, *The Miraculous Flying House of Loreto: Spreading Catholicism in the Early Modern World* (Princeton University Press, 2018).

Bercé, Yves-Marie, "Lorette, sentinelle de la Chrétienté", *L'Histoire*, no. 361 (février, 2011).

Barnay, Sylvie, "Notre-Dame-de-Lorette: quatre millions de visiteurs!", *L'Histoire*, no. 232 (Mai, 1999).

22. 카라반과 무역선을 통해 실려온 중세의 공포, 페스트

브로델, 페르낭, 주경철 역, 《물질문명과 자본주의 1: 일상생활의 구조》(까치 1995).

Henderson, John, *The Renaissance Hospital: Healing the Body and Healing the Soul* (Yale University Press, 2006).

Cohn, Samuel, *The Black Death Transforms: Disease and Culture in Early Renaissance Europe* (Bloomsbury Academic, 2003).

Barry, Stéphane & Norbert, Claude, "La plus Grande épidémie de l'histoire", *L'Histoire*, no. 310 (juin, 2006).

23. 페스트가 몰고온 종말론 광풍, 마녀사냥이 시작되다

주경철, 《마녀: 서구 문명은 왜 마녀를 필요로 했는가》(생각의힘, 2016).

카잔차키스, 니코스, 오상빈 역, 《위대한 성자 프란체스코》(애플북스, 2007).

Audisio, Gabriel éd., *Les Vaudois des origines à leur fin (XIIe-XVIe s.), actes du colloque d'Aix en Provence (avril 1988)* (Turin, 1990).

Jalla, Jean, *Pierre Valdo* (Vida, 2003).

Le Goff, Jacques éd., *Hérésies et sociétés dans l'Europe préindustrielle, XIe–XVIIIe siècle* (Paris-La Haye: Mouton, 1968).

24. 중세판 전설의 고향, 귀신 이야기

단테, 박상진 역, 《신곡: 연옥편》(민음사, 2007).

르 고프, 자크, 최애리 역, 《연옥의 탄생》(문학과지성사, 2000).

Scarre, Geoffry, *Witchcraft and Magic in Sixteenth and Seventeenth Century Europe* (Macmillan, 1987).

Peters, Edward, *Inquisition* (University of California Press, 1989).

25. 신명재판, 신의 뜻을 물어 죄를 가리다

최병욱, 《동남아시아사: 전통시대》(산인, 2015).

이정민, 〈11~12세기 소뮈르와 그 주변 지역의 신명재판(l'ordalie)에 관한 고찰: 《성 플로랑(Saint Florent) 수도원의 검은색 표지의 문서집》을 중심으로〉, 《프랑스사연구》 21호 (2009).

Barthélemy, Dominique, "Moyen Age : le jugement de Dieu!", *L'Histoire*, no. 99 (avril, 1987).

McGlynn, Sean, "Violence and the Law in Medieval England", *History Today*, Volume 58 Issue 4 (April, 2008).

26. 신성한 가난에서 깨끗한 부로, 자본주의의 문을 연 스콜라철학

르 고프, 자크, 김정희 역, 《돈과 구원》 (이학사, 1998).

주경철, 〈부귀의 지향과 억압: 중세의 청빈에서 근대의 부로〉, 서울대학교 인문대학 편, 《인간을 다시 묻는다》 (서울대학교출판문화원, 2020).

게레멕, 브로니슬라프, 이성재 역, 《빈곤의 역사: 교수대인가 연민인가》 (도서출판 길, 2011).

케이헌, 앨런, 정명진 역, 《지식인과 자본주의》 (부글북스, 2010).

Méchoulan, Henry, *Amsterdam au temps de Spinoza* (Paris: PUF, 1990).

Schama, Simon, *The Embarrassment of Riches: An Interpretation of Dutch Culture in the Golden Age* (New York: Alfred A. Knopf, 1987).

27. 기독교 세계관으로 그린 세계, 마파문디

최창모, 《옛 지도로 세계 읽기》 (동연, 2019).

한형우 외, 《우리 옛 지도와 그 아름다움》 (효형출판, 1999).

김상근, 《세계 지도의 역사와 한반도의 발견》 (살림, 2004).

Edson, Evelyn, *Mapping time and space: how medieval mapmakers viewed their world* (London: British Library, 1997).

28. 리처드 3세, 지옥의 싸움판에 핀 흰 장미

셰익스피어, 윌리엄, 신상웅 역, 《리처드 3세》 (동서문화사, 2019).

모루아, 앙드레, 신용석 역, 《영국사》 (김영사, 2013).

박지향, 《클래식 영국사》 (김영사, 2012).

"The remains of King Richard III reinterred in Leicester Cathedral, in pictures", *The Telegraph*, https://www.telegraph.co.uk/news/picturegalleries/uknews/11488494/The-Remains-of-King-Richard-III-reburied-in-Leicester-cathedral-in-pictures.html

Verga, Bydan, "DNA Confirms: Here Lieth Richard III, Under Yon Parking Lot", *National Geographic*, https://www.nationalgeographic.com/science/article/141202-richard-iii-genes-shakespeare-science (Archived from the original on 28 March 2015. Retrieved 2023-09-30).

29. 체사레와 루크레치아의 르네상스 시대 막장드라마

마키아벨리, 김운찬 역,《군주론》(현대지성, 2021).

Hugo, Victor, *Lucrèce Borgia* (Marnard, 2016).

Cavendish, Richard, "Cesare Borgia at Sinigallia", *History Today* (December 2002).

BBC series, *The Borgias* (1981).

Bradford, Sarah, *Lucrezia Borgia: Life, Love And Death in Renaissance Italy* (Viking, 2004).

30. 500년 만에 밝혀진 메디치가 청부 살인 사건의 비밀

마르티네스, 라우로, 김기협 역,《메디치가 살인사건의 재구성》(푸른역사, 2008).

Francesco Arba, Domenico Inzitari, Henry Joseph Macaulay Barnett, Donatella Lippi

Arba, F. & Inzitari, D. & Barnett, H. J. M. & Lippi, D. (2012), "Stroke in Renaissance time: The case of Francesco I de' Medici", *Cerebrovascular Diseases*, 33-6 (2012).

Lorenzi, Rosella, "Medici Family Cold Case Finally Solved: Discovery News", https://www.nbcnews.com/id/wbna38263475 (Retrieved 2023-09-25).

Mari, Francesco et. al, "The mysterious death of Francesco I de' Medici and Bianca Cappello: an arsenic murder?", *British Medical Journal*, 333 (2006).

31. 이반 뇌제, 무자비한 폭력으로 신성한 국가를 만들다

주경철,《일요일의 역사가》(현대문학, 2016).

랴자놉스키, 니콜라스·스타인버그, 마크, 조호연 역,《러시아의 역사》(까치, 2011).

Sergio, Claudio, "Ivan le Terrible ou la folie au pouvoir", *L'Histoire*, no. 255 (juin, 2001).

Gonneau, Pierre, "Qui a peur d'Ivan le Terrible?", *L'Histoire*, no. 453 (novembre, 2018).

32. 활력 넘치는 천재들의 도시 피렌체

바사리, 조르조, 이근배 역, 《르네상스 미술가 평전 2》 (한길사, 2018).

Boutier, Jean, "Renaissance : tout commence à Florence", *L'Histoire*, collections 84 (juillet-septembre, 2019).

Pierre, Michel, "Le mystère de Florence", *L'Histoire*, no.272 (janvier, 2003).

33. 고통 속에서 빛을 명상하는 미켈란젤로의 세 피에타

Farrell, Jane, "The three pietàs by Michelangelo exhibited at the Opera del Duomo Museum", https://www.theflorentine.net/2022/02/23/michelangelo-three-pietas-museum-duomo-florence.

정찬, 〈미켈란젤로 '피에타'의 진실〉, https://www.hani.co.kr/arti/opinion/column/1036734.html.

Boucheron, Patrick, "Michel-Ange, l'homme du pape", *L'Histoire*, collections 84 (juillet-septembre, 2019).

34. 프라 마우로 지도, 아시아 항해를 예고하다

박현희, 〈프라 마우로 지도(1450년경)에 나오는 마르코 폴로의 중국 지리〉, 《한국고지도연구》 제7권 제2호 (2015).

Nanetti, Andrea & Cattaneo, Angelo & Cheong, Siew Ann & Lin, Chin-Yew, "Maps as Knowledge Aggregators: from Renaissance Italy Fra Mauro to Web Search Engines", *The Cartographic Journal*, Vol. 52 No. 2 (2015).

Davies, Surekha, "The Wondrous East in the Renaissance Geographical Imagination: Marco Polo, Fra Mauro and Giovanni Battista Ramusio", *History and Anthropology*, 23:2 (2012).

Falchetta, P., *Fra Mauro's World Map* (Turnhout: Brepols, 2006).

이미지 출처 및 소장처

16 Shutterstock
17 Wikimedia Commons_스웨덴 역사박물관 소장
18 Shutterstock
20 (위) Shutterstock
20 (아래) Wikimedia Commons
24 flickr ©Richard Penn
26 Shutterstock
29 Wikimedia Commons
30 Wikimedia Commons ©Thomas Quine
33 (위) Wikimedia Commons
33 (아래) Shutterstock
34 Wikimedia Commons
36 Wikimedia Commons_코넬대학교 도서관 소장
38 Wikimedia Commons
39 Wikimedia Commons ©Fruggo
40 Wikimedia Commons
43 Shutterstock
44 europeana_영국도서관 소장
47 europeana_영국도서관 소장
51 Wikimedia Commons ©Amaustan
52 Wikimedia Commons ©Myrabella_바이외 박물관 소장
54 Wikimedia Commons_영국 국립초상화미술관 소장
56 Wikimedia Commons_바이외 박물관 소장
60 Shutterstock
63 Wikimedia Commons ©Ealdgyth
64 Wikimedia Commons
65 silburycoins.co.uk
67 글래스고대학교 도서관 소장
68 Wikimedia Commons ©Giogo
72 Wikimedia Commons
75 Wikimedia Commons ©Gun Powder Ma
80 Shutterstock
82 Wikimedia Commons
84 Wikimedia Commons ©Pablogilena
86 Wikimedia Commons ©Toni Castillo Quero
89 Wikimedia Commons ©Américo Toledano
90 Shutterstock

92 burgossinirmaslejos.com
95 Shutterstock
96 Shutterstock
98 (왼쪽) Shutterstock
98 (오른쪽) Shutterstock
100 Dorotheum, Vienna
102 Sammlung Prof. Dr. Sabine Giesbrecht 소장
106 독일연방문서보관소(Bundesarchiv); Bild 183-H08449
107 Wikimedia Commons
108 Shutterstock
110 케임브리지대학교 도서관 소장
113 바티칸 도서관 소장
115 Shutterstock
117 Shutterstock
118 Shutterstock
120 이탈리아 트렌토시립미술관 소장
121 바티칸 비밀문서고 소장
125 Wikimedia Commons
126 Wikimedia Commons_베르사유궁 소장
128 Wikimedia Commons
130 Wikimedia Commons ©Valdavia
132 europeana_영국도서관 소장
135 Wikimedia Commons_러시아 예르미타시미술관 소장
136 Wikimedia Commons
138 Wikimedia Commons_케임브리지 코퍼스크리스티칼리지 도서관 소장
139 메트로폴리탄미술관 소장
141 Wikimedia Commons_베르사유궁 소장
145 Wikimedia Commons_프랑스국립도서관 소장
150 Wikimedia Commons_카디프국립박물관 소장
152 BVMM(프랑스국립고고학연구소 가상고고학도서관)_샹티이성 콩데박물관 소장
156 Shutterstock
158 Wikimedia Commons ©ElanorGamgee
160 Shutterstock
162 Wikimedia Commons
163 Wikimedia Commons
165 영국도서관 소장
167 Wikimedia Commons_영국도서관 소장
168 Wikimedia Commons_베르사유궁 소장
170 Shutterstock
172 연합뉴스(UPI)
174 Historyhub(더블린대학교 역사학부)

175 Shutterstock
179 Wellcome Trust; Wellcome Library no. 18469i
180 Shutterstock
183 뉴욕 모건 도서관&박물관 소장
184 Wikimedia Commons
186 Wikimedia Commons_프랑스국립도서관 소장
189 flickr ©Fr Lawrence Lew, O.P.
190 Shutterstock
192 Shutterstock
194 (왼쪽) Wikimedia Commons_프랑스국립도서관 소장
194 (오른쪽) Wikimedia Commons_프라도 미술관 소장
196 Shutterstock
197 Wikimedia Commons ©Myrabella
198 Wikimedia Commons_파리 카르나발레박물관 소장
200 Shutterstock
204 Wikimedia Commons ©Myrabella
205 Wikimedia Commons_루브르 박물관 소장
206 Shutterstock
209 (왼쪽) Shutterstock
209 (오른쪽) Shutterstock
210 Shutterstock
212 Shutterstock
215 Shutterstock
216 Wikimedia Commons_영국 국립해양박물관 소장
219 Wikimedia Commons_베르사유궁 소장
224 Wikimedia Commons_프라도 미술관 소장
229 Wikimedia Commons_벨기에왕립도서관 소장
230 Wikimedia Commons_벨기에왕립도서관 소장
232 Shutterstock
234 메트로폴리탄 미술관 소장
237 영국도서관 소장
239 Wikimedia Commons ©Fenotte2003
240 Shutterstock
243 Wikimedia Commons_피렌체 대성당 소장
245 Bridgeman Images
250 Wikimedia Commons_벨기에왕립도서관 소장
253 (왼쪽 위아래) 노던켄터키대학교 소장
253 (오른쪽 위아래) 독일 헤르조그아우구스트도서관 소장
257 Wikimedia Commons_프랑스국립도서관 소장
258 Wikimedia Commons_벨기에 생마르탱교회 소장
262 Wikimedia Commons_내셔널 갤러리 소장

264 Wikimedia Commons_로마 도리아팜필리미술관 소장
267 Wikimedia Commons
268 Wikimedia Commons_엡스토르프 수도원 소장
270 영국도서관 소장
272 Wikimedia Commons_엡스토르프 수도원 소장
273 Wikimedia Commons_엡스토르프 수도원 소장
276 Wikimedia Commons_영남대학교 도서관 소장
282 Wikimedia Commons_영국 국립초상화미술관 소장
284 Shutterstock
286 Wikimedia Commons
288 리버풀 워커아트갤러리 소장
291 Gettyimagesbank
292 Wikimedia Commons
299 미국의회도서관 소장
300 Gettyimagesbank
302 Shutterstock
303 Wikimedia Commons
304 Wikimedia Commons_프라도 미술관 소장
305 Shutterstock
309 Wikimedia Commons
310 Wikimedia Commons_트레티야코프 미술관 소장
313 Wikimedia Commons
315 Wikimedia Commons_키르기스스탄국립박물관 소장
316 Wikimedia Commons_트레티야코프 미술관 소장
318 Wikimedia Commons
319 Shutterstock
320 Wikimedia Commons_우피치 미술관 소장
323 Wikimedia Commons
326 Shutterstock
327 Wikimedia Commons
328 Shutterstock
332 Wikimedia Commons_두오모 오페라 박물관 소장
334 Shutterstock
335 Shutterstock
336 Wikimedia Commons_이탈리아국립해양도서관 소장
338 Wikimedia Commons_이탈리아국립해양도서관 소장
342 Wikimedia Commons_이탈리아국립해양도서관 소장
345 규장각한국학연구원(일본 류코쿠대학교 소장)

모험하고 싸우고 기도하고 조각하는

중세 유럽인 이야기

1판 1쇄 발행일 2023년 11월 6일

지은이 주경철

발행인 김학원
발행처 (주)휴머니스트출판그룹
출판등록 제313-2007-000007호(2007년 1월 5일)
주소 (03991) 서울시 마포구 동교로23길 76(연남동)
전화 02-335-4422 **팩스** 02-334-3427
저자·독자 서비스 humanist@humanistbooks.com
홈페이지 www.humanistbooks.com
유튜브 youtube.com/user/humanistma **포스트** post.naver.com/hmcv
페이스북 facebook.com/hmcv2001 **인스타그램** @humanist_insta

편집주간 황서현 **편집** 최인영 강창훈 **디자인** 유주현
조판 홍영사 **용지** 화인페이퍼 **인쇄** 청아문화사 **제본** 민성사

ISBN 979-11-7087-066-1 03920